長谷川雄一
C・W・A・スピルマン
今津敏晃
……………編

満川亀太郎書簡集

北一輝 大川周明 西田税 らの書簡

論創社

満川亀太郎書簡集　目次

――北一輝・大川周明・西田税らの書簡

書簡

伊東六十次郎

1 満川亀太郎宛／伊東六十次郎書簡 昭和七年一一月四日 1

井上準之助

1 満川亀太郎宛／井上準之助書簡 大正八年三月二五日 2

井上寅雄

1 満川亀太郎宛／井上寅雄書簡 〔大正一五年〕九月一四日 3

上原勇作

1 満川亀太郎宛／上原勇作書簡 〔昭和四年〕七月一一日 4

大川周明

1 満川亀太郎宛／大川周明書簡 大正七年八月二四日 5
2 満川亀太郎宛／大川周明書簡 大正八年四月六日 6
3 満川亀太郎宛／大川周明書簡 大正八年六月二四日 8
4 満川亀太郎宛／大川周明書簡 大正八年六月二七日 8
5 満川亀太郎宛／大川周明書簡 大正八年七月七日 10
6 満川亀太郎宛／大川周明書簡 大正八年七月二三日 10
7 満川亀太郎宛／大川周明書簡 大正八年八月六日 12
8 満川亀太郎宛／大川周明書簡 大正八年八月一四日 14
9 満川亀太郎宛／大川周明書簡 大正九年六月四日 15
10 北一輝宛／大川周明書簡 大正九年七月八日 16

11　満川亀太郎宛／大川周明書簡　大正九年一二月一四日　18
12　満川亀太郎宛／大川周明書簡　大正一〇年三月九日　19
13　満川亀太郎宛／大川周明書簡　大正一〇年三月一二日　20
14　満川亀太郎宛／大川周明書簡　大正一〇年四月四日　22
15　北一輝・満川亀太郎宛／大川周明書簡　大正一一年八月七日　23
16　満川亀太郎宛／大川周明書簡　大正一三年四月二八日　24
17　満川亀太郎宛／大川周明書簡　大正一四年二月二〇日　24
18　満川亀太郎宛／大川周明書簡　大正一四年二月二一日　25
19　満川亀太郎宛／大川周明書簡　大正一四年一二月二八日　26
20　満川亀太郎宛／大川周明書簡　大正一五年八月一六日　27
21　満川亀太郎宛／大川周明書簡　大正一五年九月三日　27
22　満川亀太郎宛／大川周明書簡　昭和二年五月二二日　28
23　満川亀太郎宛／大川周明書簡　昭和一〇年一〇月一五日　29

門野重九郎

1　満川亀太郎宛／門野重九郎書簡　昭和八年五月三〇日　29

上泉徳弥

1　満川亀太郎宛／上泉徳弥書簡　大正一〇年二月三日　30
2　満川亀太郎宛／上泉徳弥書簡　昭和二年五月一〇日　31
3　満川亀太郎宛／上泉徳弥書簡　昭和二年五月一七日　32
4　満川亀太郎宛／上泉徳弥書簡　昭和二年一二月一一日　34
5　満川亀太郎宛／上泉徳弥書簡　昭和三年六月一二日　35

6 満川亀太郎宛／上泉徳弥書簡 〔昭和三年〕七月一八日 36
7 満川亀太郎宛／上泉徳弥書簡 昭和三年八月一六日 37
8 満川亀太郎宛／上泉徳弥書簡 昭和三年一二月一日 37
9 満川亀太郎宛／上泉徳弥書簡 昭和五年三月二六日 38
10 満川亀太郎宛／上泉徳弥書簡 昭和五年五月二三日 39
11 満川亀太郎宛／上泉徳弥書簡 昭和五年九月一四日 40
12 満川亀太郎宛／上泉徳弥書簡 昭和五年九月一七日 41
13 満川亀太郎宛／上泉徳弥書簡 昭和五年一〇月一二日 42
14 満川亀太郎宛／上泉徳弥書簡 昭和五年一〇月一六日 43
15 満川亀太郎宛／上泉徳弥書簡 昭和五年一一月七日 44
16 満川亀太郎宛／上泉徳弥書簡 昭和六年六月七日 45
17 満川亀太郎宛／上泉徳弥書簡 昭和六年六月八日 46
18 満川亀太郎宛／上泉徳弥書簡 昭和六年一一月六日 46
19 満川亀太郎宛／上泉徳弥書簡 昭和七年八月二四日 47
20 満川亀太郎宛／上泉徳弥書簡 〔昭和八年〕一月一三日 48
21 満川亀太郎宛／上泉徳弥書簡 昭和一〇年三月二五日 49
22 満川亀太郎宛／上泉徳弥書簡 昭和一〇年四月三日 50
23 満川亀太郎宛／上泉徳弥書簡 昭和一〇年五月二八日 51
24 満川亀太郎宛／上泉徳弥書簡 昭和一〇年一〇月二四日 52
25 満川靖宛／上泉徳弥書簡 昭和一一年六月二四日 53
26 満川靖／上泉徳弥書簡 昭和一八年二月五日 54

川上秀四郎

1　満川亀太郎宛／川上秀四郎書簡　昭和四年七月一三日　55
2　満川亀太郎宛／川上秀四郎書簡　昭和六年七月三一日　58
3　満川亀太郎宛／川上秀四郎書簡　昭和六年八月六日　59

川村竹治

1　満川亀太郎宛／川村竹治書簡　大正一〇年二月一〇日　60
2　満川亀太郎宛／川村竹治書簡　大正一〇年二月一〇日　60

木島完之

1　満川亀太郎宛／木島完之書簡　〔昭和四年〕七月一九日　61
2　満川亀太郎宛／木島完之書簡　昭和七年一月一二日　64
3　満川亀太郎宛／木島完之書簡　〔昭和一〇年〕一一月二七日　65

北一輝

1　満川亀太郎宛／北一輝書簡　大正八年八月九日　67
2　満川亀太郎・大川周明宛／北一輝書簡　大正八年八月二七日　68
3　満川亀太郎宛／北一輝書簡　〔大正八年〕一一月六日　69
4　満川亀太郎・大川周明宛／北一輝書簡　〔大正八年一一月〕一九日　70
5　満川亀太郎宛／北一輝書簡　大正九年一月一日　71
6　満川亀太郎宛／北一輝電報　大正九年一月四日　73
7　山鹿泰治宛／北一輝書簡　大正九年二月三日　73
8　満川亀太郎宛／北一輝書簡　大正九年四月三日　80
9　満川逸子宛／北一輝書簡　大正九年四月三日　81

10　満川亀太郎宛／北一輝書簡　大正九年八月一四日　82
11　満川亀太郎宛／北一輝書簡　大正九年一二月一日　83
12　満川亀太郎宛／北一輝書簡　大正九年一二月三一日　84
13　満川亀太郎宛／北一輝書簡　大正九年〔月日不詳〕　85
14　満川亀太郎宛／北一輝書簡　〔大正一〇年〕一月二一日　86
15　床次竹二郎宛／北一輝書簡　〔大正一〇年〕一月二九日　87
16　渥美勝宛／北一輝書簡　大正一〇年二月三日　88
17　久邇宮殿下宛／北一輝書簡（原稿か）〔大正一〇年〕二月四日　89
18　満川亀太郎宛／北一輝書簡　大正一〇年一二月一〇日　90
19　満川亀太郎宛／北一輝書簡　〔大正一四年〕一一月一日　91
20　満川亀太郎宛／北一輝書簡　大正一五年二月一一日　92
21　満川亀太郎宛／北一輝書簡　大正一五年二月一三日　93
22　満川亀太郎宛／北一輝書簡　昭和二年五月七日　94
23　満川亀太郎宛／北一輝書簡　昭和四年四月一二日　95
24　満川亀太郎宛／北一輝書簡　昭和七年六月九日　95
25　「白人世界征服ノ経路」稿　〔昭和八年か〕　96
26　北一輝稿　〔年不詳〕　98

木下雅雄

1　満川亀太郎宛／木下雅雄書簡　〔昭和七年〕一〇月一六日　100

古賀清志

1　満川亀太郎宛／古賀清志書簡　昭和二年一月一二日　102

斎藤実
1 満川亀太郎宛／斎藤実書簡 〔大正一二年〕七月一七日 104
2 満川亀太郎宛／斎藤実書簡 大正一四年一二月二六日 105
佐々井一晁
1 満川亀太郎宛／佐々井一晁書簡 〔昭和七年〕一〇月四日 106
2 満川亀太郎宛／佐々井一晁書簡 昭和七年一〇月一七日 107
佐藤銕太郎
1 北一輝宛／佐藤銕太郎書簡 大正一〇年三月一〇日 110
志岐孝人
1 満川亀太郎宛／志岐孝人書簡 昭和六年一一月一〇日 111
柴時夫
1 満川亀太郎宛／柴時夫書簡 大正一五年九月一九日 112
2 満川亀太郎宛／柴時夫書簡 昭和四年四月二一日 114
嶋野三郎
1 北一輝宛／嶋野三郎書簡 昭和四年七月五日 124
下中彌三郎
1 満川亀太郎宛／下中彌三郎書簡 昭和八年三月四日 126
2 満川亀太郎宛／下中彌三郎書簡 昭和九年五月一六日 127
菅波三郎
1 満川亀太郎宛／菅波三郎書簡 昭和二年五月二〇日 128

田川大吉郎

1　満川亀太郎宛／田川大吉郎書簡　〔昭和七年〕一〇月八日　131

武田維幸

1　満川亀太郎宛／武田維幸書簡　〔昭和六年〕六月四日　132
2　満川亀太郎宛／武田維幸書簡　昭和六年七月二三日　133

田崎仁義

1　満川亀太郎宛／田崎仁義書簡　大正一五年一二月八日　134

田中武

1　満川亀太郎宛／田中武書簡　昭和七年一一月九日　135

筒井捨次郎

1　満川亀太郎宛／筒井捨次郎書簡　昭和七年九月一二日　137

床次竹二郎

1　満川亀太郎宛／床次竹二郎書簡　明治四三年一二月四日　139

永井柳太郎

1　満川亀太郎宛／永井柳太郎書簡　大正九年二月四日　140

中谷武世

1　満川亀太郎宛／中谷武世書簡　〔昭和三年〕七月二七日　141
2　満川亀太郎宛／中谷武世書簡　昭和七年九月二二日　142

中野正剛

1　満川亀太郎宛／中野正剛書簡　〔昭和元年〕一二月三〇日　144
2　満川亀太郎宛／中野正剛書簡　昭和三年二月二八日　145

中原謹司

1 満川亀太郎宛／中原謹司書簡 昭和八年一一月二八日 146

西田税

1 満川亀太郎宛／西田税書簡 大正一一年八月四日 148
2 満川亀太郎宛／西田税書簡 大正一一年八月二一日 150
3 満川亀太郎宛／西田税書簡 大正一一年九月一四日 153
4 満川亀太郎宛／西田税書簡 大正一一年一〇月二五日 156
5 満川亀太郎宛／西田税書簡 大正一二年一月六日 162
6 満川亀太郎宛／西田税書簡 大正一二年一月二四日 166
7 満川亀太郎宛／西田税書簡 大正一二年六月一〇日 168
8 満川亀太郎宛／西田税書簡 〔大正一二年〕八月二六日 170
9 満川亀太郎宛／西田税書簡 大正一三年一〇月二六日 171
10 満川亀太郎宛／西田税書簡 大正一四年二月七日 173
11 満川亀太郎宛／西田税書簡 大正一五年一一月二四日 175
12 満川亀太郎宛／西田税書簡 〔昭和二年〕五月一一日 177
13 満川亀太郎宛／西田税書簡 〔昭和五年〕一〇月二八日 178
14 満川亀太郎宛／西田税書簡 〔昭和五年〕一二月二五日 180

能勢丑三

1 満川亀太郎宛／能勢丑三書簡 大正九年五月七日 181
2 満川亀太郎宛／能勢丑三書簡 大正九年六月二九日 188
3 満川亀太郎宛／能勢丑三書簡 大正九年七月八日 194

4 満川亀太郎宛／能勢丑三書簡 大正九年七月一一日 205
5 満川亀太郎宛／能勢丑三書簡 大正九年七月一六日 210
6 満川亀太郎宛／能勢丑三書簡 大正九年七月二三日 213
7 満川亀太郎宛／能勢丑三書簡 大正一四年四月一八日 217
8 満川亀太郎宛／能勢丑三書簡 大正一四年五月四日 220
9 満川亀太郎宛／能勢丑三書簡 大正一四年一二月二六日 222

平沼騏一郎

1 満川亀太郎宛／平沼騏一郎書簡 昭和四年七月一一日 224

福永憲

1 満川亀太郎宛／福永憲書簡 大正一一年一〇月一〇日 225
2 満川亀太郎宛／福永憲書簡 大正一二年五月九日 227
3 満川亀太郎宛／福永憲書簡 大正一二年八月一五日 229
4 満川亀太郎宛／福永憲書簡 〔大正一二年〕九月二六日 231
5 満川亀太郎宛／福永憲書簡 〔昭和二年〕五月一八日 233

R・B・ボース

1 満川亀太郎宛／R・B・ボース書簡 大正一二年一一月七日 234
2 満川亀太郎宛／R・B・ボース書簡 大正一四年八月二九日 236
3 満川亀太郎宛／R・B・ボース書簡 昭和二年五月一二日 236

堀之内吉彦

1 満川亀太郎宛／堀之内吉彦書簡 昭和二年六月九日 238
2 満川亀太郎宛／堀之内吉彦書簡 昭和二年一〇月二三日 239

3 満川亀太郎宛／堀之内吉彦書簡 〔昭和三年〕一月一日 240
4 満川亀太郎宛／堀之内吉彦書簡 〔昭和三年〕三月四日 241
5 満川亀太郎宛／堀之内吉彦書簡 〔昭和三年〕九月一一日 242
6 満川亀太郎宛／堀之内吉彦書簡 〔昭和六年〕七月二〇日 243

松居甚一郎

1 満川亀太郎宛／松居甚一郎書簡 昭和三年一一月五日 244
2 満川亀太郎宛／松居甚一郎書簡 昭和三年一一月一〇日 246
3 満川亀太郎宛／松居甚一郎書簡 昭和三年一一月一一日 248
4 満川亀太郎宛／松居甚一郎書簡 昭和三年一一月二六日 250
5 満川亀太郎宛／松居甚一郎書簡 昭和三年一二月二三日 251
6 満川亀太郎宛／松居甚一郎書簡 昭和四年三月二七日 254

松井俊清

1 満川亀太郎宛／松井俊清書簡 昭和（年不詳）一一月四日 256

松村介石

1 満川亀太郎宛／松村介石書簡 昭和四年六月七日 257
2 満川亀太郎宛／松村介石書簡 昭和六年三月二二日 258

満川亀太郎

1 斎藤実宛／満川亀太郎書簡 大正九年四月二九日 259
2 床次竹二郎宛／満川亀太郎書簡 大正十年二月二日 262
3 満川亀太郎稿 〔大正一〇年二月〕 263
4 斎藤実宛／満川亀太郎書簡 大正一二年七月一〇日 266

満永正義
1　満川亀太郎宛／満永正義書簡　昭和八年四月一七日　267
宮井誠三郎
1　満川亀太郎宛／宮井誠三郎書簡　昭和八年六月一四日　268
安岡正篤
1　満川亀太郎宛／安岡正篤書簡　昭和（年月不詳）一三日　270
2　満川逸子宛／安岡正篤書簡　昭和一一年七月一三日　271
柳瀬正観
1　満川亀太郎宛／柳瀬正観書簡　昭和七年一〇月二四日　272
山田敬徳
1　満川亀太郎宛／山田敬徳書簡　大正一〇年九月二八日　274

〈解説〉
猶存社の三尊――北一輝・大川周明と満川亀太郎の交誼……長谷川雄一　276
満川亀太郎宛書簡にみる青年将校、革新運動家、陰謀史観論者……C・W・A・スピルマン　306
能勢丑三と満川亀太郎との関係……今津敏晃　339

編纂を終えて　350

脚　注　356
主要登場人物・組織団体・機関誌録　367
発信者録　370
索　引　378

凡例

一、漢字については原則として新字を用い、仮名はひらがなに統一した。
一、合字、「ヽ」などのおどり字はひらがなになおした。
一、「々」は漢字になおした。ただし、現在でも通常用いる漢字の繰り返しの場合には「々」のままとした。
一、適宜、句読点を付した。
一、仮名づかいにおいて適宜、濁点を付した。
一、闕字、平出は行わなかった。
一、判読不能の文字は□とした。
一、原本で行われている訂正・挿入などについては、〔　〕内に注記した。
一、翻刻の際に明らかな間違い、欠落は〔　〕を付して訂正した。
一、作成年代を推定したものについては〔　〕を付した。
一、原文を尊重して〔ママ〕を付した箇所がある。
一、本文の＊は巻末の〈主要登場人物・組織団体・機関誌録〉を参照されたい。
一、本文の（1）（2）は巻末の〈脚注〉を参照されたい。

書簡

伊東六十次郎

1　満川亀太郎宛／伊東六十次郎書簡　昭和七年一一月四日

謹啓

時下愈々御清祥のことと拝察し深く御喜び申上ます。其後一向の御無音を御寛容の程願上ます。

先日は再三御手紙を頂いたのでありますが遂今日迄御返書をも差上げず失礼致して居りました。近況一般に代へて、同封にて「時局に対する所感」を別封にて「大同学院経過報告*」（小生執筆）、学院長訓示（小生執筆）、卒業生名簿、大同学院旅行記を御送付申上ましたから御受納の程願上ます。十月末を以て軍司令部も新京に移転し、満洲国建設の事業も一段と進捗すべき筈でありますが、人事行政、其当を得ず、実に痛嘆に堪へぬものがあります。若干機微に触るる点もあり、又内地の情況をも知りたいので、出来れば十一月中旬に東京に参り、直接御会して御示教を仰ぎたいと思ひます。内地も地方の窮乏殆んど其極に達し、一大改革の機、目前に迫れるかの如く拝察して居ります。

国家愈々多事の際、衷心より御健勝を祈上ます。

奥様へも何卒よろしく
十一月四日　新京大同学院　伊東六十次郎
満川亀太郎先生

（封筒表）東京市杉並区阿佐ヶ谷四丁目九二五　満川亀太郎先生　御親展
（封筒裏）新京大和通六四　岸上様方　伊東六十次郎

井上準之助

1　満川亀太郎宛／井上準之助書簡　大正八年三月二五日

拝啓　益々御清栄奉賀候。然は今般日本銀行総裁に就任致候に付ては御鄭重なる祝詞を辱ふし難有奉存候。右不取敢以書中御礼申上候。　敬具
三日　井上準之助
満川亀太郎殿

（封筒表）牛込区東五軒町一　大日本社＊　満川亀太郎殿
（封筒裏）東京市麻布区三河台町三一　井上準之助

井上寅雄

1　満川亀太郎宛／井上寅雄書簡(1)　〔大正一五年〕九月一四日

拝啓　宮中府中へ向って討幕運動真に痛快に存じ候。若し糾弾すべき事実の存在するあらば決然猛進すべき秋と存じ候。小生等亦及ばず乍ら天業に参与せんとするもの、道義のために起つことを躊躇するものには無之候。先日御送り下され候新聞「日本」＊にて略々様子承り候へども、宮内大臣(2)不正の事実、この事件に対する大川先生等の御意見及先生今後の御考へにつき更に精しく御きかせ下されば幸に存じ候。東光会＊の諸君内田兄等亦先生の御手紙を相待ち居り候。ただ来る議会を分水界として天下の形勢大いに変らんとする際、維新日本の建設のため結束してたつべき行地社＊の分裂せることかへすがへすも残念に候。近く内田益生＊兄等数名の同志と寝食を共にして修養と活動を真剣ならむるつもりにて候。今月中に実現致すべく候。

九月十四日　　井上寅雄

満川先生

（封筒表）東京市牛込区南榎町廿二番　満川亀太郎先生　親展
（封筒裏）熊本市砂取町　柴田つる方　井上寅雄

上原勇作

1　満川亀太郎宛／上原勇作書簡　〔昭和四年〕七月一二日

謹啓

益々の御清穆奉賀候。

陳者先般御送附被下候書類確かに落手仕り候。(3)

右御礼申上候。敬具

七月十二日　上原勇作

満川亀太郎様

（封筒表）市外中野町六―五―六　満川亀太郎様　平安

（封筒裏）大井町　七月十二日　上原勇作

大川周明

1　満川亀太郎宛／大川周明書簡　大正七年八月二四日

拝復

その後は御無音のみ申上げ申訳御座なく候。小生月初より当野尻湖畔に参り居り申候。リシャール博士*夫妻及振武学校*諸子も此夏を此処に過ごし居られ候。御寵贈の高著(4)は当地にて拝読。貴下の着眼と真摯なる研究とには乍今更敬服至極に奉存候。世界の現勢に関する著述にして貴著の如く簡潔明快なるは小生の未だ知らざるところ、ただ箇程の御骨折が悪質の用紙に印刷せられたるは珠を襤褸に包むの感に堪え申さず候。

尚ほ帰京後拝趨御礼申上ぐべく不取敢御挨拶まで如是御座候。川島先生*へも宜く御鳳声奉願上候。

八月念四

満川学兄　侍者

周　合掌

（封筒表）東京牛込南榎町二十二　満川亀太郎様

（封筒裏）信濃国柏原野尻湖畔 リシャール*博士方　大川周明

2　満川亀太郎宛／大川周明書簡　大正八年四月六日

拝啓

只今は貴下が満腔憂国の情を以て物せられたる玉稿(5)を御送り下され、徹頭徹尾同感を以て拝読致しました。過激派の思想は必ず欧米を征服します。但し其の思想は、資本主義が今日に於て一方の極端に走れるに対し、他の極端に走れるものなるが故に、小生は之に絶対的価値を認めることを致しませぬ。併し過激派は現在の生活組織を、一段高所に到達せしめるために顕はれたるAnti-thesisとして、意義と価値とを有して居ると信じます。而して日本は若し更に高き統一原理に拠りて、此の強く且新き Anti-thesis を処理しなければ、換言すれば若し過激派の思想を包容して一段高き国家を実現しなければ、恐らく欧米と同じく此の思想のために征服せられると信じます。今日吾国民が、此の非常なる勢を洞察せず、過激派に対する理解を欠き、貴下の仰せられる如く、之を『敵』として戦ひつつあることは、実に戦慄すべき誤りであると存じます。これにつけても小生は日本の政治家の『思想』なきことを嘆ぜざるを得ませぬ。一言所感を認めて御礼のしるしとします。

四月六日夕　周

満川様　侍者

尚小生代々木の奥に移転するつもりのところ、まだ其家は明かず、高木町の家はすでに売られたので、当分リ博士の家に同居して居ます。五時すぎは大抵在宅ですから御序での時御寄り下さい。新宿停車場下車、橋を渡りて左に折れ、葵橋を渡りて最初の路を右に曲り、建部博士*の家の二三軒先。

（封筒表）牛込南榎町二十二　満川亀太郎様

（封筒裏）市外千駄ヶ谷九〇二　リシャール氏方　四月六日　大川周明

3　満川亀太郎宛／大川周明書簡　大正八年六月二四日

拝啓　小生の友人にて武樋《たけひ》平作*と申す青年、或目的を抱いて印度に赴き、都合ありて先度一ケ年半振に帰京仕候。老壮会*に出席せしめたく、どうぞ今度の会の通知を下記宛に御願申上げ候。但し同氏は印度に居りしこと、及び今後また印度に行かんとしつつあることを成るべく神密〔ママ〕に致し置きたる方得策なる事情有之候間此旨等を御含置き下され度候。敬具

六月二十四日　周

満川大兄　侍者

神田区錦町三の十五　田中清之助方

武樋《たけひ》平作

（封筒表）牛込南榎町二十二　満川亀太郎様

（封筒裏）千駄ヶ谷九〇二　リシャール方　大川周明

4　満川亀太郎宛／大川周明書簡　大正八年六月二七日

拝復　一昨日は高著「南米」(6)寵贈を忝うしいつも乍ら御厚志拝謝の辞無御座候。依例簡潔明晰の御筆法只管不堪感服候。十一日夜の講話御命令拝承仕候。多分来月四日頃までリ氏邸に居り申すべくそれまで是非御抂駕下され度候。リ氏に大兄のことを御話申上げ候処いたく心惹かれ、晩餐を共にしたしと申し居られ候故、御都合の時、夕刻より御出下され度候。

小生の都合宜しき日付、否な小生の時間表は

月水金　在宅　午後四時過ぎ　ヒマ

火木土　午前　農商務省　資料課

午後　満鉄

午後五時半頃帰宅ヒマ。

に御座候。但し用事あれば夕刻より外出可仕候につき火木土三日の午後一時より四時までの間に満鉄（本局　五五及五六）に御電話（三階の大川）下され御打合せ下され候はば尤も好都合に奉存候。拝眉万褸可仕不取敢御礼まで如是御座候。謹言

六月念七　周

満川大兄　侍者

（封筒表）牛込区南榎町二十二番地　満川亀太郎様　安啓

（封筒裏）千駄ヶ谷九〇二　リシャール方　大川周明

5　満川亀太郎宛／大川周明書簡　大正八年七月七日

粛啓　此頃は国防戦会聴講券御送付を忝うし奉拝謝候。明夜の会是非出席拝聴仕度候へども、已むなき都合ありて不参可仕候間、どうぞ不悪御承知下され度奉願上候。尚拝眉万縷可仕、不取敢御挨拶まで如是御座候。合掌

　八年七月七日　周

満川大兄　侍者

（封筒表）牛込南榎町二十二番地 満川亀太郎様 安啓
（封筒裏）千駄谷九〇二　リシャール氏方　大川周明

6　満川亀太郎宛／大川周明書簡　大正八年七月二三日

八年七月二十三日
拝啓　昨日帰京致しました。是非会に出席したいと思ひましたが、色々立込んだ要事〔用〕があって

失礼しました。
追分から帰る汽車の中で男爵議員の東郷*君と一緒になりました。東郷君は公正会*の幹事をして居るそうですが、今度その公正会で米問題を研究（！）するんだと云ふて意気込んで居ましたから、山田丑太郎*氏の研究のことを話し、その泥縄をひやかし、君たちのやうな雲上人にはとても世の中のことなど分るものでなからうと云ふやうな事から、東郷君が是非山田氏に紹介してくれとのことでした。それで晩に会で会ふだらう、かう其時に話して置くと云ふて別れましたが、山田氏の番地を存じません。それで恐れ入りますが別封東郷君宛の手紙の中に同氏の番地を御書入れになつて御投函下さるやう偏へに御願申上げます。また山田氏へは、どうぞ貴台から、東郷氏が会ったら宜しく啓発して下さるやう御願申上げて下さい。

周

満川兄　侍者

（封筒表）牛込区南榎町二十二　満川亀太郎様
（封筒裏）千駄谷九〇二　大川周明

7　満川亀太郎宛／大川周明書簡　大正八年八月六日

（一）上海経由漢口行一貨物船、本月十二日肥前唐津を発し、上海に直航す。航程約三日。

（二）船長は『某学生の避暑旅行を試みんと欲する者の為に便宜を図りたし』との口実の下に、一名又は二名を乗船せしむる承諾を船主より得たり。

（三）貨物船にして客室なきが故に、船長特に自己の船長室を提供することとなれり。船長室は大なる窮屈を感ずることなくして、二名起臥することを得べし。

（四）乗船者は食料実費を支払ふべし。但し極めて少額なり。

（五）乗船者は唐津に至りて必要なる紹介状を船長に提示す可し。船長直ちに乗船を承諾す。

（六）帰港の際は筑前若松港に上陸す可し。上海上陸に際しては何等法律上の困難なし。但し客室なき貨物船の乗客を乗船せしむるは違法なるが故に、若松に於て水上警察署及び税関官吏来船臨検の際は、汽船の船員なるが如く粧ふて彼等の注意を免るるの必要あり。之に関しては船長好意を以て適宜その方法を教示す可し。

（七）若し日本よりの乗船者なく、汽船復航に際して上海よりの乗船者ある場合には、同じく当方より該乗船希望者に宛て予じめ送致する紹介状を船長に提示すれば、船長直ちに之に応ず。若松上陸の際に（六）の注意を要するは言を須ゐず。

船便の方は以上の如く確実に取極め申候。従つて往復汽船賃は殆ど無賃に御座候。但し該船が復航の際上海に寄港するまで、四日乃至五日間上海に滞留せざる可からず。上海に於て寄寓す可き知人あれば則ち可。若し然らずば旅館に宿泊せざる可からず。貧困階級に取りて最良の日本人経営旅館は勝田館にして、一日宿泊料最低二弗半前後なりと云ふ。現時は銀値昂騰して日本金貨一円は僅に五十銭強なるを以て、二弗半は約邦貨五円に当る。而も此の宿泊料は他旅館に比して著しく低廉なりと称せらる。故に仮に四日間上海に滞留すとすれば、宿料並に諸雑費を合せて約三十円を要すべく、之に唐津及若松東京間の往復汽車賃（帰路は両名）、唐津に於ける旅館宿泊料一日分を約五十円（汽車二等賃金東京博多間十四円、之に往一、復二の三を乗じて四十二円、急行券四円、及び宿泊料）とし、両者を合算すれば約八十円の準備を要す。これ最小限度にして、之に船長に対して支払ふべき食料実費等を加算すれば、旅費百円とするを普通とす。

さて先夜御相談の際、打電効を奏せざる場合は、小生岩戸開きの役を仰せ付かるやう一日一日承知仕り候へども、今日精確に事情を調べ上げ予想外に費用を要するなどを知り、聊か困難を感じ申候。兎に角茲数日間に小生が百円を手に入れることは不可能の事に御座候へば、これは一つ大兄か平賀君*かが、いづくよりか軍資を引出して御出馬下さるわけに参るまじく候や。若し大兄の方にても軍資調達叶はずば、吾等各自若干を分担して集め得たる金子を為替に組み、乗船紹介状と共に之を先方に送致せば、態々こちらから出かけずとも、先方も我を折りて帰国の途に就くべしと存ぜられ候ふ如何。委細を陳じて御相談まで取急ぎ如是に御座候。

明日は午前十一時半まで満鉄（本局五五番 五六番）、午後二時帰宅可仕候。電話なり又は手紙なりにて御意見仰せ越し下され度奉願上候。　謹言

六日夜　周

満川大兄　侍者

（封筒表）牛込南榎町二十二　満川亀太郎様

（封筒裏）大川周明　市外 千駄谷九百二番 大正八年八月六日

8　満川亀太郎宛／大川周明書簡　大正八年八月一四日

拝啓　小生昨十三日朝東京発に十四日午後四時半当西唐津に参り申候。乗船すべき天光丸は未だ入港せず。蓋し今日午後当地方の天候険悪を極め、風威真に疾甚、航行困難なるがためと存じ奉候。取扱者の話にては目下恐く避難中とのこと、今夜の出船は多分覚束なく、小旅館の一室に豊太閤の夢を見て明朝の晴れを待つことと相なり可申候。御寵贈を忝うし申候蹇々録は船中に之を読むべく、筐底に収めて参り申候。久しく其名を聴いて遂に繙くことを得ざりし珍書を、今回の船中にて宿願を達し候こと偶然に非ずと思はれ申候。同志諸兄へ大兄より宜く御鳳声下され度奉願上候。謹言

大正八年八月十四日夕
風伯の窓外に凄じく荒るるを聴きつつ　周認む
満川盟兄　侍者

（封筒表）東京牛込南榎町二十二番地　満川亀太郎様
（封筒裏）大正八年八月十四日　大川周明

9　満川亀太郎宛／大川周明書簡　大正九年六月四日

拝啓
昨夜は失礼仕候。小生急に金子の必要出来申候が、火急に二百円御融通下されまじく候や。月末に前半期の賞与少くも四百円を受取り申すべく、其節御返却申度候。可否どうぞ速達にて満鉄宛に御返事願はれ候はば幸甚に奉存候。不備
六月初旬　周
満川大兄

（封筒表）牛込南榎町二十二　満川亀太郎様　速達
（封筒裏）大川周明　丸ノ内　満鉄調査局

10　北一輝宛／大川周明書簡　大正九年七月八日

拝啓　御手紙拝見。出来るだけツルギをふるひます。嶋野*君にも申して置きました。

昨日鹿子木一物*教授と昼食を共にした時、一物曰く「結婚のことは極まつたらう」。「君は具体的のことは知るまいが」。「詳しいこと知らないが相手の名は知つてる」。「それは不思議だ、どこから聞いた」。「実は茂木*から細川侯*に君のことを尋ねにきたのだそうだ。侯爵は大いに推奨につとめた訳だぞ」。「いつごろ」。「一月も前かな」。

於是僕の憤り甚だし。僕を保証するに八代大将*あり松村先生*あり満川天神あれば十分を通り越して三十分位だ。細川侯の如き遊治郎の言、抑も何の権威ぞ。さるにても兵隊さん、坊さん、神さんの御加勢ある上に、殿様までが出しやばるか、引出されるかして、簡単明瞭な問題のまわり、万字巴と入乱れるとは何と云ふ忌々しさだ。折角の懸想も此憤りのために大冷却、サッサと羽衣を取返して天上に舞上がりたくなりました。そこで只今松村さんの奥様に下の要領で最後通牒を発しました。

『問題の解釈に際して起り得る場合は下の三だけ。
（一）当人が交際を欲せぬか、換言すれは結婚を欲せぬか。
（二）周囲が当人をくれる決心確実でないか。
（三）男女交際に伴ふ過失を恐れるか。
以上の外、問題はない筈、あつても私の希望を妨げる理由とならぬ。第一の場合は文句なし。断念するだけ。第二の場合は永久の絶縁。即刻破談を申込んで下さい。第三の場合なら問題にならぬ。そんな心配は断じてないと私が権威を以て断言すればよい筈。故に早速会ふ。一切の蛇足を去れば問題は簡単明瞭、三十分乃至一時間で十分解決出来ます。故に日曜午後に参上しますから、其時まで破談の会見の目的かを確定的に極めて置いて下さい。』

もうサッサと此問題は切上げます。ヴラに対する私の懸想は、最早一個の憐れみと変りました。懸想の相手は一人だから面倒だけれど、憐れむべきものは天下を挙げて然りです。ヴラもつまり私の憐れむべき多くの一人となるわけです。黄金と因習に縛られて魂の完成が不可能となるヴラは、ヴラの模型が肉の汚れに累せられて善き魂と結び得ざると同一般です。破談になつても未練なきこと、ヴラの模型が吾言に従つてよい亭主を探さぬに対するが如し。

ここまで書いてゐると、わが小笠原中将*から電話、こんどの日曜午前九時に話においでとのこと。これなるかなこれなるかなです。ヴラ問題なんぞ切上げて、ヴラの代りに東宮様と結べとの天の啓示。わが心轄然調然たりです。

北先生　侍者

七月八日　周

（封筒表）牛込南町一　猶存社*　北一輝先生

（封筒裏）東京市麴町区有楽町一丁目一番地（丸の内仲通七号）南満洲鉄道株式会社東亜経済調査局
東亜経済調査局編集課長　大川周明　大正九年七月八日

11　満川亀太郎宛／大川周明書簡　大正九年一二月一四日

拝復　綾川君*に御来踰の趣話しました処早速取計らひますとのこと。金額は四十円以上五十円内位だそうです。

竹さんの方にあなたか又は北さんから一つ催促して下さいませんか。

十二月十四日　周

満川兄　侍者

（封筒表）牛込南榎町二十二番地　満川亀太郎様　拝復

（封筒裏）東京市麹町区有楽町一丁目一番地　南満洲鉄道株式会社東亜経済調査局　大正9年12月14日

12　満川亀太郎宛／大川周明書簡　大正一〇年三月九日

拝啓

御無沙汰のみ申上げて居ります。さて例のエシアン・レヴュー*の一件ですが、鹿子木君は学者になるのだからとの理由で引受けませぬ。これは一つ大兄が御引受下されては如何ですか。猶存社対外宣伝の一部と考へれば、若干の時間を割かれても差支ないと存じます。

北君は大兄、延いては猶存社が、評判の悪い黒龍会*と同類に思はれると云ふ不利を主張しますが、この主張は恐らく北君の主観的筆法に出たものです。何故ならば、北君は、黒龍会の百倍も不評なる抹殺社*と猶存社との関係についての世評に対して平然として居ます。純労会*、自由労働組合*も世間では甚だ評判がよくないが、此等とのことも北君は平気です。これは平気であるのが当然で、小生の如き最も平然たるものです。然るに北君がただ黒龍会との場合にのみ杞憂を逞くするのは、要するに例の主観的独断です。

若し他の理由から大兄が引受けぬと仰せられるのならば、小生は直ちに断念します。が、北君と同一理由からの御断りでありましたのならば、今一度御考への上、わが善良なる葛生*氏の懇望を叶へて下さることを望みます。小生は大兄が之を引受けることは、時間を割かれると云ふことは仕方なしとして、啻に北君の憂ふるごとく大兄の不利でないのみならず、日本唯一の英文雑誌主筆として漸く印度方面に好評を博し来れる言論機関を支配下に置くことが、大兄の活動のために大いに有利だと信じます。若し大兄一人で駄目ならば、小生が出来るだけの御援助を致します。

謹言

三月九日　周明

満　大兄

（封筒表）牛込区南榎町二十二　満川亀太郎様

（封筒裏）丸ノ内満鉄調査局　大川周明

13　満川亀太郎宛／大川周明書簡　大正一〇年三月一二日(7)

再啓

貧乏のための無用の労苦、金策のための厭やな奔走、之が為に奪ひ去られる時間と能率とに比すれば、英文雑誌のために割かれる毎日の二時間乃至三時間は、何でもないと信じます。

黒龍会との関係云々からならば兎に角、不適任と云ふ理由での御辞退は、謙遜か又は他の理由の婉曲な言廻しとしか思はれません。私は、北君とは正反対に、大兄がエシアン・レヴューの主筆となられることは、大兄の世間的活動の上に、今迄よりも有利な結果を必ず将来すると信じます。

大兄の受持たれる仕事は、

一、毎月雑誌内容の方針を定めること。

二、日本文雑誌に発表された会心の論文、又は特定の問題に就て新に寄稿して貰った原稿を雑誌に編集すること。

三、その原稿を黒龍会の常置の翻訳者に渡して翻訳させること。

四、原文と翻訳とを対照して注意を与ふべき点あれば之を指摘すること。

等で、そのうち（四）は小生が引受けてもよいから、一つ御担任下されては如何。執拗ですが、今一度御考へを願ひます。

三月十二日　周

満大兄

14　満川亀太郎宛／大川周明書簡　大正一〇年四月四日

拝啓

水曜日には午後二時二十分の汽車で鎌倉に御伴する約束でしたが当日は六時から学校の会議(8)に出ねばなりませんから、小生が同時刻まで東京に出られるやう御出発を午前十一時二十分に早めて下さいませぬか（鎌倉着十二時四十二分）小生は会社に出ずに直ぐ大船から鎌倉に参ります。

四月四日　周

満川兄

北兄にも手紙で申上げました

（封筒表）牛込南榎町二十二　満川亀太郎様

（封筒裏）東京市麴町区有楽町一丁目一番地　南満洲鉄道株式会社東亜経済調査局　大川周明　大正十年四月四日

15　北一輝・満川亀太郎宛／大川周明書簡　大正一一年八月七日

拝啓

今度の旅行大した事なし。ただ露の事情に就ては若干得るところあり。

明日マンジュリに向ひ、数日滞在の後、またハルビンに引返すべし。言葉の出来ないのが実に不便。矢っ張り対露交渉はシマノフ(9)君に限る。

毎晩南京虫に襲はれ、癪に障ること甚だし。ホテル・モデルンと云ふ第一流の宿屋であるのに、客を南京虫に食はせる位なれば、露人のやること大抵は想察すべし。

色々な人間に会って話を聴いたが、千人千色です。併し全体を総合すれば、僕等が東京で見当付けて居たところと大差ありません。

満鉄のやり方は、実に癪だ。何とかしなければ、三十万の生霊と二十億の金とを併せて棒に振ることになります。

八月七日　周

北兄　満川兄　各位

（封筒表）東京千駄ケ谷九百二　猶存社　北一輝様　満川亀太郎様

16　満川亀太郎宛／大川周明書簡　大正一三年四月二八日

前略御免

只今荒木大将*よりのねむごろなる紹介にて李君と申す人参り、五月一日午後六時より深川東元復興劇場にて国家主義の上に立てる労働問題の講演会開催是非御出事相願度しとのこと御承諾下され候はば幸甚。可否どうぞ明日午後まで会社に御知らせ願上げ候（電牛込三九六三）。小生不在の折は良明兄(10)へ願上候。

二十八日　周

満大雅　侍者

（封筒表）牛込南榎町二十二　満川亀太郎様　速達

（封筒裏）大川周明　東京市麹町代官町旧本丸 社会教育研究所*　月曜正午

17　満川亀太郎宛／大川周明書簡　大正一四年二月二〇日

啓　今日正午窪田会計課長と会談し、文部省は啻に説得の余地なきのみならず却って気象台の請を容れ本建築を旧本丸に許可せんことを宮内省に交渉中なるを知らんぬ。於是戦意勃然として生じ直ちに関屋次官*に知照し、明朝八時三十分を以て青山の私邸に会見するに決したり。会見の経緯は急々之を吾兄を報じ更に第二戦に従はん。匆々不尽

二月念　斯鬲

満大雅　侍者

（封筒表）牛込南榎町二十二　満川亀太郎様　恵啓
（封筒裏）大川周明　東京市麹町代官町旧本丸　社会教育研究所

18　満川亀太郎宛／大川周明書簡　大正一四年二月二一日

啓　今早朝関屋次官を青山に驚かして委細を告げて一臂の力を乞ふや、次官且驚き且憤り今日自ら文部省に赴きて生等のために戦はんことを欣諾せり。依て思ふに現在の旧屋を護るは事容易なり。唯百尺竿頭一歩を進めて更に多きを得んが為に一段の苦心を要せん。匆々

二月念一　周

亀大雅　侍者

（封筒表）牛込南榎町二十二　満川亀太郎　先醒
（封筒裏）大川周明　東京市麴町代官町旧本丸　社会教育研究所

19　満川亀太郎宛／大川周明書簡　大正一四年一二月二八日

覆啓　玉簡拝誦仕候。東亜印刷の方今日面家氏*先方に参り手形を振出して片をつけられ候由につき、どうぞ御安心被下度候。また先日御歳暮の御礼申遅れ申候芽出度御越年を萬禱しつつ。頓首再拝

臘月念八　周明

満川老台　侍曹

（追伸）
只今ボース君*来社。老兄の著書(11)に手紙相添それぞれ発送せる故その旨通じくれとの事に御座候。

（封筒表）牛込区南榎町二十二　満川亀太郎様　覆啓
（封筒裏）日暮里渡辺町筑波台　大川周明

20　満川亀太郎宛／大川周明書簡　大正一五年八月一六日

覆啓　酷暑の折柄に不拘御清康一層の趣恐悦至極に奉存候。小生旬日の九州旅行を了へて一昨十四日帰京。心身等しく頑健に御座候へば乍他事御放一被下度候。行地社御退社の儀遺憾此事に御座候へ共、すでに御決意の上は詮方無御座候。保証金の儀は如何様にも貴意に委ね申候。いづれ安岡翁帰京後に片付可申候。匆々敬具

大正十五年八月十六日　大川周明

満川亀太郎様

（封筒表）牛込区南榎町二十二　満川亀太郎様
（封筒裏）日暮里渡辺町筑波台 八月十六日　大川周明

21　満川亀太郎宛／大川周明書簡　大正一五年九月三日

粛啓　秋気やや相催候処、御清安一層の事と奉欣賀候。陳者九月三日の日本新聞に大兄の談話

として掲載せられ候記事は大兄の談を如実に伝へたるものに御座候や否や念のため確知致度、御多用中恐縮ながら御返事被下度奉願上候。匆々頓首

丙寅九月三日　大川周明

満川亀太郎様

（封筒表）牛込南榎町二十二　満川亀太郎様 親展

（封筒裏）日暮里渡辺町一〇三五　大川周明

22　満川亀太郎宛／大川周明書簡　昭和二年五月二三日

覆啓　弥々御清康奉欣賀候。御預り被下候保証金預証其他第三種認可証等御郵送被下確に落掌仕候。日本誌も昨日漸く確実なる見込相立ち、乍微力継続の基礎も固まり候間、どうぞ御安心被下度候不取敢先づは御礼のみ申上候。匆々頓首

五月念二　大川周明

満川亀太郎様　侍者

（封筒表）中野町上ノ原七六七　満川亀太郎様
（封筒裏）日暮里渡辺町筑波台　大川周明

23　満川亀太郎宛／大川周明書簡　昭和一〇年一〇月一五日

粛啓　高著恵投(12)を忝うし深謝仕候。不取敢御礼のみ申上度。匆々如是候。不一。
十月十五日　大川周明
（葉書表）杉並区阿佐ヶ谷四丁目九二五　満川亀太郎様

門野重九郎

1　満川亀太郎宛／門野重九郎書簡　昭和八年五月三〇日

謹啓　今回は御多忙中御繰合せ御来駕の栄を御聴取者のために有益なる御講演を辱うしたる段、

誠に難有厚く御礼を申上候。
尚今後とも放送事業発達のため御指導と御援助とを蒙り度奉願上候。
右不取敢書中にて御挨拶申述度如斯御座候。　敬具
昭和八年五月三十日
東京中央放送局
満川亀太郎殿
追而乍失礼以振替貯金薄謝別途御送付申上候間御査収被成下度願上候。

（封筒表）杉並区阿佐ヶ谷四の九二五　満川亀太郎殿
（封筒裏）社団法人日本放送協会関東支部理事長　門野重九郎

上泉徳弥

1　満川亀太郎宛／上泉徳弥書簡　大正一〇年二月三日

拝啓　尊翰拝誦仕候。同件(13)に付は北君より御手紙頂く以前に承知。最善と考ふる努力を致し居る事に座間、御了承被下度候奉願候。尚北君にも此旨御伝被下度御依頼仕候。匆々敬具

二月三日

上泉生

満川兄案下

（封筒表）東京市千駄ヶ谷九〇二　猶存社　満川亀太郎様　親展

（封筒裏）相州逗子　上泉徳弥

2　満川亀太郎宛／上泉徳弥書簡　昭和二年五月一〇日

拝啓　打絶而御無沙汰仕何共御申訳なき限りに御座候。一度御訪問致さねばならぬと考へながら于今御無沙汰致候。何共面目なき事に御座候。其後老兄には愈御壮健に御座候や。又御家族御健勝に御座候やと考居申候。国風会*の事は江藤*邸より時々御座被下候事と存候。全く進退究り休止の状態に御座候。随而此頃は余り上京もせず。殊に長女は二三ケ月前より又々あまり宜しからず、色々手のかかる事にて兎角出不性に相成居申候。此度は新御著書(14)御恵与被成下、毎度御芳志

奉感謝候。篤と拝読之上更めて御礼可申上候へども不取敢御礼申上候。徳正(15)は此頃は先々元気の方にて此四月より本科二年と相成勉学罷在候間御安心被下度候奉願候。一新社*とは如何なるものに御座候や。又老兄には此節如何に御起居被為在候や奉伺候。実に世の中の変化は面白きものに御座候。唯生活費の欠亡は必死の苦痛に御座候。老兄も定めし色々御心配の御事と恐察罷在候。いづれ一度御訪問申上度存居申候。令夫人に宜敷御致声奉願候。先は不取敢御礼迄如此御座候。

敬具

五月十日

上泉徳弥

満川老兄　侍史

（封筒表）東京府下豊多摩郡中野町中野上ノ原七六七　満川亀太郎様　親展

（封筒裏）神奈川県逗子町久木　上泉徳弥

3　満川亀太郎宛／上泉徳弥書簡　昭和二年五月一七日

拝啓　五月十二日付尊翰拝誦仕候。今春御二男御出生の由御繁栄之段慶賀至極に奉存候。一新

社に付詳細御為知被下奉謝候。御恵与の叢書(16)の巻末に「普く天下に同志を求む」と一新社同人の広告も拝見致候。不及ながら小生も我国現状の腐敗堕落せる華族、成金、既成政党等には憤慨致し居るものにして、何とかして立派なる大日本国を建設し、進では世界の大平和に貢献致度希望し居るものに御座候。鴻雁録*拝見仕候。同志諸氏の誠心には感謝に余ある次第に候。

御著書前篇は世界現状に対し至れり尽せりに御座候。後篇維新日本之部民族移動大邦建設之部に於ける三十年事に南米五百万アジヤ大陸に二千五百万云々大々的に賛成するところに候へども、全日本国民の大決心と又国際関係上差支なき様にならざれば出来ぬ事に御座候。近年は満洲に在る邦人は増加せずして却て減少する由に御座候。而して農業でも商業でも迚も支那人に及ばず働かずして唯もうけせんとの心掛にては到底出来ぬ相談に御座候。三十年間に二千五百万を移すには毎日二千三百人づつを送らざるべからず。日露戦争の時二ケ年間に満洲に送りあたるものは約百万位と存居候。実際容易の業には無之候。又三十年に五百万を南米に送るには往航復航各六十日と仮定し三日に一隻（移民一千四百人を乗せる（ママ）得る大船）を出帆せしむるとせば如此大船四十隻を要する次第に候（一年に約十七万人を移るとして）。何人なりしかの産児制限論に日本に於る毎年の人口増加を緩和せしめん為め毎年幾十万人を南米に送るには日本中の全気船を使用しても尚不足なりと存じ申候。五百万の移民も実際には容易の業に無之候。兎に角日本人の非常なる決心をなすにあらざれば容易の事に無之候。本月末頃四国に御出懸の由、御懸念被下居る国風会の小冊は決して急く訳に無之候間御都合宜敷時に御願申上候。目下大西郷伝御執筆中の由御健康御自愛被遊度御願仕候。長女次弟に宜敷方に御座候へば御安心被下度奉願候。荊妻よりも呉れ呉れも宜敷と申出候。令夫人に宜敷御致声奉願候。先は御礼迄如此御座候。敬具

五月十七日　上泉徳弥

満川老兄　侍史

（封筒表）東京市外中野町上の原七六七　満川亀太郎様　親展

（封筒裏）神奈川県逗子町久木　上泉徳弥

4　満川亀太郎宛／上泉徳弥書簡　昭和二年一二月一一日

拝啓　御手紙難有拝見仕候。過日は折角御出被下候に何の風情もなし。甚だ失礼仕候。御海容奉願候。仰之如く三浦郡教育会にて講演の場合には御願可致候間其節へ何卒御都合被下候旨、今より御願致置申候。私は実に御申訳なき御無沙汰致居候。近き内に御詫に参上致度存居候。先は御詫旁如此御座候。敬具

十二月十一日　上泉生

満川老兄　侍史

（封筒表）東京府下中野六五六　満川亀太郎様　親展
（封筒裏）神奈川県逗子町久木　上泉徳弥

5　満川亀太郎宛／上泉徳弥書簡　昭和三年六月一二日

拝啓　其後御申訳なき御無沙汰致居候処尊閣愈御清栄の御事と奉遙賀候。実は常々一度拝趨積る御礼申上度存居候も思に不任失礼罷在候。此度貴著黒人問題大観(17)一部御恵贈被成下毎度御芳情感激之外無御座候。早速に拝読に取懸申候。不取敢御礼申上度拝呈仕候。愈東洋多事之際切に御自重奉祈候。令夫人にも非常なる御無沙汰之段宜敷御取成被下度奉祈候。先は御礼のみ。匆々敬具

六月十二日　上泉徳弥

満川老兄　侍史

（封筒表）東京市外中野町字中野六五六　満川亀太郎様　安
（封筒裏）神奈川県逗子町　上泉徳弥

6　満川亀太郎宛／上泉徳弥書簡　〔昭和三年〕七月一八日

拝啓　其後御無申訳御無沙汰致居候内、御子様御両人重患之御事江藤氏より承り候に付は早速御見舞に参上可致候処、彼是差支延引致居候間、拙宅子供等も下痢発熱など致し介保《ママ》中妻も小生も下痢致し今日は妻及長女は大に快方に相成候にも小生及次女は未だ全快に達せず、右之次第にて思に任せず失礼罷在候。幸ひ徳正帰宅致候に付御見舞の為に差出申候遅延之段平に御海容奉願候。何か適当の御見舞品をと考候へども御病気柄差控へ、乍失礼軽少なる代金御めにかけ候。御笑納被下度奉願候。呉よりの御葉書難有拝見仕候。本日頃御帰宅之御事と奉存候。御子供衆の速なる御全快と皆々様の御健康を奉希上候。敬具

七月十八日　上泉徳弥

満川老兄　侍史

追而　令夫人に宜敷御鳳声奉願候。

（封筒表）満川亀太郎様　徳正持参

（封筒裏）逗子　上泉徳弥

7　満川亀太郎宛／上泉徳弥書簡　昭和三年八月一六日

拝啓　先日は遠路の所態々御光来を辱し乍毎度御芳情感激之外御座無候。其節は結構なる御土産を頂き厚御礼申上候。此度は御丁重なる御手紙を給り、又別便にて御送被下候小包も到達東洋(18)三十年紀念号難有頂戴、篤と拝読可仕候。不取敢御礼申上度拝呈仕候。御令息も次第に御快復の御事と奉存候。切に尊閤の御万福を奉祈候。令夫人に宜敷御致声奉願候。匆々敬具

八月十六日　上泉徳弥

満川老兄　玉案下

（封筒表）東京市外中野町字中野六五六　満川亀太郎様　安

（封筒裏）神奈川県逗子　上泉徳弥

8　満川亀太郎宛／上泉徳弥書簡　昭和三年一一月一日

拝啓　十一月二十八日付尊翰拝誦仕候。無事帰宅仕候間御安心被下度奉願候。支那協会*趣旨御

送り被下難有拝見仕候。誠に結構の事に存候。明日の新聞に発表云々の御手紙に候へども自分の見落か未だ新聞にて気付き不申候。乍遅延御礼申上候。尚国家之為に御尽力幾重も奉懇願候。

匆々敬具

十二月一日夜　上泉生

満川兄　案下

（封筒表）東京市外中野町六五六　満川亀太郎様　親展

（封筒裏）神奈川県逗子町久木　上泉徳弥

9　満川亀太郎宛／上泉徳弥書簡　昭和五年三月二六日

拝啓　其後御無沙汰御申訳無之候。毎度御寄贈を辱し奉感謝候。御講演篤と拝読可仕候。令夫人に宜敷御取為被下度奉願候。先日も御礼可申上考中ごだごだにて失礼仕候。御海容被成下度奉願候。先は御礼迄。匆々

三月二十六日　上泉徳弥

満川老兄　侍史

（封筒表）東京市外中野町字中野六五六　満川亀太郎様　安
（封筒裏）相州逗子　上泉徳弥

10　満川亀太郎宛／上泉徳弥書簡　昭和五年五月二二日

拝啓　先日は大竹様*と共に御光来被成下奉感謝候。御蔭を以て終日大竹様の御尊話拝庁〔聴〕仕候。露西亜に対する大なる智識を得て非常に喜居る事に御座候。此度又々貴著日露戦争の世界史的意義[19]一部御寄贈被成下毎度毎度御芳情感謝之辞に苦む次第に御座候。篤と味読可仕候へども不取敢御礼申上度拝呈仕候。大竹様に御出会之節宜敷御致声奉願候。敬具

　五月二十二日　上泉徳弥

満川老兄　侍史

追而　御申訳なく御無沙汰致居候。何卒令夫人に宜敷御取成奉願候。

（封筒表）東京市外中野町字中野（通称仲町）六五六　満川亀太郎様　安
（封筒裏）相州逗子　上泉徳弥

11　満川亀太郎宛／上泉徳弥書簡　昭和五年九月一四日

拝啓。九月八日付尊翰拝見仕候処。此頃御尊閤愈御清栄之御様子なるも去る六月末には四歳の御次男を疫痢の為め喪はれ御由、御両親の御愛惜実に恐察に余ある次第にて何共御悔の言葉もなき事に御座候。実に三四歳頃は可愛盛の極点にて何共御気の毒の至に不絶候。深御悔申上候。又々春以来日本外交史を御執筆中なりしも御脱稿相成候由御喜申上候。当夏期には諸所へ御講演に御出懸相成候由、先年来御話も有之候に付一度御講演御願申上度存居候へども其機を得ず罷在候処、来る十一月九日（日曜日）衣笠小学校に於て当三浦郡教育会の総集会有之に付其際御願申上度、昨日幹部連中と相談致候処、御都合相叶候はば是非御願致度と一同の希望に御座候間、何卒御都合被下度御願申上候。幸に御承諾被下候はば当日総会は午前中にて相済み午后一時より御講演を御願する事に可相成候に付は御昼頃迄に横須賀停車場迄御光来被下候はばそれより学校へ御案内申上御食事後御講演を御願する事に致度存候。聴衆は小学教員（男女）二名名《ママ》以上、其他へも招待を発し来賓者三四百名位の者ならんと存候。時間は遠方のものの帰宅都合もあり、先づ二時間以内位に御願致度事に御座候。演題は世界の大勢と日本の現状とを比較せられ教育家の奮起猛省を促し被下様御願仕度御座候。御講演後小生も未見に付ペルリの紀念碑へ御伴可申上候。東中野に学舎御経営中の由奉賀候、又寺田君*の為に認候額面の写真御転送被下奉深謝候、又南国史話(20)御寄贈可被下思召実に難有仕合に御座候。実に申兼候へども是非御願申上度候。学校は分教場とも二十八有之候へども教育会へ幾部にでも御寄附被下候はば廻覧可為致申候。先は第一に御愛児の御悔、次に色々の御礼並に御願迄如此御座候。令夫人に宜敷御鳳声奉願候。敬具

九月十四日　上泉徳弥

満川老兄　侍史

(封筒表)東京市外中野町六五六　満川亀太郎様　親展

(封筒裏)神奈川県逗子町　上泉徳弥

12　満川亀太郎宛／上泉徳弥書簡　昭和五年九月一七日

拝啓　九月十五日付尊翰拝誦仕候処、御講演之件御承諾難有奉存候。又南国史話御寄贈に付勝手なる御願致し恐縮仕候。御返書敬承仕候に付は何卒五部頂戴仕度御願申上候。これは三浦郡の学校を五部に区分致居候に付各部に一冊づつ分与致度希望に御座候。之は御講演に御出被下節御土産として御持参被成下候はば最も難有奉存候。如仰詳細の事は愈差迫候節御相談可申上候。先は御礼旁如此御座候。敬具

九月十七日　上泉徳弥

満川老兄　侍史

（封筒表）東京市外中野町字中野六五六　満川亀太郎様　親展

（封筒裏）神奈川県逗子町　久木三四九　上泉徳弥

13　満川亀太郎宛／上泉徳弥書簡　昭和五年一〇月一二日

拝啓　十日付尊翰拝誦仕候。来月九日御講演可被下、演題御送被下難有奉存候。如仰取計可申候。実に如此大講演は容易に聴く能はざるものにして定めし講聴者を啓発せしむるならんと実に難有存じ居る次第に御座候。

寄附相撲の件に付御願致候処御快諾被下難有奉存候。江藤氏未だ定らざる由至急参る様可申遣候間、何卒宜敷御願申上候。十一月三日明治節句を卜《ボク》して開塾式後挙行之由、是非陪席の栄を得度存候へども、当日は正午明治節の御宴に召さるる事と存候へば、乍遺憾陪席六ヶ敷かと被存候。御所退出は午后一時半頃と可相成候。其後即ち午后三時頃ならば駆け付けらるべく候へども、御式は多分午前に御始め相成り、其頃には御解散の時刻と奉存候。いづれ近日拝姿万縷可申上候へ

ども、不取敢御礼迄。匆々

十月十二日　上泉徳弥

満川老兄　侍史

（封筒表）東京市外中野六五六　満川亀太郎様　親展

（封筒裏）神奈川県逗子町　久木三四九　上泉徳弥

14

満川亀太郎宛／上泉徳弥書簡　昭和五年一〇月一六日

拝啓　ビラ並に手紙之原稿御示被下奉感謝候誠に結構に御座候間、他の分も宜敷御願申上候。来月御講演の演題は六百枚印刷に付し郡内並に横須賀市に大に宣伝致す事に候間、当日可成多数参集の事と奉存候。寄附相撲に付は元東京日日の記者にして目下神奈川県の警察に関係し居る某君昨日来宅の節話し候処、東京市及横浜の警察の力を以て入場札を売り捌き呉れると約束致申候。尚東京日日か又は東京朝日に尽力せしむる様試みると申し居り候。甘《うま》く行けば大した事に可相成被存候。老兄には江藤君か差出候間、宜敷御指導被下度奉願候。先は御礼迄。匆々

十月十六日　上泉徳弥

満川老兄　侍史
御手紙には相撲協会の国風会推薦文と有之候が之は国風会を推薦して同時に相撲当日の多数の観客を勧誘の事ならんかと存居候。

（封筒表）東京市外中野町六五六　満川亀太郎様　親展
（封筒裏）神奈川県逗子　上泉徳弥

15　満川亀太郎宛／上泉徳弥書簡　昭和五年一一月七日

拝啓　いつでも御申訳ばかり致し御無沙汰御申訳無之候に付、明日一寸御詫に参上可致候。予而御願致置候御講演愈明日と相成申候。宜敷御願申上候。諸準備別紙之通に御座候。明日は御用あらば御出懸被下度、幸に拝顔之栄可得ば御願可申上候得共、御講演の際「ロンドン」条約の敗北と一九三六年には露支東洋鉄道問題の支那の買収期に達し居る故面倒起らざるや位の事御話被下度奉願候。余は明日か明後日拝姿之際万縷可申上候。匆々
　十一月七日朝　上泉徳弥
満川老兄　侍史

（封筒表）東京市外中野町字中野六五六　満川亀太郎様　安旨
（封筒裏）神奈川県逗子町久木三四九　上泉徳弥

16　満川亀太郎宛／上泉徳弥書簡　昭和六年六月七日

拝啓　今回の元寇記念慰霊祭挙行に付は一から十迄御高配被成下最后に御講演迄御願致御礼は到底筆紙に尽せぬ次第に御座候。御陰を以て無滞結了。国風会の大宣伝と相成候段唯々感泣の外無之候。早速拝趨御礼可申上候処、娘病気等にて混雑致居候に付、乍失礼以書中右御礼迄如此御座候。時下御自重奉祈候。敬具

六月七日　上泉徳弥

満川老兄　侍史

（封筒表）東京郊外中野町宮前二一　満川亀太郎様　安
（封筒裏）相州逗子町　上泉徳弥

17　満川亀太郎宛／上泉徳弥書簡　昭和六年六月八日

拝啓　尊翰拝誦仕候処講演中之用語にチャンコロ、チャンコロと二度も有之候由にて御注意被成下誠に誠に難有真に感泣仕候。之れ全く至誠之友情にて鴻恩は決して忘却不仕候。又大に将来注意致す事に可致候間御了承被下度奉願候。不取敢御返事旁、御礼迄如此御座候。敬具

六月八日　上泉徳弥

満川老兄　侍史

（封筒表）東京市外中野町宮前二一　満川亀太郎様　安

（封筒裏）相州逗子　上泉徳弥

18　満川亀太郎宛／上泉徳弥書簡　昭和六年一一月六日

拝啓　先般は特に御来臨を辱し奉恐縮候。其際は結構なる御土産を頂き御礼の言葉もなき事に御座候。此度貴述満蒙特殊性の解剖(21)一部御恵与被下難有奉存候。此節柄時に満蒙問題の講演を頼

まれ二度斗出懸申候、別して参考書として大仕合に御座候。色々と不穏の風評を聞き深憂罷在次第に御座候。内密候色々の事御教示奉願候。先は御礼迄。匆々
十一月六日　上泉徳弥
満川老兄　侍史

（封筒表）東京市外中野町宮前二一　満川亀太郎様　親展
（封筒裏）神奈川県逗子町 久木 上泉徳弥

19　満川亀太郎宛／上泉徳弥書簡　昭和七年八月二四日

拝啓　其後御無沙汰致居候。愈御清穆奉慶賀候。陳は又々此度貴著「世界の新形勢と亜細亜」(22)一部御贈与被成下毎度御芳志奉感謝候。早速拝読可致候へば、不取敢御礼申上度如此御座候。何卒令夫人に宜敷御致声奉願候。敬具
八月二十四日　上泉徳弥
満川老兄　侍史

（封筒表）東京市外阿佐ヶ谷九二五　満川亀太郎様　平安
（封筒裏）神奈川県逗子町　上泉徳弥

20　満川亀太郎宛／上泉徳弥書簡　〔昭和八年〕二月一三日

拝啓　其後愈御清栄之御事と奉慶賀候。陳は昨年なりしか一昨年なりしか老兄御経営の興亜学塾*に寄贈致せし故「パプシヤプ」*親善の軍旗其他は老兄同学塾に御関係なき事と相成候に付は同品々は御返却を願ふては如何と今夜来客の勧告有之候間、右様の事は出来得べきものなるや否や奉伺候。令夫人に宜敷御鳳声奉願候。敬具

二月十三日　上泉徳弥

満川老兄　侍史

（封筒表）東京市杉並町字阿佐ヶ谷四ノ九二五　満川亀太郎様　親展
（封筒裏）神奈川県逗子町久木三四九　上泉徳弥

21　満川亀太郎宛／上泉徳弥書簡　昭和一〇年三月二五日

拝啓　其後は御申訳なき御無沙汰致居候処、不相変国之為に御奔走御講演に寧日なき御活動之御様子実に邦家之為に感謝に不堪次第に御座候。然るに来る五月十日遼東還附四十周年記念講演会は国風会の主催にて東京に於而大々的に開催しては如何と御注意被下実に飛び上る程の喜に御座候。是非御注意之通開催の計画可致候間、是非之御後援被下度御願申上候。実は例之安田よりの紙金三万円に関し昨冬来厳敷交渉之結果、安田に於而も決心仕り、相当の出金致す事に相成可成近き日に於而財団法人組織と可致、目下相談中に御座候間、もう少し相談進捗致候はば御報告可申上候。愈財団法人組織とでも相来候はば従来にも優る老兄の御後援に預からねばならぬ事と存居候間、何卒御含置被下度奉懇願候。いづれ近々是非拝姿之上御知恵拝借致し度御座候間、是非御願申上候。御注意被下候四十周年記念講演会は愈当時際に於て大々的に発表世人をアットと云はせ度御座候間、何卒御含置被下内密に御願申上候。実によき御注意被下感謝の言葉なき次第に御座候。先は急ぎ御返事旁御願迄如此御座候。余り御無沙汰致居候間、何卒令夫人に宜敷御致声奉願候。敬具

三月二十五日　上泉徳弥

満川老兄　侍史

（封筒表）東京市杉並区阿佐ヶ谷四丁目九二五　満川亀太郎様　必親展
（封筒裏）神奈川県逗子町久木三四九　上泉徳弥

22　満川亀太郎宛／上泉徳弥書簡　昭和一〇年四月三日

拝啓　四月二日京都にて御認の御尊翰難有拝見仕候。御心配被下候丸の内警察署長は小生の当時の懇談話にすっかり感奮同情仕候。「遼東還付四十周年」に賛成仕り　責任を以て御引受け可仕候。警視総監などが面倒の理屈を言ふて悪いから時日切迫してから已に許可せりと届けるから御安心被下度と全く当方方（ママ）は相成候間、御安心被下度候。当日は最初に慰霊祭を施行し次に講演会に移る予定に御座候。東京日々の後援を多分得らるるならんと考居申候。唯余り早く相談すると日日にて別に似たような事を考へ付けられ当方の計画は其価値を減する様の事ありてはならぬと警戒を要する次第に御座候。依て大体の「プログラム」出来たる上　之を日日にて世に発表致度考へ居る事に御座候。電報電信に頼み全国新聞に知らせる事も別に可致考居候。四月二十三日は三国干渉の来れる日にて此日にでも「プログラム」を発表しては如何とも考居申候。いづれ御帰京后拝姿の上御指導奉仰度考居申候間、賢察御願申上候。

国風会本部は左に移転致申候。

〔以下、地図書入〕(23)

御心配被下候聴衆三千以上は是非集まる様祈居候。拝姿の上万事御指導御願申上候。牛込の是迄の国風会本部は廃止仕り江藤君は牛込赤坂下の借家に移り申候委細拝姿にゆづる。敬具

四月三日夜　上泉徳弥

満川老兄　侍史

（封筒表）東京市杉並区阿佐ヶ谷四ノ九二五　満川亀太郎様　親展

（封筒裏）神奈川県逗子町久木三四九　上泉徳弥

23　満川亀太郎宛／上泉徳弥書簡　昭和一〇年五月二八日

拝啓　此度国風会更生之途出に当り老兄之御忠告により日清戦役並に遼東還付四十周年記念慰霊祭及講演会を開催し恰も国風会の思付の様に世間をあっと言はせ大成効〔ママ〕を以て終了仕候段は全く老兄の友情之賜にして何と共感謝之辞に苦む次第に御座候。御礼の為に参上仕度存居候へども二十四日迄は後片附新聞社方面礼廻り二十五、六、七日は当地にて寸暇なく（二十七日は海軍記念

日にて神奈川県下の日露の従軍者大会が横須賀にて催され小生感想講演致候様の次第にて）本日は本部へ出懸けんとせしに江藤君より風邪の気味に付出京を見合せよと電話あり久振にて畑の草むしり「トマトー」にこやしをやる事などに午後の半日を費し申候様の訳に御座候。其内御礼に罷出度存候居へとも乍失礼以書中御礼申上度如此御座候。令夫人に宜敷御執成被下度奉願候。敬具

五月二十八日夕　上泉徳弥

満川老兄　侍史

（封筒表）東京市杉並区阿佐ヶ谷四ノ九二五　満川亀太郎様　親展

（封筒裏）神奈川県逗子町久木三四九　上泉徳弥

24　満川亀太郎宛／上泉徳弥書簡　昭和一〇年一〇月二四日

拝啓　御恵贈之「三国干渉以後(24)」は繁用の閑々を窃み精読致申候。老兄憂国之至誠は今更申迄もなき事なれども、大日本社、老壮会、猶存社等の記事は見る毎に感慨殊に新なるもの有之申候。世界の大非常に際し今後一層皇国之為めに御奮闘被下度千祈万禱罷在候。国風会にては目下紀元二千六百年記念事業に関し熱心計画罷在候へば、近々例に依り老兄の御尽力を御願致す事可相成

候間、其節は宜敷御願申上候。先は貴著御恵贈之御礼旁如此御座候。敬具

十月二十四日　上泉徳弥

満川老兄　玉案下

追而　五十故人の中には小生の知人へも多数有之。何れも追憶之情に堪ず候へども其以外に桜井*君之長逝を知り是亦追悼之至に御座候。乍末筆令夫人に宜敷御鳳声奉願候。

（封筒表）東京市杉並区阿佐ヶ谷四ノ九二五　満川亀太郎様　安

（封筒裏）神奈川県逗子町　久木三四九　上泉徳弥

25　満川靖宛／上泉徳弥書簡　昭和一一年六月二四日

拝啓　明日の御法要には是非出席之積にて有之候処、娘の治療に関し不得止差支相生じ乍失礼欠席仕候間、不悪御海容奉願候。敬具

六月二十四日　上泉徳弥

満川靖様

（封筒表）東京市杉並区阿佐ヶ谷四ノ九二五　満川靖様
（封筒裏）神奈川県逗子町　久木三四九　上泉徳弥

26　満川靖／上泉徳弥書簡　昭和一八年二月五日

拝啓　其後は御無申訳御無沙汰致居候処、此度陸軍兵技少尉御拝命之由にて御挨拶を辱し大慶至極に奉存候。実は時々御訪問可申上節之処近来老衰甚だしく、殊に昨年大病後は僅に庭内を散歩するのみにて外出も出来ず、先般之故御尊父之御祭典にも失礼致したる次第に御座候。今回之御挨拶によれば予て陸軍に御奉職之ところ今度兵技少尉に御昇進之御事と拝察仕候。御母堂始め皆々様之御満悦奉恐察候。実は早速拝趨御祝詞可申上之処、昨年大病後は歩行不自由なるのみならず手がしびれて一気に御手紙も出せぬ次第に御座候間、御判読奉願候。乍末筆御母堂始め皆様に宜敷御鳳声奉願候。先は御祝詞迄如此御座候。敬具

十八年二月五日　上泉徳弥

満川靖様　玉案下

（封筒表）東京市杉並区阿佐ヶ谷四ノ九二五　満川靖様　平安

（封筒裏）神奈川県逗子町　久木三四九　上泉徳弥

川上秀四郎

1　満川亀太郎宛／川上秀四郎書簡　昭和四年七月一三日

拝啓　此度は便りを頂戴し恐れ入ります。先生には相変らず御健在にてあらせられ喜ばしく存じます。私も無事仙台に浪人ながら生活を致して居りますから御安心を願ひます。何時かは被圧民族を解放すべき義戦の任務を天より授けられてゐる大和民族の現状を見、之を当年のトルコ国民党の死戦に比べて慨はしく思ひます。上下を挙げて阿片に酔ふたやうな状態に在る今日、先生の多年の御研究に成る猶太禍の迷妄(25)は真に国民の惰眠に対する警鐘のやうに存じます。まだ内容を拝見致しませんが、其の中仙台の市場にも参ることと期待して居ります。ホルワット＊、セミヨノフ＊等の捏造を本物と思ひ、横浜に一人の猶太人でも上陸すれば一九、一九と呼んで加へればJewになるからでせう。探偵を附けたり、今日の米国ではNew YorkはJew Yorkで頓て猶太人は米国の金と露の赤化思想との両武器で世界を根底より覆さんとし、既に半ば目的を達し残れるは我が大日本のみだなどいふ暴論を何処から聞いたもの〔か〕は知りませんが、それを日本の陸軍当局が先づ信じ、民間有数の学者に至るまで之を信じたなどは各々の低能を表白するばかりでなく、日本人は宣伝に乗り易い民であるといふ嘲笑を十八世紀の遺物たる白系露人からまで加へられたでせう。国辱といふの外ありません。日米戦は日本とJewとの戦争だなどいふ非科学的論理は何処から出ますか。英国でロスチャイルドやヂスレーリがJewだとしても決して英国はJewの国でありません。中世英国王朝はJewに対して厳圧迫害を加へたではありませんか。英米は何処までもアングロ・サクソンであり、露は何と言ってもスラヴであり、日本は結局北スラヴを押へ、東西両アングロ・サクソンと太平洋の晴の舞台で何時かは雌雄を決せねばならぬ運命にあるのではありませんか。かかる明確なる目標の前に猶太禍だの、ヘチマだのといふ偽装が施されるので残念でなりません。国民に国民的自覚のない所に国民の進歩が有り得ませうか。近世独乙帝国は統一といふ国民的理想によって進歩し、英国民は世界帝国といふ理想を以て奮闘し、共に大をなしたのではないでせうか。今の赤露の民は兎も角も世界革命の理想だけは持ってゐます。然るに日本はといふと問題外です。今こそ開闢以来の大変転期で聡明誠実なる徳者的英雄、英雄的徳者の群出を痛切に要求して居るのではないでせうか。猶太問題の最後の断案を下された御著作が必ずや混迷せる思想界に截明なる一条の進路を指示されることを確信して居ります。又近くガンヂーを御著作遊されるさうですが、鶴首して御待ち致して居ります。仙台は地球上と言っては誤りがありませうが、日本では相当北の方に位して居りますが、昨今は可なり暑さが感ぜられます。印度や波斯の人々を直ぐ思ひ浮べます。而して彼等の政治的、経済的、学問的悲惨なる状態を写象しては同情の念を禁じ得ません。ガンヂーの運動は非科学的であり、復古的であり、実行不可能であるといふ如き批評は別として、彼が民衆に解放の観念を吹き込み一つの革命のテオリエを示した功績は認めねばなりません。しかも其の清浄なる人格と奉仕の精神とは百世の光でありませう。日本政治家の如きは正に慚死ぬせねばならぬと思ひます。私は嘗て印度の言語を学んだ事があり、彼の仏者の如き風を慕って居ります。一日もガンヂー伝の御著作が早く出ますやう願って居る次第です。私はこの夏は仙台に留ります。先はこの一通を以て暑中御伺ひに換へる次第でございます。頓首

昭和四年七月十三日

仙台にて　　川上秀四郎

満川先生　御許

（封筒表）東京市外中野町字中野六五六　満川亀太郎先生

（封筒裏）昭和四年七月十三日　仙台市向山越路二四ノ五　佐山方　川上秀四郎

2　満川亀太郎宛／川上秀四郎書簡　昭和六年七月三一日

拝啓　其の後は久しく御無音に打過、恐入奉候。三伏の夏季にも拘らず、先生には御壮健の御事と存奉候。興亜学塾の御事業は日に日に盛大になり行き候事と推察致候。邦家の為、世界正義の為、歓ばしき限りに存じ候。降って小生儀は本年三月東北帝国大法文学部を卒業（法学士）仕り、職業を求めて暫くの間は色々と苦心致候ひしが、幸ひにして五月宮城県電気局に奉職する身とは相成候。偶々同月中流感に冒され　次いで急性肺炎に移り、瀕死の状態に陥り候ひしが、幸ひにして一命を全うし候。其の後、余病を発して横臥数十日に及び、七月に入りて漸く回復役所に出勤致居候。東京在学中は御指導を賜はり、生涯の感謝に御座候。此の程漸く身定まりて一安心仕り候。公務多忙にて候へども、又他日御傘下に参ずる機会も絶無に非ずと自ら期待致居候。末筆ながら御健康に深き御注意遊ばされ候様切望致候。先は暑中御見舞旁た近況御報知迄。頓首

昭和六年七月三十一日　川上秀四郎

満川先生　函丈

（封筒表）東京市外中野町昭和通り二ノ五　満川亀太郎先生

（封筒裏）昭和六年七月三十一日　仙台市南鍛冶町一〇六　片山西之助方　川上秀四郎

3　満川亀太郎宛／川上秀四郎書簡　昭和六年八月六日

拝復　御返事頂戴仕り難有存奉候。来月上旬当県なる気仙沼に御光来有之由、御迎へ申上度候。多分八月一杯迄に候べし、目下の所は勤務時間午前中に候。九月よりは午後四時と相成る可く候。仙台御着の日が土曜日か日曜日ならば甚だ好都合に御座候。土曜日は何時も午前中の規定に有之候。小生は昭和三年初めて当地に参りたる者にて候が、此の三四年間に於ける仙台市の近代化は目覚しきものにて候。今日は仙台名物の七夕（本来七月七日なるべきを仙台人は盆などと同じく一箇月延ばし候）にて候。街々の飾り実に賑々しく、其の光景は凡らく日本にも比類尠きには非ざるかと考へ候。地球は廻る、諸行は無常、微力を悲み居り候。先は重ねて御文迄。頓首再拝

昭和六年八月七日

川上秀四郎

満川先生　函丈

（封筒表）東京市外中野町宮前二一　満川亀太郎先生函丈

（封筒裏）昭和六年八月七日　仙台市南鍛冶町一〇六　片山西之助方　川上秀四郎

川村竹治

1 満川亀太郎宛/川村竹治書簡　大正一〇年二月一〇日

御会見仕度儀有之候に付明十一日午前八時半迄に当官舎迄御足労相煩度得貴意候。匆々

二月十日　川村竹治

満川殿

(封筒表) 牛込区南榎町二十二　満川亀太郎殿　速達

(封筒裏) 麹町区道三町一　川村竹治

2 満川亀太郎宛/川村竹治書簡　大正一〇年二月一〇日

啓　過刻速達郵便にて明朝御来車之儀得貴意置候処、差急用件にも有之今晩御来車被下候はば

好都合に存候。御都合如何御回示相待申候。怱々

二月十日　午後五時　川村竹治

満川殿

〔封筒表〕牛込南榎町二十二　満川亀太郎殿

〔封筒裏〕道三町一　川村竹治

木島完之

1　満川亀太郎宛／木島完之書簡　〔昭和四年〕七月一九日

拝啓　過般青山会館に於て先生の舌端火を発する演説を拝聴し、非常に喜しく感じ翌日先生を尋ねて久々にて御高教を仰ぎ度と存じ候処当時俗務多端にて其の意を得ず、其のまま皈郷仕候。其の後土浦の本間兄*に会ひ、小弟より先生の青山会館に於ける熱弁を話し「彼の温厚其のものの如き満川氏にあの熱があらうとは考へ及ばなかった」と申せしに、小弟よりも先生の事を良く

知る本間兄は『満川氏は元より偉大なる熱の人だ。其の熱弁あるのは当然だ』と申され候。其の言葉を聞いて他日錦旗革命の先頭に立って大獅子吼さるる先生の偉風を想像して非常に意を強ふせし次第に御座候。

其の後土浦に本間兄を尋ねし際、先生の御葉書を拝見致し候中に『紫山塾報*』に依り木島完之君の消息を知り安心致し候」の趣の御言葉を拝見して独り窃かに感涙に咽び居り申候。

先生の住所を失念致し候為め、本間兄よりその葉書を貰ひ、一度詳しく小弟の気持ちを申上げんと存上居り候処、これまた徒らに日を送り遂に其の機会を失ひ申、今日まで御無音に打過ぎ申居候。

然るに去る今月十四日東京日々新聞紙上にて先生の御写真と御消息とを拝見しなつかしく存じ居り候処、只今また小弟の郷里より廻送し来り候御書面（ひさかたぶり）*を拝読し感激の念やるかたなく候まま早速拙文を顧みず一書を奉る次第に御座候。

先日新聞紙上にて御高著「ユダヤ禍の迷妄」を知り早速拝読仕らんと存じ居り候処地方講演にて寸暇なく本日まで打ち過ぎ申候。只今当地の本屋に注文致し居り候間到着と同時に拝読仕らんと楽しみに居り申し候。

昨年の夏は東京の真中にて暮し申し候ひしが、本年は去る四月より当地に参り布教講演にて日を送り致し居り候。

御聞及びに御座候はん当地の大洗に明治記念館と立正護国堂とが同時に地を接して建立され、

常陽精神運動の基礎たるべく活動をさをさ怠りなく候。小弟は其の講師を頼まれ日々駄法羅を吹き居り申し候。

時々土浦の紫山塾にも行き諸兄と快談致し居り候。

大洗は先生も御承知の如く（先年先生御来遊をひさかたぶりにて拝見）波の花散る夏の貴地にて昨今の如き殺人的気候には凌ぎ易き処に御座候。

本間兄も今夏は当地か前渡浜（鯵ヶ浦）にて水泳講習会を開き、兼て青年の精神指導を為さんと計画致し居り候間、先生も一度御来遊下され候らば如何に候哉。

尤も先生には各地の夏季大学に御講演遊ばさる御予定ならんと察し申候間、小弟等の方は本間兄と近日決定次第また改めて御通知申上げ度と存じ居り候。本間兄は只今大阪に出張中に御座候。

切に御自愛を祈り奉り候。

木島完之

満川先生

七月十九日

（封筒表）東京市外中野町中野六五六　満川亀太郎先生

（封筒裏）茨城県水戸海岸大洗東光台護国堂　木島完之　七月十九日

2　満川亀太郎宛／木島完之書簡　昭和七年一月一二日

謹啓

御恵送の興亜学塾要覧正に拝読。

邦家多事の時、先生の御宿志着々実現せられんとするは誠に喜しく、歓喜の余り学塾要覧を携へて室内を力強く歩き、自から満足致候。

昨夏近親の不幸に依り大洗を引き払ひ当地に居を構へ候てよりも　相も変らず先輩知己に対しても御無音に打過ぎ居り候。随而先生此の度の御壮挙も学塾要覧を拝読して始〔初〕めて知りし始末にて御祝辞も申上げず何とも申訳無之候。何卒邦家の為め御自愛専一に御健闘の程祈り奉り候。

御手数恐入候へ共

御高著

○世界亜細亜及日本の明日[26]

福原武氏著

○日本社会文化史概論[27]

プラタプ*氏講演

○世界聯邦の基調

御送附御願度　小為替にて参円封入仕り候。
一月十二日　木島完之拝
満川先生　侍史
（封筒表）東京市外中野町　宮前二十一番地　満川亀太郎先生
（封筒裏）千葉県長生郡茂原町榎町　木島完之　一月十二日

3　満川亀太郎宛／木島完之書簡〔昭和一〇年〕一一月二七日

拝啓
寒気御相向申候処、先生始め御家内御一同様には益々御健勝の御事と奉拝察候。小生病気中は幾度も先生の御見舞を忝ふし誠に難有御旅行中は度々御旅行先きより絵葉書を給はり御慰め下され候御芳志誠に忝けなく幾重にも御礼申上候。
病中筆持つ力も無之存じながら御無音に打過ぎ申訳無之候。昨今漸やく元気も出で申候ものから禿筆を晒して非礼御詫び申上候。惟神顕修会*の方も益々盛大に相成り候御趣き遙かに悦び居り申し候共、小生度々病気等にて欠席勝ち何とも申訳無之殊に第一回講習会に一回も出席致し得ず其の儘皈郷仕り候事病気の為めとは申しながら先生始め諸兄に対し何とも申し訳無之、国師館の一室より護国神社の方を拝して謝罪致し居り候。国師館を引き揚げ帰郷の後へ先生には御尋ね下され候御由誠に難有重ねて御礼申上候。

新日本国民同盟*革正会高橋兄*を始め亀川兄*外諸兄の御奮闘蔭ながら其の労を感謝致し居り候へ度も何のお力添へも出来ず甚だ汗顔の次第と存じ申候。

何れ来月半ば頃迄には上京仕り度と存じ申し候間、其の節は御伺ひ何かと御報告も致し御高示も御願ひ申度と存じ居り申候。

先は延引ながら御礼の辞まで申述べ候。時節柄切に御自愛の程願上候。頓首

十一月二十七日　木島生

満川先生　玉案下

追伸　誠に恐縮の極み奥様始め御令息御令嬢様方に宜しく御鳳声給はり度候。

（封筒表）東京杉並区阿佐ヶ谷四ノ九二五　満川亀太郎先生

（封筒裏）千葉県長生郡白潟村古所　木島完之　十一月二七日

1　満川亀太郎宛／北一輝書簡　大正八年八月九日

満川君 侍史

拝啓。今回参上仕候岩田富美雄君*を小生の弟として御覧下され度候。小生に附きし以来多少の変化も有之宮嶋大八氏*が持て余ませし奸馬も終に名馬たる本質を発揮し始め申候。同氏にも御同道の上可愛き子息の改心して帰家せし通り御勘当御許し願上候。実に我が日本は吾兄の如き又此の岩田君の如き一身を抛って天下に奉ずる大丈夫心を有するもの少なからざることが天裕〔佑〕に候。支那の事の大体は氏より御聞取下され度候。今後は詳細の説明者も無用の時代と相成、只一大方針を確立して大同団結するの一事あるのみに候。小生も月末頃には帰京の考へに候間委細は国柱諸君子に拝姿して縷述可申、只如何なる内憂外患に対しても眉一つ動かさざる不動心を以て天下の先導たり度く候。尚小生帰京まで同君を御宅に起居せしめ被下度、乍御迷惑御願此事に候。

一輝　頓首

八月九日

（封筒表）牛込東軒町一　大日本社　満川亀太郎殿　岩田君持参

（封筒裏）於上海　北一輝　大正八年八月九日

2　満川亀太郎・大川周明宛／北一輝書簡　大正八年八月二七日

大川　満川盟兄　侍史

拝啓。今回は大川君海を渡りて御来談下されし事、国家の大事とは申せ誠に謝する辞もありませぬ。残りの「国家の権利」と云ふ名の下に日本の対外方針を原理的に説明した者《〔ママ〕》を送ります。米国上院の批準《〔准〕》拒絶から世界大戦の真の結論を求めらるる事等、実に内治と同時に外交革命の転機も一時に到来して居ます。凡て二十三日の夜半に物語りし《〔ママ〕》ました天機を捉へて根本的改造をなすことが先決問題であり根本問題であります。大同団結の方針で国際戦争と同じく一人でも敵に駆り込まざる大量を以て御活動下さい。小生も早く元気を恢復して馳せ参ずる決意して居ます。岩田君を宜ろしく御願申します。頓首

八月二十七日　一輝

（封筒表）東京牛込区南榎町二十二　満川亀太郎　大川周明殿

（封筒裏）上海有恒路長田医院　北一輝　八年八月二十七日

3　満川亀太郎宛／北一輝書簡〔大正八年〕一一月六日

満川君侍史

拝啓。昨日渋川君帰来。吾兄及び諸君の御活動を承り真に至誠果敢一身を以て国家を負い荷する日を想望します。同時に三十日出の御書簡も着しました。小生の手紙と行きちがひになりましたのです。岩田君のこと色々御世話様でした。六貫目の鉄杖をゴロゴロ引摺候ことなど渋川君より承はり、小生の前きの心配が一転して抱腹しました。拙著[28]を公刊せずして少数者に御配布下されᐧ候御細心と御煩労、只々感謝の外ありませぬ。目下の小生は尚霊的苦闘を続けて居ます。禅室の問答等の畳水練に非らざるだけに今尚苦闘しつつ苦闘の跡を顧みる時、実に血痕拭ふに暇なきものを覚へます。小生にして若し君に何者かを御頒ちすることが出来るものとせば御目にかかりて只此の霊的勝利を其俣御土産にしたいとのみ考へて居ます。岩田君も承知あり大川君も一寸見られた亡友の孤児が荊妻を慕ひて陽気となりましたので又連れて来ました。小〔子〕守唄を知らぬので其れを膝に抱きて四百余州を挙げる云々の軍歌を歌ひつつ此の児四億万民の相模太郎たらんが為めに母なく父なき涙の生を享け来りかと考へ、実に落涙頬に伝はりて止まず。満川君御同様涙の手に刃を持ちたいものである。俗に親の恩は子に返へすと云ひます。吾々の今日ある悉く是れ幾多先哲の十字架を負ひし賜です。此の恩を後世の子等に返へさんか為めに共々に亦十字架を負ひませう。神の国は教会に入り禅室に参じて得べきものに非らず。君の叫ぶ街頭これ禅室にして君等の車坐になつて飲む時是教会です。蓮華の花は血の池に於てのみ咲きます。相見ずと小生の心日夜君等の上に非るなく吾神の蔭寸時も君等を離るることありませぬ。前書に申しましたことの出現は何の日かは知りませぬが手を携へて生死岩頭に立つの日の近きことを待ちませう。未見の諸君に此の意を御話下さいませ。大川君によろしく。

十一月六日　一輝白

（封筒表）東京市牛込南榎町二十二　満川亀太郎殿
（封筒裏）上海新虹口橋慶順里四二六　北一輝　十一月六日

4　満川亀太郎・大川周明宛／北一輝書簡　〔大正八年一一月〕二九日

小生には三十部もあれば十分に候。輿論の指導的人物には特に御配布願上候。

拝啓国民教育年限を満六才以上十六才と有之候処あれば満五才以上満十五才と訂正し、従て国家の児童の権利の個所も満十六才までとあるを満十五才までと訂正も願申上候。現今の満六才せるがために幼稚園の如き無用有害なる人形教育等も生ずる儀に候。尚御配布の時、文部次官の南弘*氏に二三部を呈し其手を経て西園寺*氏に御渡願ひ被下度、又宮崎滔天*氏に数部願上候、御配布の御方針は俗政党員の如きは無用に有之、老青年の差無く又現時の職務如何に云ふて別を立てざるを望み候、青年なりとも又は無職なりとも価値なき人格は従然価値なく国家を負荷し得る者諸将軍間に多きかと存候。

大川　満川君

一輝　二十九日

（封筒表）東京牛込南榎町二十二　満川亀太郎様（山田勝太郎氏にも二三部頼みます）

（封筒裏）上海有恒路長田　北一輝　二十九日

5　満川亀太郎宛／北一輝書簡　大正九年一月一日

拝啓　昨日長崎着。只今大正九年を祝ひました。小生に取りては全く流罪人の脱獄して来た如き感があります。修業固より完からず且つ為めに心身の衰弱甚しく諸兄に随ひて何の働きを為し得るや否や自ら恥ぢ自ら危ぶんで居ます。只帰京の上凡て諸君に聴き諸君に学びて一歩卒の列に加はります。過般申上げし支那の孤児の外に小生には未だ小生の顔を知らずして小生を父と呼び来れる三人の父なき児があります。小生は妻と呼びつつある寡婦と此の児等との為めに社会改造の急務を学理でなく涙によりて学んだものです。七年にして皆大きくなり小生を見て悦び慕ふを見ては直路東上もなりませぬ。私情に引かれて甚だ赤面の至りですが明後日まで彼等の為めに所謂御正月なるものをしてやります。明後夜行で必ず東上します。地獄を出てホーッとした時の心は今の小生であります。第一革命の時、支那に渡りてより満八年に余ります。支那と絶縁する蔽〔敝〕履の如くしたるだけにて双肩の軽ろ軽ろしたること御察し被下候。自分のことのみ申上げて失礼御宥免を願ひます。

九年一月一日　一輝　頓首

満川君

（封筒表）東京市牛込南榎町二十二　満川亀太郎殿

（封筒裏）長崎市東小嶋町七九　間淵方　北一輝　一月一日

6　満川亀太郎宛／北一輝電報　大正九年一月四日

アスゴゴ一ジトウキヨウエキニテアイタシ　（明日午後一時東京駅にて会いたし）。

（筆記電報）（受信人）ミナミエノキテフ二二マン《（ママ）》カワカメタロー　（南榎町二二　満川亀太郎）

（発信人）キタ（北）　（発信地）テツミタジリ（鉄三田尻）　（着局日付印）9．1．4

7　山鹿泰治宛／北一輝書簡　大正九年二月三日

北一輝兄が獄中の後進に与えたる書簡

大正九年二月六日　満川亀太郎

本書は北一輝兄が、一昨年無政府主義宣伝の廉を以て捕へられ今は京都監獄の鉄窓に在る後進山鹿泰治*君に対し、近著『国家改造案原理大綱』を差入れんとするに当り、認めたる書簡の全部なり。北兄上海より帰京してより茲に一ヶ月、日夜後進を念ふこと深し。山鹿君曽て青山なる北兄の寓に在りしも、北兄当時支那革命に従ふの故を以て無政府主義の善悪を言はず。今や同君をして日本精神に反省帰順せしむる者自己を措て他になしとし茲に本書を認む。言々句々友情惻々として人に逼らずんばあらず。予は北兄より右差入方の幸便を托せられたるを以て私かに数部を複写し同志諸兄に贈る。蓋し愛誦離すに忍びざればなり。

山鹿君侍史

謹啓。在獄の君に如何にして此の書面を送ることを得るかは考へ給ふな。君の捕はれの身たるを悲しむ小生の涙を天が見てくれたのだ。君に対し十年の兄である小生は、君の飢寒に泣く心を忘れざること血肉を分けたる兄と同じい。君を忘れざるにつけても君と親しく会して君の秀でたる進歩を悦びもしたく、又君の誤れることと足らざることを教へもしたい。此の手紙は小生の此心を表はすには千百分の一も無い。しかし小生が君を弟として愛するが如くに君が小生を兄と視る寛量あらば以下の苦言は君に温き衣物、美味な食事を差入れるの比ではない。時としてはアア可愛そうに寒からう、悶々としてるだらうとも思ふ。しかし獅子の児は三日にして崖より落すと云ふ夫れだ。君が凡々たる者でないが故に此の苦難があるのだ。座禅は山林樹下に限らず。天の恵まれし此の機会を以て静観工夫怠る勿れと申したい。而して此書は君の座禅せる室内に神の声として君を教ふるものである。先づ君の持前たる反抗心を鎮めた上能く読み能く考へて見なさい。決して無情な者と思し〔ママ〕なさるな。

小生は一月に帰国しました。其れは今改造を云ふ者も革命を叫ぶ者も殆ど二束三文の人々なるが故に、小生は先づ其人々からして教へんと思って帰ったのです。横文字の通弁人と革命家とが兼業出来るといふ第一歩、否根本精神からの誤が諸君の如き尊敬すべき人格の者までも邪路に導いてるのだ。鸚鵡能く人語すと云ふことがある。今の革命論などをする先生の大多数は鳥類の人鳴する者。其声は一寸吾々に似てる所がある。しかし鳥と人と異なる如く彼等と小生とは別物である。君の人格は君が小生の家に居て小生に如何ほど反抗を表した時でも愛の変らざりし如く小生の認識した所、君と小生とは尠くも人間たるを失はない。只其の語る所が一見相異してる。しかし人間仲間であれば小生の言ふ事が君に解せられぬ道理がない。依て「国家改造案原理大綱」を差入れるから「語」の相異によりて反抗的に見てはならぬ。小生と「語」の似てる民本主義の博士連や又は他の点で「語」の似てる軍閥の佞人等は其の似たるが故を以て小生と同類ではない。君には分る筈であり、且つ更により能く分る時が来る筈であるから特に此の書面をも書くのです。只君の年齢と修業の程度では今俄かに全部了解せよと云ふのは注文する方が無理だ。それは恰も君の言論を小学生に理解せよと云ふと同じき阿呆だ。これは若いからと云ふて馬鹿にするのでなく、修業すべき年月に乏しいと云ふことなのです。君等が人類の進歩、歴史の進歩を凡ての前提としてることは則ち個人に於ても進歩すべき年月を要するといふことを承認しなければならぬので、従て君より僕の方が尠しは賢明であり、更に歴史的進歩より見て君等の偶像視するマルクスやクロポトキンより小生等の方が遥かに聡明である結論をさせるのです。スグ君だからウンと云へまい。而かし苟くも革命論でもやらうと云ふ人が五十年も六十年前も昔の老人、日本で云へば死んだ板垣伯*の自由民権論位の骨董品を後世大事と翻訳して帰命頂礼するから間違の本となるのだ。君等には御祖師様はない筈だ。「マル」も「クロ」も板垣さん位のもの、人類進歩といふ点より見れば狗コロの名を以て居る半獣時代の逸物と考へるさ。

　こんな乱暴な言葉を用ゆるのは君が偶像教徒であるからだ。マルもクロも旧時代の一二先覚者であって則ち吾々に一二有益なる或者を残した点に於て尊敬さるべき人々であって、決して拝掌すべき木偶でないと云ふことです。偶像教徒は其の信仰の篤き真面目な者に取りては特に身を誤り更にヨリ多く世を毒することは御承知の通り。先づ此処らから突入して彼等其人の貫目如何と手の上に載せて見てからでないと「有難屋」の仲間入りをしますぞ。小生から見る時今の鸚鵡革命家と本願寺参りの爺婆と其浅薄愚劣さに於て一束の代物と外思へぬ。

　而かしクロポトキン程の人になると異って居る。其れは彼が帰国と同時に「吾が思想は変化せり、進歩せり、吾は純正国家主義者なり」と宣伝した如き是れだ。小生の同志[29]の知人で何の主義をも持せない仙人風の先生[30]が六年も露西亜に居て帰っての直話に、彼が帰国を迎へんとして各学生団、革命団が無政府主義のシンボルたる黒旗を樹てて迎へた時、彼は其等に笑みつつ今は独逸と戦ふべき時なりと宣告して政府の迎車にて馳せ去ったのを実見したそうな。君能く考へて見たまへ。君が中学生時代の作文を翻訳して君の思想凡て茲に尽くと宣伝する者があったら君はどう思ふ。彼の旧時代を示す者のみを取って今の進歩したる彼を示さないでは偶像教徒としては御祖師様を泣かせるものだ。獄中能く静観すべき一題目です。

　新聞の云ふことだから固より当てにはならぬが君の捕はれた原因をなしたのは過激派張りの宣伝をやらうとしたことなそうな。若いから致方もないが是れは恰度支那人のマネを日本人がやらうと云ふと同じ程度の逆さ事だよ。ロシア人の無智と獣慾と残忍とは支那人以上でも以下ではない。人口の八割までがイロハも書けずに凡ての郵便局に代書人が居る有様。其の獣慾は現今でも羊と姦した男女は斯く〳〵の罪、牛馬と姦した男女はしかしかの罪と法令を以て取締ってる位なそうで。女でも是だから驚く。其残忍は私生児の殺方等を二三聞かせられてもゾウとする位だ。これだから日本の蚊士等の珍重する肉慾小説も出てくれば同じ革命をやるにも、ボルセヴィキと変態化して来るのだ。ロシアの革命に学ばんとするには、学ぶべき露西亜に対する十二分なる智識を要する。同じ争ひでも地獄の衆生と神々の闘とは丸で別物だ。希臘の勇士の如くすべき日本の革命に於て支那人以下のロスキー張りで行かうとするなど、殆ど其の阿呆さベラボウさを例へるとホレタ女を口説くにジゴマの面を借りて出掛ける如し。君を役人が縛ったと思ふと憤怒のみ燃えて君自身の反省としての投獄ですぞ。恋人方に御出には其面では振られますぞと申して見へざる慈悲の手が其面を奪はんとしてことがない。禅宗に三十棒と云ふことがある。其至らざるが故に痛棒あり。下等民族の下等革命に学ばんとした君は此の上痛棒によりて卑醜なる面を剝ぎ去って出なさい。無政府主義非戦主義にしてもが同様です。ロシアの徴兵年限は実に二十五年間であるといふこと。其の老衰して退営の時は乞食して帰郷するといふこと。更に羅馬法王の贖罪符の如く役人が徴兵券といふ者を金持に売って貧民からばかり兵士を引摺って来るといふこと。そして其役人の上官先づ地方の知事位までは独逸人を雇ふて来て居ると云ふほどロシア人に政治的能力がないと云ふこと。又更に何でも神様の思召通りにする豚の如き無智と柔順なる国民性であるといふこと。此等根本的智識があったならば斯かる無用有害なる政府を無視する無政府主義が非戦主義と結付いてトルストイとなりクロポトキンとなりクエーカー宗となるのはロシア特有の者だといふ理解に来る筈です。ロシアに白熊が産するからとて日本の牧場ではダメでせう。今の直訳連中は白熊の皮片を見た珍しさに日本にも養殖しやうといふアワテ者さ。無智半解とはこれです。洋書を弄んでロシアが解るならば丸善の小僧は皆君以上北以上だ。これも御考へになるべき一問題。

実に有害なる智識は有害なる食物よりも遥かに多く人を殺し世を毒する。秋水君*[31]が大逆罪か否かは小生問題にしない。只彼が死刑に値する一事がある。其れは人倫の本を紊り士君子の大道を汚したことだ。恋愛自由論其自身の値は言はずとも承知の事だ。しかし此の畜生道の如きロシアや仏蘭西あたりの畑に出来た醜悪千万な鼻持ちならぬものを持出して革命論を一つ籠に入れて売られたので世の中の迷惑、特に真乎世を憂ひ人を愛する革命家に迷惑を掛けたことは一通りでない。其れは何の《〔ママ〕》スガ子を横取りしたことだ。よしか、ここだぞ、人間か畜生かの分れる所は。荒畑*氏は秋水其人の思想と運動とによりて言はば秋水に代わりて入獄してる身だ。スガ子が兎に角彼の恋人であり獄中唯一の希望であった以上は、秋水君の身としては彼女の貞節を保護するに全力の労を取るべき筈。古い言葉を使ふと君は笑ふだらうとも士君子の道と云ふ。即ち一般標準より一歩上に在る人の道義とは此処です。其れを如何に書物に読まれたとは云へ、自由の無い後進の宝物を自由の身である自身が横取りして自由恋愛とは何事か。苟も人間とまで進んだ以上はスガ子が斯る下等動物の本能を出した時は叱責もし訓戒もすべき者。生物進化論によれば私共も猿であったゲナと称して四這にならねばならぬのか。彼は兆民の弟子。只外来の珍しさに己を忘れて天倫を破る斯る大罪に落ちた。有毒なる思想の毒の恐ろしいとは此事例に見ても彼一人のみならず、其思想の伝播せる限りを毒してること此の通りだ。君の今の身に引き比べて見給へ。君今獄に在る。其間に小生が君のミカ子を奪ひて自由恋愛で御座るとやった時、君の理論に非る本然の感情はこの行動を合理なりと承認出来るか。彼の大杉*君と神近市子*の例は血を以て小生の主張を反対方面より証明する者です。此等も能く胸に手を措て思考百遍すべき大問題ですぞ。

私の改造案には日本民族の特殊の精神と云ふことを高調しつつ而かも其何なるかの内容を説明してない。これは日本現在の程度で未だ教ふべからざるのと、更に座禅十年といふ如く体験すべき者で講釈万能の毛唐式には出来ないものながらである。要するに斯る議論を書いては限りがないから大抵の所は君自身今の苦難中に悟得なさるのです。何等の悟なく出獄しては鸚鵡連と同じい。男子三日見さればと云ふこともあるので別れて四年になる君と小生とは共に愕然たる進歩を以て相見たいものです。ミカ子と云へば上海に居る時は是非京都に立寄ってと考へて居たが帰京を急いだので、只思ひやってるばかりで君にも彼にも済まぬ。君は獅子児として鉄血の鍛冶を蒙り、彼は光るべき珠として熱涙に磨かる。彼の貞順は君も御承知の通りだ。機会があれば一度逢ひたいと考へるが、二人共今は苦しい修業をなしてると思ひて獄中の一日と雖も空費し給ふな。

君を悲しむもの啻にミカ子と此の愚兄のみならんやです。万言尽きず、吾心日夜君の傍に在らざることなし。

二月三日　　　北　一輝

8　満川亀太郎宛／北一輝書簡　大正九年四月三日

満川君坐下

拝啓　「吽」とは如何にも腑に満たざりしが、只今岡崎*君に告へらるる感じを問ひしに、答は誠に尤に候。則ち如何にも救世軍のやうな感じがすること、且つ語の強きに係らず感の受方が弱しとのことに候。就ては同一なる吽びも百獣を慴伏せしむる獣王の「獅子吼」とでもされては如何。出所は仏典にて多少腥きも今日は壇上の獅子吼など申し、犬養*君の演説でも狼吼とは申さず獅子吼と呼び候〔に〕習に候。「ライオン、ヴォー〔ロォーか〕」とやるを得ば腥味なきも外国語なるが可ならず。但し語呂はシシクと云ふよりも優れり。此等につき尚時間あること故御熟考可然か。局長様によろしく。

四月三日　一輝拝

（封筒表）区内南榎町二十二　満川亀太郎様
（封筒裏）南町一猶存社　北一輝　四月三日

9　満川逸子宛／北一輝書簡　大正九年四月三日(32)

満川令夫人殿坐下

拝啓。誦経後最も謹厳なる心を以て左の重大事を御相談申上候。

今夜、大川君来訪の節、嶋野三郎君に結婚せしむるは如何と云ふ二人の話有之其節、吉田女史*は如何かと申候処、小生より御両位に申込む方よからんとの事につき先づ御内意だけ承はり度く候。嶋野君は同志間に於て若き三宅雪嶺*と呼ばるる風丰《ぼう》と性格なるは御承知の如く其の在露六年の体験的修業は彼の堂々たる偉軀と共に今後の日本に於て国柱中の大なる一人たるべきは疑ひなき所に候。特に今日聞けば月給も百五拾円程は有之候由。外に露文の翻訳にて二百円とか得しも例の仙人のこと故二三日にて文なしにせる等聞き候へば毅然たる令夫人さへあらば生活の憂も無かるべく候。吉田女史の美貌は過日参堂の節写真にて承知仕り、其の御性行等も断片的に承まり候て是れ亦十二分に若き花圃女史*たるべき美器。若し吉田氏にして御世話をさるることとならば彼の髯だらけの仙人も堂々たる偉丈夫たるべきは論なく候。善は急げに候へ共三宅翁の如く麦酒二本を土産に細君に頂戴と押しかけまじき先生につき御令閨より先づ吉田氏の御内意御聞合せ下され度、御承諾のやうに候節は大川君と共に尊兄の御尽力を仰ぐことに可相成候。若し此の良縁にして成らば桜花将に開かんとする際我が党の春を先づ此の英雄美人に見るべく候。敬白

四月三日夜　北一輝

（封筒表）区内南榎町二十二　満川亀太郎様

（封筒裏）南町一　猶存社　北一輝　四月三日

10　満川亀太郎宛／北一輝書簡　大正九年八月一四日

満川兄侍史

拝啓　今日の災難に又々御助け下されたこと。一人静かに座して感涙に不堪、改めて御礼申すも異なものなれど心に溢るるままに一筆申上候。十九まで母一人の犠牲になりて育てしものを今にして死なさんとする母の心も涙。夫たり君たる者に仕ふる一心の故に其の同志の忘片見を育てて窮困病軀を東西にうろうろする其の心に至っては更に涙。其れを見て密かに金を作りし吾兄の心に至っては亦何をか申さん。夜の汽車に眠れぬ母と孤児と、九死の床に待つ父なき娘と、東に

温き友の情とを考へ、此の此宵とぞ此心の奥に涙の湧き候。兄等の所謂魔王何ぞ必ずしも悪魔ならん。清彦君*[33]見えました。天裕〔佑〕の下に進みつつあり。此々の御心配に及はず。御放念下され度候。明夜御さしつかへなくば共々に大川君方に遊ばせて貰ひたし。何れ御目にかかりて。敬具

八月十四日夜　一輝

（封筒表）区内南榎町二十二　満川亀太郎様

（封筒裏）東京市牛込区南町一番地　猶存社　八月十四日　北一輝

11　満川亀太郎宛／北一輝書簡　大正九年一二月一日

満川兄侍史

拝啓　御男子御降世[34]御悦びは固より前途大局の満悦を示すものか。打諒ひ参上せんと考へしも御産後人無きを便とするものといふ荊妻の諫止によりて一両日間御遠慮申候。御諒察願上候。社は角田君の大砲発射の為め多用に入り候。然かし少しも大兄を煩はすことに非らず候間、悠々御執筆且つ御悦びの日を御送り下され度候。御耳に快かるべき御知せ二三有之候も凡て御出社ごろ確定すべきかと存候。乍失礼郵便を以て御悦びを申上候。敬具

十二月一日　一輝

（封筒表）区内南榎町二十二　満川亀太郎様

（封筒裏）猶存社　北一輝　十二月一日

12　満川亀太郎宛／北一輝書簡　大正九年一二月三一日

満川君侍史

拝啓　今日で波瀾多かりし九年を終ります。昨夜来君と大川君とが此の一年間如何に小生を救護して呉れ〔た〕かを考へ出されて感慨止まず終に大川君にも一書を呈した程です。小生は真に神の前に於てする感謝を以て此の一年間を過ごした幸福を顧みる時、古今の革命家中私共より幸福な心持を以て進んだ者はあるまいと存じます。肩を怒らして言ふ輩の意気に感ずる人生でない。只涙流るるばかりの感謝です。感謝を以て斯く結びつけられた吾々三人は地獄の果までも御前とならばどこまでも敬ひつつ来る十年も十一年も。周君にソビエット女史より書留便到来。例の魔心むらむらと起りて痛快限なし。敬具

九、十二、三十一、　弟一輝

（封筒表）牛込区南榎町二十二　満川亀太郎様

（封筒裏）東京千駄ヶ谷九〇二　猶存社（新宿駅下車）　北一輝　十二月三十一日

13　満川亀太郎宛／北一輝書簡　大正九年（月日不詳）

拝啓。子供が父さん父さんとて離れず。考ふるに軍営に妻子の来るなど已に言語同断。東京に来た名目だけアイス〔ママ〕諸君に対して立てば帰へることが出来るのです。依て一週間ほど大に楽ませて帰へします。社の下の室で若党と一所に其の間置かせて下さい。平賀君にも御願ひしました。折角狭い御宅に御用意を願ひて相すまぬ次第大急ぎて申上げます。

満兄　一輝

（封筒表）満川兄　一輝

（封筒裏）東京市牛込区南町一番地　猶存社

14　満川亀太郎宛／北一輝書簡　〔大正一〇年〕一月二一日

拝啓　改造法案大綱につき佐々氏に問合せ候処、今日まで返書に不接候。依て考ふるに已に三年小生としては自身の旗幟たり腰剣たる者を他に保菅〔管〕されて、路傍に食を乞ふの日月を送る如き者、大盗一蹶して袖乞となるとは度々足下にと洩らせし愚痴に御座候。革命外史の如き自己自身を以てすれば万不可能なる環境の間に数百部と雖も公にするを得しに顧れば袖乞を今年も続くる能はざるを痛感罷在候。過般天華拝行への帰路御話申せし如く小生自身印刷の途は有之候につき、今回は卑見に御賛同被下度篤と御考慮御願申上候。明日は満川さん見えますと云ふ女房の慰安に欺かるる亦幾日。明日は見えんと存候。敬具

一月二十一日　一輝

満兄

（封筒表）牛込区南榎町二十二　満川亀太郎様

（封筒裏）二十一日　北一輝　東京千駄ケ谷九〇二　猶存社（新宿駅葵橋）

15　床次竹二郎宛／北一輝書簡　大正一〇年一月二九日

謹啓　此書面は事至重至大なる御一人の御身上に係る霊感につき申上候。実に只事には無之候。数月前申上候東宮殿下御外出御遠慮の霊感は其実今日に於て悟り申候。則ち今回の御外遊に伴ふ愕くべき怖るべき警戒を幾月前に於て霊感せしめたる者に候。幸ひ誠忠御奉公の先生が内務の責を負はるるこそ天佑に候へ、而も警備の力及ばざる欧州米国等に於て先生の誠忠を以てするも能く御奉公を全ふするを保証し得べしや。鮮人の危険至極なるは其一に候、加ふるに全世界に漲る非君主的思想と運動を考ふるとせば苟も常識ある者今の時に於て殿下を其渦中に導き奉るとは何事に候ぞ。小生は奉上仕候と同じ経本を手にする時全身の戦慄只神のみぞ御承知に候。昨日は幡ヶ谷の不動尊に参じて祈願し深夜亦床を蹶て起ち誦経申候。一心九天を動かして我霊感の杞憂に止まるや否やを訴ふるも加はる者は恐怖戦慄に候。無学不徳何の甲斐なき小生に候へ共、苟も日本国の大事を霊感し得る能力の一事に至ては出口王仁三郎*氏等の一類の上に超出仕候。全世界が平和来を賀しつつ、ある講和条約調印の其日に於て其全部無効に終るべきを警告して今日既に全部明に立証されつつある権威は今回の東宮殿下御外遊の一大事に於て一歩も枉くべからざる権威に候。今に至て頼む処は先生等両三氏の御誠忠に候。現代日本に於て殿下の御外遊を御中止に至らしむる以上の御奉公は御座なく候。先生御身親しく此事を天聴に達するも可、殿下をして玉音一下御中止を勅せらるるの途を取らるるも可、願くば此一大事の為に先生今の栄位を棄つる敝履の如くなれ。権臣尊氏の再来者流の膽を奪ひて大道を明かにする者今の時只一先生に御座候。恐惶再拝

一月二十九日

北　一輝

床次先生玉案下

（代筆ないしは写しか）

16　渥美勝宛／北一輝書簡　大正一〇年二月三日

渥美老兄侍史

謹啓　数日来浄佳の毎に陛下の今の御病気に魔拝の姦謀見を感せられてならざりしが只今明鏡に顔を映す如く悟り申候。則ち良子殿下の御系統に色盲ありしことを宮中に宣伝せしと何なる事情に依て主上と其の御周囲に極力暗示し宣伝したる者乎、斯く悟ると供に電光の如く頭裏に閃く者は老兄昨春の獅子吼先づ陛下を今の幽閉より開放〔ママ〕せよの御一言に候。政治的経済的意味の其れ

に非らずして古歴史に見る姦臣逆徒の御幽閉に候。而して瞑目黙想すれば御病体につきて一寸一寸と聞知せし最も接近せる筋よりの事一として之れを立正せざる者無之候。義理は極めて明白、正義と不義の戦に候。神の世とするか魔の世とするかの境に候。老兄の神々の御名に依りて願くは陛下を今の御幽閉より救ふの途を求めし、此事老兄に非らずして誰れぞ。満川兄は迫害万死を覚悟して今日より一切の姦謀を天下に暴くべき火筆を執れり。不敬不忠の名ある北某にして憤を発する斯くの如しとせば天上地下の神々如何に怒らせらるるかを見るべし。乱筆御免被下度候。

敬白

二月二日　北一輝

〔封筒表〕下谷区谷中上三崎南町七十一、三好方　渥美勝先生

〔封筒裏〕二月三日　北一輝　東京千駄ケ谷九〇二　猶存社（新宿駅下車）

17　久邇宮殿下宛／北一輝書簡（原稿か）〔大正一〇年〕二月四日

神代の二柱天神天女を現世に見んとする御成婚を破り得る者ならば大日本国は太平洋の海底に没すべく候。東宮殿下御外遊中に決行すべき姦賊の姦謀既に手に取る如し今上天皇陛下を幽閉し

奉り更に陰謀の隻手を良子女王殿下に加ふると同時に迅雷の如く他手を東宮殿下に加へて海外に放つの姦謀を知る者は神のみ只御安意ありて然るべし。国民何を為すか之を旬日以後に於て御覧可被成候。万軍の部署一糸紊れず、関東令如山今の時殿下に一点薄志弱行の影だに動かば、是則皇家を危ふする大罪を頒つ者に候。泉下明治大帝に謁せらるるの時、爾克く柱石の責を完ふせしその御一言を賜らば御満足と可被思召候。火中言ふの感あり尊厳を冒瀆し恐懼措く所を知らず。死罪々々

二月四日　北　一輝

久邇宮殿下*　玉案下

18　満川亀太郎宛／北一輝書簡　大正一〇年一二月一〇日

満兄　近来何が行違ひで相見ざること多きや、これが恋ならば吾兄の慬〔謹〕厳なるラッパ節あるべき所、明日は仮令日が西より出づるとも御光来を待上候。其前革命帝国大綱(35)の原稿になる如き御忘却なり。頓首

十二月十日　一輝

〔封筒表〕牛込区南榎町二十二　満川亀太郎様
〔封筒裏〕東京千駄ケ谷九〇二猶存社（新宿駅下車）　十二月十日　北一輝

19　満川亀太郎宛／北一輝書簡　〔大正一四年〕一一月一日

満川兄坐下

君の御苦心も小生の堪忍も何もかも水泡に帰せんと仕候。目下只痛心如何にすべきかを考へつつ夜に至り候。昨日より清水*金内*君側より吉田三郎*と云ふ人（三原君を刺したと云ふ）を以て再び喧嘩を売りに出て、辰川*の表面柔和にして且つ此事の陳謝に終はるやう努めし努力に報ふるに雑多の難題を持ち出し、再び亦小生を中傷せしため、白狼会*及山中伊三郎君一派等此の雨中誠に穏かならぬ様子に御座候。他面又先夜大川清水両君より酒席に強ひて伴はれしことが、「恐く故意の風説」として同夜両君よりの小生千か二千の金を配分されしと云ひ触らす者有之、小生側を離間する策として広く流布され居候。呉れた方の大金を云々する者なく、御すそ分けと云ふ言掛りに候。醜情手も着けられず候。あれ程陳謝し而して快く自己自身の心をも取り直ほし来りしに先方より却て此の有様とは附け上がるにも程度を超へ申候。早速此の情態を今朝特使を以て大川君まで報じ置き候へ共、特に東海連盟*の人々にも赤面仕候。山本重太郎*君も聞き知りし上、下鳥*も辰川とは兄弟の間なり、岩田が聞かば八釜しく相成るべく痛心此事にと御座候。小生は今夜より断然酒も飲まず風雨の中に独座黙然として色々の考へに耽けり居候。今日から金策に出かけんとせしに勇気も消散仕候。いやな世の中にしていやな同志様方に御座候。頓首

十一月一日夜八時

一輝

（封筒表）牛込区南榎町二十二　満川亀太郎様　親展
（封筒裏）十一月一日夜　北一輝　東京千駄ケ谷九〇二

20　満川亀太郎宛／北一輝書簡　大正一五年二月一一日

拝啓　四日夜突如東京を出で、五日伏見稲荷大明神に参拝仕候、六日西下、長崎に七八日両日を送り転じて博多に降り足下の天神さんを拝がみ、筥崎の武の神に謁で元寇の日蓮逆僧の前に立ちなど仕候。目下別府に泊し英生(36)と其母との為めに数日を恣まにせしめ居候。足下の紫丸を想起し、足下の跡を追ひて同船によりて帰京可仕候。二十年間の風涛の航路に於て平波青風の舟に嘯く時をも恵まるる我神に拝謝し、涙の母子の為めに我亦為世父救済告患者の良き父となりすまし

居候千駄ケ谷の軍営に於て相見るまで一筆御臥如件。頓首

二月十一日　一輝

満川兄机下

（封筒表）東京市牛込区南榎町二十二　満川亀太郎様

（封筒裏）別府、亀の井北　二月十一日　一輝

21　満川亀太郎宛／北一輝書簡　大正一五年二月一三日

満川学兄座下

今日旧正月元旦を於て宇佐八幡宮に参拝仕候、時に抹殺社時代の「宇佐八幡の宮司の弟」を想起せざるを不得、又床やを召し候□当時の畑中*と瓜二つなりし等、色々の思出旅行にも有之、又一月三日の序文の祈を身に体しての参拝にも有之、又北一輝が悪いか日本帝国が悪いかを出る処に出て裁かれんとする国神への訴訟にも有之候。明日より彼の紫丸に乗り申候。敬具

二月十三日　一テル

（封筒表）東京市牛込区南榎町二十二満川亀太郎様

（封筒裏）別府、亀ノ井　北一輝　東京千駄ケ谷九〇二　二月十三日

22

満川亀太郎宛／北一輝書簡　昭和二年五月七日

拝啓　其後は一向御無沙汰罷在候。小生今尚市ケ谷練〔煉〕獄の贖罪苦行を継続致居候。近時今上の東宮時代に捧呈せし法華経につながりて考へしめらるること多く、又夢〔マヽ〕ることも御座候。当時の受取証浜尾新*氏よりのもの御預りの筈。一寸御送り被下度願上候。頓首

五月七日　一輝

満川先生坐下

（封筒表）府下、中野、上ノ原、七六七　満川亀太郎様　親展

（封筒裏）五月七日　北一輝　東京市千駄ケ谷九〇二　電話四谷六四七六番

23　満川亀太郎宛／北一輝書簡　昭和四年四月一二日

大旱の雨粒に過ぎさるべきも一枚だけ封入仕候。今夕中野君に大兄の分頼み置き候間御逢被下度候。急々

十二日　一キ

満川兄

（封筒表）市外中野町中野六五六満川亀太郎様　親展

（封筒裏）北一輝　十二日夜　東京市牛込区納戸町二十五　電話牛込二五七九番

24　満川亀太郎宛／北一輝書簡　昭和七年六月九日

満川君机下

拝啓。西田君の様態益々好良何人もの奇蹟と云はざるものなし。刀杖不加毒不能害を彼自身に見、神仏の加護ある者の生くるも死するも断じて邪悪の者共の企望〔ママ〕と一致せざることを示し候こ

と等難有存候。始め小生も宋教仁*の時の悲痛を再びするかと考へしも、西田に与へたる法案の序文に明記したる通り偽非革命者が真乎の力を亡ぼして取つて代はる歴史の常態を繰り返へさんとしたる者と存じ、人間の邪悪限りなきを悲しみ候。足下亦此の悲を同ふすべく存候。封入の者は御子供様用として当方の女房より御方の女房様へなり。

一輝　敬具　六月九日

（封筒表）市外中野六五六　満川亀太郎様　親展

（封筒裏）六月九日　北一輝　東京大久保百人町三五〇　電話四谷六四一一

25　「白人世界征服ノ経路」稿〔昭和八年か〕

白人世界征服の経路

今より四四〔四四〇〕年前コロンバスのアメリカ発見、金銀財宝を奪はんとしての征服、これ等のものを産する土地を取らんとしての征服手段としての宗教の利用、秀吉のバテレン禁止、徳川幕府の鎖国、第二の手段としての機械の利用、ワット以来、蒸気機関、汽車、汽船、電気、ラヂオ、飛行機

かくて十八世紀　南米アメリカ
十九世紀　アフリカ大洋州
二十世紀　アジア分割
あじあ問題の意義
北露南英満洲はロシアの支配下に落ちたり
ロシアに内応したる支那李鴻章*、張陰恒*の買収
日露戦争
日本が満洲に特別の生命線を感ずるは当然。英国がエヂプトやイラクに米国がメキシコやパナマに感ずる以上に、何となれば英米のそれらは異邦人なればなり、本来言へば日本が支那の分割を救いて来たのである。支那は満洲の独立に喙を容るる資格はない。支那とは何ぞや。辛亥以来支那の内乱、日本は好意を以て支那の改造を助けて来た。然るに支那は酬ゆるに排日と軽侮とを以てした。支那が今日共産党の禍に悩されつつある如きも支那が日本と結ばざりし当然の結果なり。白人は戦後の努力をアジアに試むべく日本イジメに取りかかった。
巴里会議に於ては人種平等案を葬った。ワシントン会議にては日英同盟を破り、石井ランシング協定を無効ならしめ日本の海軍を六割の劣勢に陥れた。大阪城の外濠十年後のロンドン条約に於て大阪城の内濠
大型巡洋艦対策

七割を主張せしも　六割二厘二毛
潜水艦　現有勢力七八、五〇〇屯より
五二、七〇〇屯に削減

約三分の一を削減せられぬ。列国は世界に広大なる植民地を有っておる。日本が満洲に発展せんとすることは当然である。然かも満洲の独立を擁護し王道政治によつて三千万人の安寧の福趾〔祉〕を増進して行かうといふのであるから一点列国は反対すべき理由はない。加之満洲の独立はアジア解放の第一歩として満洲の后々は支那は勿論全アジアに王道政治を施かねばならない。ジュネーブに於ける代表は真に御苦労。

五十六国が反対すとも何かあらん。二千年の昔趙の藺相如は秦の昭王に使し和氏の璧を全ふして帰った。明治初年の副島外相は支那の奴隷を解放した。日本の国際的地位は決して当年の弱小国ではない。

（封筒なし）（白巻紙墨書）

26　北一輝稿（年不詳）

章大《〔太〕》炎*の関係、于右任*と真の精神的結合。

革党中二派の争いの時常に于右任、故宋、故范*[37]と共に孫黄系[38]と抗争せし十数年の盟友。

「例へば政友会中の自由系が官僚系に対抗して表面一党の如く内実反目の者。

故に陝西に結べり。」[39]　唐継尭*との関係
始《〔初〕》めに広東軍政府の出来たりし時章大《〔太〕》炎暫く孫に思ひて孫の為めに唐を説き雲南に入る。直ちに雲南方より孫に致命的忠告の公開電報を送れり。

唐は大《〔太〕》炎の方針に従ふ人にして孫系に非らず。四川軍人。

悉く門下生。譚*系。

対独国交断絶反対の第一先声の時にも二人の連名。

全国国論一変して終に南北分立の因を為す。

孫張継等米国の勧誘に応じたるものも大《〔太〕》炎の名には従はざるを得ず。

継君等の崇拝的偉人。

継も亦大《〔太〕》炎に従ふべし。

譚なき後の譚系は悉く大《〔太〕》炎を推すべし。浙江省、江西、江蘇安徽省ノ大勢力。

浙江出身の関係上此の一円の大勢力。旧官僚間の勢力。

彼の大文豪たることが文字崇拝の支那官僚の一種偶像。黎元洪*派及び湖北派。

擁立し且つ広東軍政府の時孫が大総統たらんとせしを大《〔太〕》炎系の監視の為めに大元帥となりし等。

爾来常に密かに声自〔マヽ〕で相通ず。広東政府中の軍人間に於ける人格的尊敬且つ多くの門弟子あること。

支那は今尚師弟の関係を重大に考ふべし。

李根元*は今李烈均*の軍隊四万人を奪ひて実力を有す。李は陝西の人、于右任と相通ず。于章の関係上章日本に来らば北の陝西、南の広東大綱の綱を挙ぐる如くなるべし。其他前説に依りて最も全支那を統一的に動かし得べし。

木下雅雄

1　満川亀太郎宛／木下雅雄書簡　〔昭和七年〕十月十六日

拝啓

其後御身体の具合如何で御座ゐますか御伺ひ申し上げます。『新興基督教』に掲戴〔載〕致しました『日本猶太人物語』に対して、小谷部全一郎*氏から下らない駁論が来ましたので、編輯部の乞ひに由り、その駁論を近々掲戴〔載〕する事に致します。御笑覧下さい。

小生の新しい原稿『ロシアを崩潰せしもの』に対する序文を大竹氏から戴かうと思ひまして、大竹氏に御面会致しましたが業務大忙に付き御断りになりました。小生は此の書の出版に付いて、嘗て小生の論文を掲載して呉れました『日本及日本人』の政教社は如何かと思ひます。先生は社長も編輯長も御承知ですから、先生から一つ御話をつけて戴けませんでせうか。大竹氏が駄目でしたら、政教社が出版して呉れる際、再度先生の御序文を戴けたらと、厚かましく御願ひする事を御許し下さい。

安江少佐*から再度長い長い駁論が来ました。大変熱情がありますが矢張〔り〕誤謬は誤謬として指摘してあげねばならぬと思ってゐます。その手紙の内に

満川等が『白系露人の宣伝に乗り……』などと言ったからさうだらう位で、そのまま似ぬることは軽率も甚しい。〔この2行朱字〕

私が先生の提灯持ですと。

猶太禍の攻撃は満川等から聞きあひた…〔この行朱字〕

と、安江氏は言はれます。当方もくだらない猶太禍論をこれ位ひにしたいと思ってゐるのですがね。小生は唯今日までの猶太禍論争の清算をした丈けの事、その誤謬を摘出した丈であった。それは文明史家の義務として。何れ安江氏の御手紙を御目にかけます。

先づは右拙著の件の御願ひを重ね、近況御報知まで。拝具

十月十六日　木下雅雄

満川亀太郎様

（封筒表）杉並区杉並町阿佐ヶ谷九二五　満川亀太郎様

（封筒裏）十月十六日　麻布区三光町四七　稲井方　木下雅雄

古賀清志

1　満川亀太郎宛／古賀清志書簡　昭和二年一月一二日

拝啓　久しく御無礼致しました。其の後先生は御元気の事と存じます。私も元気であります。多難であった大正の御代も去り新しく昭和の御代となりました。私等道に志す者の為すべき御代ではないでせうか。建〔堅〕実なる日本と亜細亜の確立、道義の世界。私はいつもあせりがちでいけません。事を為す迄には其だけの否より以上の基礎が必要ですが、其迄の修養や努力は一般の人とは大差がなければならないと思ひます。私も出来るだけ識見と膽力を養ふべく努力してゐます。腐敗せる社会を罵るよりも彼等を如何にして救ふべきや、如何にして自覚せしむべきや。其には罵る事も必要でありませうが、有産階級の道義観念の缺乏は無産階級との間をより遠ざけつつあります。何にせよ我等は国と人との外には何もないのであります。我等も時と場所とにより悪に対して天誅を加へることもあります。我等の修養は識膽をなした人格となるだらうと思ひます。私は名利の慾はありませんが捨身即ち未だ命を惜んでゐます。何時にでも死にきる覚悟がなければ何事も出来ないと思ひます。私は余りに順調なりし過去を恥ぢますが現実と将来に対して愉快さを持ってゐません。私はもっともっと苦しまねばならぬと思ひます。それから何か本でも持って居られるなら御借し下さひませんか。御願致します。草々

昭和二年一月十二日

清志拝

満川先生

（封筒表）東京市外中野町上の原七六七　満川亀太郎様

（封筒裏）昭和二年一月十二日　海軍兵学校　古賀清志

斎藤実

1　満川亀太郎宛／斎藤実書簡　〔大正一二年〕七月一七日

拝啓　過日は御来訪被下候処甚失礼御海恕希上候。陳者紀念の為め何か朝鮮の産物御目に掛け度存候得共、雑事に妨げられ未だ調兼候内、今晩御出発との儀承り候に付、甚失礼の至に候得共、封中を以て何か御購求被成下候はば本懐之至に御座候。御心易立と失礼之段御免じ被下度願上候。何れ上京の機万得貴意可申候共、尚ほ御道中折角御厭の程祈上候。頓首

七月十七日　　斎藤

満川様　玉案下

（付）寸志

（封筒表）山本旅館　満川亀太郎殿　必親展

（封筒裏）倭城台　斎藤実

2　満川亀太郎宛／斎藤実書簡　大正一四年一二月二六日

拝啓　益御情易奉賀候。陳者今回は貴著黒人問題(40)壱部御恵贈被下難有仕合御芳情深謝仕候。殊とに其来歴を承り奇妙の感を禁ずる能はず、何れ次回上京の機に於て万得貴意可申候。時下折角御自愛を祈上候。頓首

十二月廿六日　　斎藤

満川様　玉案下

尚々甚菲薄ながら封中御歳暮の印迄に御叱罵被成下度候。

（封筒表）東京市牛込区南榎町二十二　満川亀太郎殿　書留　親展

（封筒裏）朝鮮京城　斎藤実

佐々井一晁

1　満川亀太郎宛／佐々井一晁書簡〔昭和七年〕一〇月四日

発熱の趣御手紙拝見、其後如何に御座候哉。二日夜、吉田庄七*氏府連結成大会に出席。御様子承り候へ共、その後が案ぜられ候。

一度お伺ひ可致の処、何分御想像以上の多忙にて欠礼御許可被下候。

同盟(41)其後の発展は地方に於て隆々たる盛況、東京はまだ全くモノにならず候。

福島県平の如き千九百二十名の申込あり。廿九日夜小生二時間と四十分の長演説いたし盛会に候ひき。新潟県水原付近亦然り、大に意を強くいたし居候。

財政には相当苦心いたし居候。よき考あらば御考慮且つ御尽力仰ぎ度。

雑誌「錦旗」(42)は保証金もおさめ、印刷屋も契約を了し候。十七日発刊可致（十一月一日刊）従って八、九日頃までに短くとも原稿頂ければ幸甚。

しかし御病気を案じ御見舞状のつもりにてここに認め居る次第。御大切に祈上候。

十月四日　一晁

満川大兄

（欄外）

「塾」おしき心地に候。

（封筒表）杉並区阿佐ヶ谷四丁目九二五　満川亀太郎様　中野区昭和通一の七　佐々井一晃

2　満川亀太郎宛／佐々井一晃書簡　昭和七年一〇月一七日

御懇篤なる貴翰拝承。其後一度お目にかかり度と存じつつ果さず、本日意外の御消息を手に〔し〕て遺憾千万に候。

同盟も下中兄辞任、愛勤党*(43)は脱退声明書起草中。大兄も辞任、かくして一人減り二人減りして、太陽の前の雪だるまに候。心細き限りとは此事也。

大兄の御事情は十分御諒承致居候に付何とも申上様無之、ただ同盟の如き社会的存在のものは人気に関すること絶大にして、その意味に於て、それ見ろ満川氏も脱退！だといはれることが百万の援兵を失ふ所以に候。またたとへ、月に一度でも二ヶ月目に一度でも顔だけ出して頂いても相当効果的であり、精神上、意気の上に益損の差甚だしきもの有之候。

これほどまでに思ふことゆへ、願くば、在来のまま踏止って頂き度御思召如何に候哉。

大体、道づれがわるいといふことが主なる原因かと考へ居候。此点、近く精〔清〕算する心づもりに候。もし清算が出来ぬ際は、小生自ら脱退を決意いたし居候。近く関西からも呼びよせて一戦試むる決意に候。

同盟自体としては、愛勤が脱退しても、下中氏が辞任しても、進む者は進み居候て、苦労乍ら頗る意を強くせる次第に候。過般も福島県平にて発会式には千九百二十名の調印者あり。更に大々的に進展中に候。新潟県は全県下にわたりて異常なる発展を示し、恐らく一県を風靡可致、東京朝日の越後版は過般二回大きくのせ居候。その他、時勢が時勢ゆへ、この運動は東京で見るよりも発展の速度急速なるべしと確信致居候。小生も各地方に同志出来候て、今やこの陣営を捨てることは同志諸君の期待を裏切ることと相成りやむにやまれぬ成行に候。

左様の次第ゆへ、下中兄も不取敢相談役のままにて御願ひ申置候て、後日復活してもらふつもり。

大兄も同様現状のまま御承認願度。

小生脱退する日迄、連袂といふ態度に御願申度候。

東京の運動がK君[44]中心にて妙なものに相成居候へ共、下の若い連中はそれでも中々懸命に候間、却ってK君が鞭撻されつつある状態に候。

東京だけでは、一つ新寄〔規〕まきなほしをやるつもりに候。御無理を申、恐縮に候へ共、「当分」御聞入願度候。

次に、御多忙中ながら、三頁分でもよい「錦旗」原稿御願申度、特に御願申上候。

　　　十月十七日　　一晃

満川大兄

御多忙でしたら速記をさせに参上可致よろしく。

（欄外）

郵便のつもりであったが、仏典持参致候　よろしく。

（付）

辞任届

小生義今般都合有之中央常任委員之職を辞任仕候に付此段御届申上候也

昭和七年十月十四日

満川亀太郎

新日本国民同盟御中

（封筒表）杉並区阿佐ヶ谷四丁目九二五　満川亀太郎様　仏典持参　中野区昭和通一の七　佐々井一晁

佐藤鋏太郎

1　北一輝宛／佐藤鋏太郎書簡　大正一〇年三月一〇日

謹啓

弥々御清悦為君国慶賀に不堪次第に御座候。陳者過般者御高著支那革命外史(45)御恵投に預り難有御報申上候。誠に近来稀なる御著述にて生兵の禁を終之事不尠。謹で御礼申上候。読了得る処多きを感じ乍延引御礼申上候次第不悪御海丞賜り度願上候。

三月十日　佐藤鋏太郎

北一輝様

（封筒表）市外千駄ケ谷九〇二　猶存社　北一輝様

（封筒裏）本郷駒込動坂下　佐藤鋏太郎

1　満川亀太郎宛／志岐孝人書簡　昭和六年一一月一〇日

拝啓　秋冷の候と相成り候処先生には益々御清健の事と拝察仕り候。降りて私等儀御蔭を以て至極元気に勉学切磨に努め居り候。

扨近頃先輩より北先生の「純正社会主義と国体論」[46]とか云ふ書甚だ有益と承り我等知識見識の啓発の上より一日も早く繙き度との希望に燃え居り候が、もし先生御持ならば少時かりて同志にて協力写し取り度存じ居り候が。以て兎に角十一月十五日（日曜日）午前八時半頃興亜学熟〔塾〕に来訪を致すを以て御承知下され度候。

敬具

志岐　孝人　拝

満川先生

（封筒表）市外東中野興亜学熟〔塾〕内　満川亀太郎殿

（封筒裏）東京市牛込区陸軍士官学校本科第二中隊　十一月十日　志岐孝人

柴時夫

1　満川亀太郎宛／柴時夫書簡　大正一五年九月一九日

永らく御無沙汰致しました。

先生、益々御健闘の段真に慶賀に堪へません。小生、北辺に空しく消す二周年、近く東都に出づるの日迫れるを喜んで居ます。

十月末騎兵学校丙種学生として入校の命を受け不日任地を去る考です。

鳴かず飛ばざる二周年、四顧皆我徒に非ず。済度し難きに法を説いて信念を冒瀆さるるに忍びず。又愚かなる上司に白眼視さるるよりは光栄ある孤立の中に反逆の闘志を養ひしに外ならず候。帝国陸軍将校としてその坩堝に生くる二年。行詰れる軍隊に期待を繋ぐことは遺憾乍ら策の上策たるものに非ず。よし改造時の総予備として軍隊に俟つもの多しとするも、その軍隊は果して任に堪ふべきや。一切の改造も等しく軍隊の改造も隊外よりの叫びに依りて喚起せらるるの要あるを痛感致候。一片の闘志唯燃え燃えて思想的些の深味を有せざる小生は、暫らく研鑽の一路に精進すべく早晩不合理なる現職との訣別を目論み居候。九月も末となれば羅南社頭の風蕭条として生別、死別或は永遠の別、「壮士一度去って…」の感一入なるもの有之候。

所請怪文書事件、西田事件、先生の行地社脱退、怪写真事件等々(47)一切の真相は上京後判明すべく久方振りにて御面談の栄を得る事を楽み居候。何卒宜しく御指導願上候。

先は右近況旁々出京の御挨拶迄。

御自愛を万禱仕候。

柴時夫

満川亀太郎先生

九月十九日

東京市牛込区南榎町二二　満川亀太郎様　親展

（封筒裏）羅南騎二七　柴時夫

2　満川亀太郎宛／柴時夫書簡　昭和四年四月二一日

年頭の賀詞に次ぐに申訳もなき永年の久闊を万謝しながら貴門をたたき申候。一昨年十月中野の御宅を訪ふて以来の殆んどの没交渉何とも申様無之候。

然れども碌々たるこの三歳に亘りて不抜の魂のみは成長、昭和四年璧〔劈〕頭貴見に聞かざるべからざるに至申候。

順序として其後の小生を御物語致すべく候。西田税君の当時の活動（怪文書、快写真事件）によりて彼が当局に注目せらるるに至るや予備少尉の故を以て西田と交情ある陸軍将校に対する憲兵の注意は当然に加へらるるに至申候。時宛かも一昨年七月西田の名義を以て天剣党*結社に関する文書の郵送あり。天剣党結社可否に関し小生は主旨に賛同するも軍隊内結社の不可を説き小生が将校として奉職する以上は参加し得ずと拒絶致し候（天剣党内容に就てはすでに御承知のことと存じ詳述を避け申候）。

天剣党はその主旨に賛して方法に於て同意せざる多数将校によりて結成さるるに至らず葬られ候。然るに同年十月（?）頃北海道某隊の見習士官の所持品中より該文書発覚し全国憲兵の活動内偵と相成候。当時小生騎兵学校馬術学生として習志野にあり（昭和二年十月～三年七月）、十一月頃連隊に対し師団付憲兵より柴中尉に関し取調べよとの照会ありたるの故を以て隊附少佐より

小生宛　1．西田との関係。2．天剣党文書受領の有無。受領ありとせばこれに対しての処置
3．将来実行運動に投するの意思の有無等に関し問合せ参り候。

小生はこれに対し　1．西田は思想に於て一片の共通を持つ畏友なるも実行方法に於て与せざること。2．上述の如し。3．軍職にある間は不抜の魂は抱くも実行運動に投ずることはなさざる旨、及田舎憲兵の事大な思想より来る声に脅かされざる御注意を附加してこれに答へたるも其後再三正純に帰れとか潔白を証明せよとか諫止めいたる文句を聞かされ好意を万謝しつつも已れが正道を踏めるを以てこれに安じあればの一点張りにて物別れと相成候。

越して昨年一月騎兵学校に於て習志野憲兵分隊長の同事項に対する取調べを受け、これに対しても同様のことを説き、むしろ好意ある了解を得て相別れ候。然るに小生在校間憲兵の小生に対する注意は愈々度を加へ或は小生下宿に様子を留守中聞きに来るあり。又文書の往復に関して内偵するあり。或は休日等の車上に尾行を附する等の笑止を続け候。

西田とはこれは一昨々年貴殿に御面会の節、御話したる如く、爆薬問題にて見を異にし遂に袂を別ちたるものにて其後一回面会、彼の急進を忠告して以来周囲の状況に鑑み彼と文通することかへって疑惑を深くするを覚り絶交同様と相成居候。同連隊の畏兄たり畏友としての西田、軍隊を背景とせずんば立脚の余地なき西田と絶縁して彼を孤立に陥るること情に於て忍びざる万々なるも我等は国家を知り、国家に於ける軍隊を知り、軍隊に於ける将校の存在をよく知るが故に区々たる私情を棄てて公義につきたる次第に御座候。憲兵の注目を受けつつあるを意識せる小生

は彼等を晦まさんがため勿論西田を訪はず。些かにても思想的に面識ある人々の訪問並文通を避け申候。右と左と同一視し正道を視るに明なき憲兵等に我等の正義を冒瀆せらるるを極度に戒心したる故に御座候。習志野滞在一年貴門をたたかず一片の音信をもなさざりしもこれがためにして貴殿をして彼事の大頑冥の徒の疑視に入るるを恐れた衷情に対し御海容被下度候。

昨年八月騎兵学校より帰隊、同十月末丸亀歩兵連隊小川少尉より西田の依嘱によると称して文書の郵送あり。これ又東京某連隊に於て憲兵の押収する所となり又々一問題起し候。文書の内容はとも角天剣党事件以来極度に神経を尖らしたる当局は西田の依嘱云々を以て重大視し、丸亀小川少尉の取調に対する供述により該文書発送先の各将校に対し取調べを進めたるものに候。小生も正に文書を落手したるも頑冥の徒と抗争するの愚を思ふが故に一切受領せずとツッ放し申候。小川少尉の供述による発送先の小生の名下に？を付しあるを私かに察知したるが故に、愚か極りなき隊長の所謂忠告の前に笑って答へず承はり置いて其場は相すみ候。

小川三郎なる少尉の人物を憲兵の調書に依りて察するに豪傑の風あるも頭固く世故に通ぜず社会を知らず、単に感激性のままに雷同せるもの……云々とあり。彼と同期生の言に察するも、事実なるものの如く、斯くの如き輩すら依嘱せざるべからざる西田のために悲しみ、同時にかかる人々に依りて（小川君に御気の毒なるも）我等の守り立つる美しき理想が攪乱せられ行くを遺憾にも存じ居候。

軍隊に背景を保持せんとする西田の努力は（西田退官上京後）若き将校に西田の共鳴者は増した

るも又その数相当の多きに達したるも内に魂の確乎たるもの少なく或は任官後境遇の変化に依りて現実の風潮に堕し或者は徒らに壮語して急進事を誤る。著〔着〕実の魂は内に蔵して日を待つの士頗る少なきを残念と致居、小生は此機会に同志将校の整理を画策せんとしたるものに御座候。

然るに貴殿に訴へんとする最大要点は一月十九日に発生致し候。

一月十九日午後話しがあるからとて連隊長室に呼ばれ申候。

以下隊長との対話により申上げ候。

隊長「君は福永憲なる人を知ってゐるのか」

「知ってゐます」

タ「どうして知ってゐるのだ」

「私の兄の幼年学校時代の親友であり同様に私の思想上に於ける畏友として」

タ「どんな人物だ〔」〕

〔「〕偉い男です。秩父宮*の御盛徳を景仰する余り「慕ふ御光り」なる小冊子を自費配布したこともある国士的人物です」

タ「天剣党に関連して要注意人物であることも知って居るな」

「知ってゐます」

タ「それにどうして年賀状を出したのだ。平壌の憲兵分隊長から福永中尉と文書往復の件として君が年賀状を出したことを天剣党関係として隊長宛親展書が来たから呼んだのだが」

「友人として年賀状を出すのに文句をいはれる理由はないと思ひます」

タ「天剣党以来の要注意人物と文通して憲兵などにとやかく言はれるのをうるさいとは思はぬか」

「単なる一枚の年賀状です。それにすら色をつけんとする田舎憲兵の閑仕事を笑ひたい位のものです」

タ「一枚の年賀状にすら色をつけられる自分を君は何とも思はないのか。反省の余地はないのか」

「私人の単なる（天剣党とかの問題を全然放れて）交際にまで立入るは立入るものの愚であって私として嘲笑に葬る外反省の余地などあるものですか」

タ「それはそれでよし、此間も君の事に関して師団から照会があったが隊長は正純なる道を歩んで居ると報告しておいた。それに違いないと信ずるから、明らかさまに言へば君も要注意人物だ。隊長は責任として部下を正しく導かんければならん。それで君に言ふのだが、さまざまな世間の誤解を解くためにもよし年賀状たりともそんな人間には出さないという風にしたらどうだ」

「過渡期にある時代の子として要注意人物の名も御受けしませう。しかし単に一枚の年賀状すら出し得ない逼迫した境遇には甘んずることは出来ません」

タ「今後益々誤解の目や圧迫が加はっても？」

「勿論です」

タ「私は隊長として君のために度々こんな照会を受けたりすることを遺憾にも思い、うるさくも思ってゐる。君の将来を思へばこそ言ふのだ。反省したらどうだ」

「反省の余地なしです。正しいと信ずる道を踏んでなほ疑はれればこれこそ仕方ないことと思ふだけです」

タ「それでは君は永く将校として奉公する気はあるのかないのか」

「私として陸軍大学を受ければきっと入り得る自信は持って居ます。しかし要注意人物としての誤解がそれを阻むでせう。大尉にして憲兵転科、其処には思想などの研究に帝大学員外学生の道もあります。今はそれを望んでゐるのです」

タ「君の如き要注意人物が憲兵に行けると思ふのか。憲兵将校たる要件の第一項に思想堅確とある。隊長か出す君の考科表に思想堅確と裏書し得ると思ふのか。君の希望は聞いておこう。その希望のためには正純なる思想の人間に帰る要があるのぢゃないか」

「隊長殿に我々の思想を説いてもお分かりになるまい。失礼な申分ですが、しかし我々は現在国軍将校の大部の思想よりはズッと上のズッと正純なる思想を持つ者であることを断言するものです。左傾も右傾も共に赤しとする危険呼ばりは片腹痛い次第です」

タ「要するに現在に即してだ、君の立場に不利でもいいのか」

「過渡時代の子として満足です。当時の先覚は安政大獄に仆れたものです。我々は今日安政大獄の暴挙を再びせざる確証を握ってゐるものですからな。それは何か申上げませうか。天剣党問題のズット以前のことです。秩父宮を盟主とする若き将校達の心と心との結合が当時陸軍の要務にあった某将軍の耳に入ったとき其の人は「我々が表立って言へないが、現在腐敗しつつある陸軍将校の中にそれまでに国を思ふ若き将校の一団があるこそ喜こばしい。健やかな成長を祈る」と言はれたのですよ。〔一〕

タ「君はどんなことをしても止めさせられないと言ふんだな」

「止めさせられないとは言ひませぬ。しかし住み難い世界なら去るだけの決心は既に抱いてゐます。敗れて勝つ凱歌奏することも一の運命ですからな」

タ「君は隊長や憲兵が君を圧迫すると思ふのだらう。隊長は圧迫はせん。君の将来のためを思へばこそ言ふのだ」

「もし一歩進めて言へば私のやうな者を部下として持つことが不幸だと言はれるのでせう。将来のためを思って下すっても恩には著〔着〕ません、自ら正しきを踏んで悪ければまた私が居るために隊長殿が迷惑ならば潔よく去るだけのことです」

タ「君は止めてもいいのか。それならわけはない。隊長が一件顚末を記して上司に出せば参謀長でも師団長でも喜んで承認するだらうよ」

「それが本音ぢゃないのですか。私の出ることが隊長のためになり且出て後野に叫ぶことが陸軍匡正に貢献するなら出ませう」

タ「しかし君も考へてみるがよい。将校としてここまで来た以上軍職が君の長所であり、社会のことはみんな短所といはねばなるまい。自ら短所に投じて成功すると思ふのか。普通の将校として永く御奉公する気はないか。そのためには今の世界に盲従し妥協することが必要ではないか。まー考へてみるがよい」

「御忠告承はり置きませう」等々の数十言を闘はして会見は終候。

小生去りし後隊長が副官に洩らしたる「柴は恐ろしい奴だ」の愁嘆を以て一幕は終りを告げ候。其後に小生のため運命の岐路は眼前に明らかに姿を表はしたるわけに御座候。

零下二十幾度の嵐の悲痛なる叫びを窓外に聞きつつ一夜まんじりともせぬ考察の結果、小生は潔く紋服の人たるべく決心致候。単なる一時の昂奮に非ず。単なる一時の意地に非ず。

来るべき日の遂に来れるを観じつつ命に従ふべく決心仕候。ゆくりなくも十年前の回想は奇蹟の如き老易者の言を呼び候。未だ幼年学校の頃なりしか、夏休の折道端の老易者の告げし「あなたは二十七になったら一身上の変動がある」の言葉。其二十七の運命に徹して新生に躊躇なく投ずべく候。将校二人を子に持つ誇に生くる双親の涙を思はざるに非ず。思へば独り泣けるだけ泣く涙のみなるも事此処に至りし厳然たる事実の前に涙を掃はざるべからざる魂が大義滅親を教申候。去れりは去れ、総べては天の命する所に従って。定評のある隊長、米搗ばったの如く叩頭主義を以て今日に至り叩頭を以て今日に生き思想を解せず、万骨を枯らして己れの首の永からんことを祈る男。騎兵二十幾つの隊長にこんな輩がなり得る——否こんなより他に人なき不思議にもあはれなる陸軍に候。

隊長一匹を相手にせず憲兵と介意せず一切陸軍のため邦家のため去って野に叫ぶ念願に外無之候。

今日まで忍ぶべきは忍びたるは大尉にして憲兵転科、憲兵として部内にメスを刺さん望ありたるため、今は期〔希〕望成り難き現職に何として止ることあるべきやと存じ居り候。

謂ふらくは第二の西田として去る身の今後に西田君の徹〔轍〕を再びせざる用意は勿論必要と存ぜられ候。隊長の言を藉りるまでもなく、恐らくは最早今の小生にとりて現職は長所にして社会のことは短所なるべく、唯志のために自らの短所に真生を求めん。はげしき歩みこそ今後に御座候。野に下って陸軍の改革を叫び国家改造の使徒たらん。数年の準備時代を今後に経過せざるべからざるが故に貴殿の御厚誼に槌〔縋〕りて御尽力を仰がんとするものに御座候。

男一匹飛び出してやってやれんことはない。そは西田君の場合余りに理想と懸けはなれたる事実をまざまざと見せられ居り候。故に著〔着〕実なる準備周到なる計画の下に実行すべきと存ぜられ候。具体的に申せば唯一片の魂のみ持つ陸軍の棄るに細くとも生活し得る職の有之べきや。希望を申せば新聞社若くは雑誌社に就職の口ありや。貴殿の御知己又は御関係の其の方に御心当りもあらば枉げて御尽力願ひたく候。尚将来のための識及魂涵養のため最も捷径なる手段、思想及歴史等広汎に亘る学事研究のため大学聴講の手続方法等御教示被下度候。

子供にあらねば此際なまじっかの御忠告や諫止は抜きにして決意此に及びし一切を容認せられ、何卒御考慮御尽力相煩はし度候。

退官後それみたことかと笑はれたくない男の意地を多分に待ち合せ居候。一切の準備を完全にして急転直下的に辞表をたたきつけん心底に御座候。

認め来って軍隊生活幾年を想望すれば夢の如く悪夢の如く更に感無量。

ふるふ魂抱いて闇の中にこそある光の世界の新生を憧憬申候。

一人の人間の運命の大変転に対し即答を迫る暴挙に近しの誹蒙るやも知れざるも従来の知遇に依り御賢察御判断願ひ得るものなることを信じつつ擱筆して今より御回答を鶴首致居候。

冷やかに身を持すと雖も筆乱れ行文前後の点多少あり重ねて賢察御判読を乞申候。

伏して御尽力賜はらんこと祈望に堪え申さず候。

匆々頓首

柴時夫拝

満川亀太郎様

（封筒表）東京市外中野町六五六　満川亀太郎様

（封筒裏）朝鮮羅南騎兵第二十七連隊第一中隊　柴時夫

嶋野三郎

1　北一輝宛／嶋野三郎書簡　昭和四年七月五日

前略

七月四日夕刊大連新聞は満鉄社員会（会員三万余名）が結束して満鉄を党争の外に置くべく松岡副総裁*の留任運動を起し議を進めつつありと記し居れるも、右は山本*、松岡両氏と特殊の醜関係にある一部政友系社員の策動に過ぎず、社員会の常任幹事会、幹事会等には未だかかる提案を為したる者絶対に無し、尚ほ社員会幹事長保々《ホボ》*氏は松岡及び田辺*理事と特殊の醜関係あるを以て斯かる提案を見る場合、之れを極力支持すること必定なるも、五名の常任幹事は一、二の軟骨者を除き之と絶対反対の意見を有するを以て仮令右の提案を見ても必ず否決又は撤回の運命を見るべし。右は小生の親友なる一常任幹事の観察なるを以て充分信頼し得、社員会員の大多数は正副総裁共に速かに辞任することを望み、其留任運動を一笑に付し居れり、尚ほ従来満鉄会社は多く政友会系の狼藉横暴を逞うし、民政党系の首脳者は僅かに安広*、大平二氏を数ふるのみにして其態度万事に消極的、無能なりし関係上、重役、高級社員等は一身の利益と栄達との為に多く政友会系首脳者と接近し、之れに阿り、特殊の醜関係を結び一の閥を形成し居れり、社員出身の理事中の田辺、小日山*、社員の保々、入江、竹中等の如き、其代表的の者なり、多数健全なる社員は力強き後任総裁の手により之等一派の者が一掃され、満鉄会社が廓清されんことを心より望み居れり、就いては山際先生の格別の御尽力を仰ぎたく右会社の内情を特報申す次第、何分よろしく願ひ上げます。匆々

七月五日　大連市大和町三二　島〔ママ〕野三郎(48)

北先生梧下

追白一、此書類につき不取敢電報をさし上げて置きました、追白二、奥様へ小生よりの敬意御伝へを願ひます。

（封筒表）東京市牛込区納戸町二五　北一輝先生　親展　書留　大連山県通乙九八六

（封筒裏）大連市大和町三二　島野三郎　七月五日

下中彌三郎

1　満川亀太郎宛／下中彌三郎書簡　昭和八年三月四日

拝啓　愈御清穆奉賀候。陳ば「世界の今明日」[49]共著書、御執筆方御願申上候処、早速御快諾給はり有難奉存候。就ては記述の範囲程度等につき御執筆各位の御打合せを相願ひ度、御繁用中誠に恐縮に奉存候へ共、来る七日午後五時半上野精養軒（「丸の内会館」見せ消ち）まで御来車下され度、此段御案内旁々御願申上候。敬具

三月四日　平凡社　下中彌三郎　代

満川亀太郎様　玉案下

（封筒表）杉並区阿佐ケ谷東本村九二五　満川亀太郎様　御直披

（封筒裏）東京市日本橋区呉服橋（槙町ビル内）　株式会社平凡社　電話日本橋二一五七番　二一五八番

二一五九番　振替　東京二九六三九番　下中弥三郎

2　満川亀太郎宛／下中彌三郎書簡　昭和九年五月一六日

拝啓　益々御清康大慶此事に奉存候。さきには大百科事典につき多大の御援助を忝うし深く感佩罷在候処、此度その姉妹篇として「ことば」に関する辞書を計画、曽て見ざる大規模の綜合「大辞典《〔ママ〕》」にて、まだまだ諸先生の御援助御協力を得では完成覚束なき儀に御座候。願くは本辞典につきても、ぜひ御指導御援助給はり度、此段乍失礼以書中御願奉申上候。匆々拝具

五月十六日　平凡社長　下中弥三郎

満川亀太郎様

（封筒表）杉並区阿佐ケ谷四ノ九二五　満川亀太郎様

（封筒裏）日本橋区呉服橋三ノ五　下中弥三郎

菅波三郎

1　満川亀太郎宛／菅波三郎書簡　昭和二年五月二〇日

満川先生　御送附下されし貴著「世界維新に面せる日本」(50)有り難く拝受。親しく謦咳に接する心地して拝読して居ります。

愈々高潮に棹さすべき時機が近づきました。三月末大なる期待を以て五月の政変を望み、軍部上層革新一派の策動に幸あれと念じつつ、其節の戒告により暫く暗黙たるべしとの意を含んで已み難き無音を続けて参りましたが、図らざりき義一*の組閣と白川*の陸相、切歯扼腕の外はありませぬ。

併し天却て奸魁をギロチンに送るべく用意するもの。遺志翻って大願成就の機運を促進すべき幸運と信じます。軍部の事に就いては紙面に避けます。

されど今日歓ばしき御通知を申上ぐべき一事がありますから茲に認めませう。

夫れは先きに三木恵照*氏来鹿児の砌、訪問されし当地の大道館主今村貞治*氏が今回後備将校として我連隊に召集され、而かも小生の中隊に配属されて朝夕交語会談するの好機を得た事であります。大道館とは当地に於ける第二の私学校でありますが、健実なる青年を県下に求め之を養成して各地に植え付け一朝事のある暁、声に応じて一挙義勇軍を組織し以て生地栄辱を共にすべき国士養成の道場であります。

　士相知るの欣快は実に又天に対する拝謝となります。隊内外相応して、天下の大業は従ふべく具体的運動に移りました。当隊の将校漸次相携へて塹壕会の拡充に来〔た〕り投ずるものを見るとき――　心中密かに昭和三年の飛躍は必勝を期し得る――の確信を持ちます。歓んで下さい。不肖の誠意天に通じて此の機運の熟成行路の進展を得る――ああ塹壕会血盟の志士によって九州独立を宣言するの日また近きにあらんか。熊本の新日本建設同盟*とは連絡をとって居りません。其後如何なる方策に出でつつあるや不明。但し、当地としてはその健行を祈ると共に内容充実せる両者の結合を将来においてなすべく、今日は各自その拠り所の地に立脚して進んだが宜しいと考へます。異名同類は統一的組織と矛盾致しません。

　東京が早いか、熊本が早いか将た鹿児島が先になるかは今日より予測する能はず。但し革命の渦心なる東都の一新社が蹶起する時、大局を明察して蹶起する段取になるかも知れません。若しその時は先生等の命令一下に動きます。即ち統帥の要は茲にあるからであります。勿論軍と革命とは性格が異るし、清末革命時の様な武漢の烽〔蜂〕起となっても構ひませぬが、何れにせよ速やかに在京同志の組織的統一を万望します。強ち、統務をおくとか執行委員とかいふ問題でありませんが、好機一閃突として一致の行動に出づべき密接なる連繋連絡の謂であります。

薩南の事は不肖菅波が任じます。帰来既に二星霜、時に急進気鋭の挙に出で時に退一歩の考慮も幾度繰りかへしましたが、愈々年来の本望具体化して、進展する今日と相成りました。今村氏は笠木良明氏に対面せられし事がある由、左様御伝への程を願います。先生昨春御来鹿児の当時は今村氏は偶々地方巡回中でありまして、帰来后既に先生御出発の事を聞き非常に残念がられて居られた様な次第、今日先生にも宜しく申し上げて呉れとの事でありました。尚、同氏は機関誌として月刊「大道」(51)を刊行しあり、先生の著書を紙面に広告するとの事。今後も続刊ある毎に連絡することになって居ります。鴻雁録の第一号と第三号の余分が残って居ましたならば小生宛御送り下さいませんか。

又、「世界維新に面せる日本」は連隊の将校に若干部買はせますから後日申込の節御送附を願ひます。一新社の機関誌出版に付いても、予約者を募ります。其他御知らせ申上ぐる事も沢山御座いますが、直接大局に関しないことは省略致します。

時に、西田盟友や北先生は如何されて居られませうか。

獄中の書を受けて此の方、無音に相過ぎてゐますので小生も悪いのですが、人知れず案じ申して居ります次第。消息が知りたくてなりません。

晩春既に初夏に向ふ。遥かに幸運を祈りつつ後便に譲って擱筆します

菅波少尉

満川先生

今度左記の所に移転しました（矢張りおばさんと一軒を借りうけました）
鹿児島市草牟田《ソムタ》町四四〇九
2年5月20日
（在京戸山学校学生井上英夫（小生と同期生、少尉）が著書の注文をするやも知れず、その節は何卒宜しく願います。熊本幼年校以来の親友にて我等が血盟に加はる人物であります。）
（封筒表）東京市外中野町上の原七六七　満川亀太郎様　親展直披
（封筒裏）鹿児島市草牟田町四四〇九　菅波三郎　五月二十日

田川大吉郎

1　満川亀太郎宛／田川大吉郎書簡〔昭和七年〕一〇月八日

拝呈
此度は興亜学塾の総務並に塾頭の位地を去り給ひたる趣御通知に接し呆然なることやや久しく

幾分不審の感に打たれました。小生は貴台の在る故、学塾の噂を承ることを楽み、貴台と学塾とは一体のものと思ってゐたのです。貴台の去られた後の学塾はどうするのでせう。興亜のための学塾の存在はますます必要の事と信じます。御挨拶かたかた。

匆々　十月八日　田川大吉郎

満川亀太郎先生　梧右

〔封筒表〕市内杉並区阿佐ヶ谷四ノ九二五　満川亀太郎様　侍史
〔封筒裏〕田川大吉郎

武田維幸

1　満川亀太郎宛／武田維幸書簡　〔昭和六年〕六月四日

謹啓　初夏の候愈々御健勝の段為拝承し誠に慶賀至極に奉存候。
陳者当工敞従業員の思想善導方精神教育に関しては常に絶大の御指教を給はり難有奉存候。

御講演は従業員に多大の感動を与へられ御蔭を以而指導上の非常の好景を得、従業員も貴下の御講演を熱望致し居候。就ては本年も是非御足労御教示相仰度候間、御多忙中誠に恐入候へ共、曲げて御了諾被下度御依頼申上候。尚甚だ勝手ヶ間敷候へ共当方作業其他準備等の都合も御座候間、御来廠差支なき時期、日数等可相成至急御回示相煩し度、此段得貴意候。敬具

六月四日　呉海軍工廠総務部長　武田維幸

満川亀太郎様　侍史

（封筒表）東京市外中野六五六　満川亀太郎様侍史

（封筒裏）呉海軍工敞武田維幸

2　満川亀太郎宛／武田維幸書簡　昭和六年七月二二日

拝啓

過日は気候不順の折柄にも拘はらず、数日に亘り当廠従業員に対し御講話被下世界に於ける日本の位置及我が大和民族の使命を極めて適確に示指被下聴講者一同深く肝銘仕候。必ずや其効果の甚大なるものあるを信じ茲に深甚の謝意を表し候。

先は右乍略儀以書中御礼申上度如斯御座候。敬具

昭和六年七月二十二日　呉海軍工廠総務部長　武田維幸

満川亀太郎様　侍史

（封筒表）東京市外中野町宮前二一　満川亀太郎様侍史

（封筒裏）呉海軍工廠総務部長　武田維幸

田崎仁義

1　満川亀太郎宛／田崎仁義書簡　大正一五年一二月八日

大正十五年十二月八日　田崎仁義

満川亀太郎様　貴下

拝復　益御多祥奉大賀候。陳者小著拝呈可仕申上置乍ら遂に拝送不致候へしこと実に失礼の至り、面目次第も無之偏に御海容被下度候。是は決して書肆等の手落には無之全然小生の粗忽に有

之深く慚愧罷在候。今日乍遅郵送仕候間御叱正被下度候。

来十日は故御令兄川島教授*の満四周年御祥月命日に相当り候由、過般拝受の南国史話(52)を繙き往時を追懐し感慨に不堪深く敬意を表し候。同書につきては同僚武藤兄と相談、本校研究館年報上に紹介、読余感想等を誌す事に致し居候。次号は三月頃印刷に相成可き予定に有之候。先者右御侘申し度如斯御座候。敬具

（封筒表）東京市外中野町上の原七六七　満川亀太郎様　親展
（封筒裏）十二月八日　長崎市片淵町三の八〇五　田崎仁義

田中武

1　満川亀太郎宛／田中武書簡　昭和七年一一月九日

満川亀太郎様座下

田中武

拝啓　晩秋の候益御清穆之段大慶至極に奉存候。平素は御無沙汰勝にて失礼仕居候。久方ぶりの御便り毎度難有拝見仕居候。又『激変渦中の世界と日本』[53]の御高書も拝読仕候。巻頭より興味深く一気呵成に読破仕候。書中殊に印度問題の発展の項は最も力がこもり熱血体中を走馬灯の如く廻り、自ら拳を固く握り占〔締〕めたる次第に有之候。一読したる者は必ず大なる反響を受ける事と存じ申候。先生多年の御主張が漸く実現に入り、御愉快の事と存上候。我国朝野の随〔惰〕眠をむさぼりしの長きにも憤概〔慨〕し来りし所に候へ共、一度満洲問題で眼醒めてより全世界に於ける又東亜に於ける帝国の立場を自覚するに至れるは御同慶の至りと奉存候。今日まで亜細亜の亜の字の事も口にせざりし連中が言論に或は著述に力瘤を入れる駆け出しの書生家多く、之等に対しては先生達、先覚者としては片腹痛く感ぜられ候事と奉存候。尚此上共為邦家御自重御自愛被遊候様祈上候。

二に私も其後次第に経過よろしく今日の処殆ど本懐近く相成候。恰も冬に向ふ候に候故、此一冬を当地に過ごし、来春は業務に従事する予定に致居候。肺肋間の癒着も胸部は悉皆離なれたる旨最近の診察で申居候。

久しく御目にかからず候へ共御令室様へ宜敷御鳳声被下度願上候。

五・一五事件関係者を尚陸続検挙しつつある様に御座候へ共、魔痺〔麻〕せる国民精神、腐敗堕落せる悪政党に大鉄槌を加へ其悪化を喰止め呉れしは、大功労者にして干係軍人の直接手を下せし人々は勿論、愛郷塾*頭や紫山塾主[54]の如き人々は正に昭和維新開幕の殊勲者とも崇へらる可きものにて、之を刑法上の罪人として普通法律にて処断すべきものに非ずと被存候が、之を仇敵の如く惟ふ今日の政党者流は兎も角、有志者や軍部、司法省幹部等は如何の方針を以て右事件、関係者に臨みつつあるものに有之候哉。本舞台の空気に触れざる田舎人に取りては種々と焦慮するのみに御座候。大阪兼子氏*独逸文にて既刊書名の趣旨、日本より世界全人類へ与ふる意見を発表せられし由、既に御承知の御事と奉存候。先は近況御報知旁如此御座候。敬具

十一月九日

（封筒表）東京市外杉並町字阿佐ヶ谷東本村九二五　満川亀太郎様　侍史
（封筒裏）山口県長府町　田中武　十一月八日

筒井捨次郎

1　満川亀太郎宛／筒井捨次郎書簡　昭和七年九月一二日

拝復

秋涼の砌り愈々御勇健奉賀候。陳者野生事悲未だ全く錆磨致さず候も漸く天命を知る頃と相成り今は只管与へられたる天職を小心翼々として相守り居候。承り候へば今回平素御研究の薀蓄を傾倒せられたる新書御公刊の由是非拝見致度別便振替書発行先の方へ御注文申上候。拝見の上にて又々愚意可申述先は御返事まで如斯に御座候。敬具

九月十二日　筒井捨次郎

満川亀太郎兄

追伸

本書簡拝見被下候頃は多分満洲国承認せられ居り候事と存候。これよりいよいよ邦家の前途多事多難かと存候。惟ふに従来外交は余り消極に過ぎ軍部始め一般国民より不満を抱かれ居り候処、今回は軍部余りに積極的にて第二の独逸とならんかと虞れ居り候。

真の国難の経験なき我国民は消極も積極も全く無標準、無計画にて実に前途が案じられ候。

一昨秋南支に遊び痛感致候は出先外交官のハイカラ過ぎて一見無気力の如く感ぜられ候事に御座候。

学校を出て実業界に行かうか、外交界に入らんかと迷ひたる末、一寸のハヅミにて外交界に入り来れる如き外交官は万事が事務的で事務の渋滞さへなければ在留邦人の不便ぐらいは三年でも辛抱すると云ふ如き心境にはなきかと存ぜられ候。

今少し志士的熱血ある人士を欲しきものと痛感仕候。

之に反し軍人は常に非常時のことのみ念頭にあり平時善処せんとする工夫に於て欠くる所なきにやと存ぜられ候。

（封筒表）東京市外中野町宮前二一　満川亀太郎様　貴酬
（封筒裏）山口県立萩高等女学校長　筒井捨次郎

床次竹二郎

1　満川亀太郎宛／床次竹二郎書簡　明治四三年一二月四日

拝啓　本日之御祝宴には兼て蒙御招待居り、殊には昨日態々辱貴書、是非参上可致なれども巳不得事故有之、不得其意欠礼之段甚不本意に候へ共、不悪御了承被成下度候。乍失礼以書中尊社之御隆盛を祝し、並貴下の御厚意を奉謝候。頓首

十二月四日　床次竹二郎

満川大兄

（封筒表）京橋元数寄屋町　海国日報社　満川亀太郎殿
（封筒裏）東京市牛込区市ヶ谷薬王寺前町四五　床次竹二郎

永井柳太郎

1　満川亀太郎宛／永井柳太郎書簡　大正九年二月四日

拝啓　一月八日出の貴翰並に北一輝氏国家改造原理相届き難有奉存候。当時直ちに御礼申上べき筈に候処、小生一月九日より流行性感冒にかかり次で肺炎となり静養致居り、両三日前漸く離床仕候次第にて、乍不本意欠礼に打過ぎ御免被下度候。北氏帰国のやう伝へ聞き申候が、同氏は目下何処に滞在致居候や、御承知ならば御教奉願候。先は御礼旁不具候。敬白

二月四日　永井柳太郎

満川亀太郎様　侍史

（封筒表）牛込区南榎町二十二　満川亀太郎様
（封筒裏）東京府豊多摩郡戸塚町字諏訪百三十四番地　永井柳太郎　電話番町五一二一番

中谷武世

1　満川亀太郎宛／中谷武世書簡　〔昭和三年〕七月二七日

謹啓　酷暑の候と相成り候折柄、御家中様如何御暮しなされ候や。其の後一向に御伺ひ仕らず恐縮罷在候。御子息様方全く御快癒被遊候哉。

先般呉よりの御書信有りがたく拝誦仕り候。綾川兄も目下酷暑にうだりつつ講義に従ひ居られ候趣来信有之候。支那との関係も大分厄介に相成り行き、東亜の国際政局に於ける我が指導的地位もとんと有名無実の仕儀と相成候傾向あること、何と遺憾千万に御座候。内閣を一つ二つ更へた位では此の国際的頽勢を如何とも仕様あるまじく、対外国策の確立は内部組織の根本的建て直しを必須の前提とするてふ同人日頃の持論に結局落ち込んで参り候。生等は如何なる廻り会せか所謂反動派の陣営に腰をつけ候へば、やはり此の陣営を守り之を提げて国家改造の業に直進致す考に候。興国同志会*(56)の運動に尽瘁致し居り候。議会政治の醜態極に達し候節、ファッショをやるつもりに候。二心のやうなれど勉強の方も出来るだけ続け度く、近く従来書き散らし候もの纏め見んと存居り候。

孰れまた機を見て参上、高教仰ぐ可く候。社の方へ午後三時頃から六時頃までの間大抵出かけ居り候。綾川兄も留守、淋しく存居候間、御序の節御出かけ被下度く御一緒晩めしで喰べに参る可く候。御令閨様に宜敷く御伝声願上候。敬具

七月二十七日　中谷武世

満川先生侍史

（封筒表）市外中野町字仲丁六五六　満川亀太郎様

（封筒裏）上荻窪三二七　中谷武世　七月二十七日

2　満川亀太郎宛／中谷武世書簡　昭和七年九月二二日

謹啓　御講演からお帰りのことと存じます。毎度恐縮乍ら玉稿至急お送り願ひます。

扨、前関東軍参謀で目下凱旋中の和智*(知)少佐、今回、広東駐在の特務機関として赴任せらるるに

つき、東洋研究者関係にて秘密に同少佐の送別の小会を開き、比島、安南、印度方面に対する軍部の働きかけを促進激励する意味で、隔意なき懇談を遂げたいと存じます。二十五日午后五時半、新宿中村屋二階でお待ち合せ致しますから是非お来越願ひます（更にそれから他の場所へ参る予定です）。

安南の南一雄*さんも是非老台より御誘合せ願ひます。出席者は、和智《（知）》、ボース*、リカルテ*、南、下中*、中平*、満川、中谷の八人です。それだけに限定したいと存じますから御含み置きを願ひます。御令閨様に宜敷く御伝声下さい。匆々不備

九月二十二日　　　　　中谷　武世

満川先生侍史

（封筒表）市外杉並町阿佐ケ谷東本村九二五　満川亀太郎様　御直披

（封筒裏）東京市麹町区丸の内昭和ビル四百六号室　国民思想研究所　電話丸ノ内（23）七三七番　振替口座東京一二二九三番　中谷武世　昭和七年九月二十二日

中野正剛

1　満川亀太郎宛／中野正剛書簡　〔昭和元年〕一二月三〇日

拝啓　病中を屡々御見舞被下忝なく感銘仕候。其節甚だしく苦痛を感じたりしも道理にて、遂に隻脚を膝の上より喪ふに至りし次第、之も天命にて致しかたも無之候。幸にして其後漸く恢復、又々娑婆に齷齪たらざるを得ざるに至り候。気持のみは以前より更に強くなりしを自覚致候。幸にして諸兄の驥尾に附するを得むかと存居候。新春、機を得て参趨致すべく、御礼迄。敬具

十二月三十夜深更　正剛

満川学兄　梧右

（封筒表）市外中野町上野原七六七　満川亀太郎殿　親展

（封筒裏）東京青山原宿一九八　中野正剛

2　満川亀太郎宛／中野正剛書簡　昭和三年二月二八日

拝啓　此度之政戦は我党に取り、又小生一身に取り重大の危機に候処、態々御西下御応援を辱うし難有感銘仕候。時局緊張、為邦家精々努力可致、此上之御指教奉願候。御礼迄。敬具

二月二十八日　正剛

満川亀太郎殿

（封筒表）小石川区茗荷谷　拓殖大学教授満川亀太郎殿

（封筒裏）東京青山原宿一九八　中野正剛

中原謹司

1　満川亀太郎宛／中原謹司書簡　昭和八年一一月二八日

拝啓

重大時局に際し筆剣愈々御勇健為皇道慶賀至極に奉存候。

陳者去月尽御高著太平洋及豪州[57]壱部御恵与に預り御芳情忝く奉鳴謝候。

其当時小生生憎旅行不在致し居り候折柄として社内青年達が小生の皈宅を待ちかねて私に開封順次回覧耽読致し居り候内にて漸く本日接手旦暮に拝眉をうる心地して通読一過仕り二十世紀の植安の池を前景とする大亜細亜経綸の意慾を大に鼓舞され申候。

特に巻頭の序文中に拙歌御引用の光栄に浴し誠に恐縮且汗顔の至りに御座候。

降而当方同人一同世事慷慨の志猶存すれども回天の業嗟〔蹉〕跎として進まず一意郷土青年諸君と共に切磋罷在候。何卒将来一層の御教示と御鞭達〔撻〕賜り度奉懇願候。

乍遅延右御礼之御挨拶迄如斯くに御座候。

敬具

興亜歌前後二章詞。
雄壮の詞曲当地青年の意気振作の為め流布致し度存じ居り候。
御高著読後に
美有の国を涵す
太平洋こそは大和
国民の植安の池
いさないいさな国修理固成《くにかため》せん　大亜細亜天照る道をいとなましむべく
昭和八年十一月廿八日　信陽飯田町　中原謹司
満川先生侍史

（封筒表）東京市杉並区阿佐ヶ谷四の九二五　満川亀太郎様
（封筒裏）長野県飯田町猶興社*　中原謹司　昭和八年十一月廿八日

西田税

1　満川亀太郎宛／西田税書簡　大正一一年八月四日

拝呈

時下益々御多祥の趣大慶至極に奉存候。

私事東京出発に際して拝眉を得ず今に千万の遺憾を抱き居る次第に有之候。

然れども他の諸君よりして必要なる丈けの事項は申述べたる事と存候。

拝借の「大著」(58)も他の同志諸君の懇望よりして其の方より先生に持参する様定め置き候ひしが如何に候や。

拝借当人がなしたるこの責任回避的行動は十分御叱り被下度候。

私も半年の病臥に拘らづ又試験場に於て時に眩暈を催したるに拘らず兎に角所謂「光栄の卒業」を味はふことを得申候。これよりは啻に自個一人の修練のみならず手に死活の大権を委任せられたる幾十幾百の青年と共に向上の一路を進むべく此処に絶大の希望を投け居候。誤まれる忠君愛国題目宗徒の操り人形たる彼等の自覚こそ最も肝要と存候を以て。

卒業の日（二十八日）過去半生振最終最大の収穫たる「秩父宮との会見」顚末を報ずべく猶存社に北先生を尋ね申候。該顚末は先生より委託の事項もあり私が先生に直接申し上ぐるを至当とすべきも短時間に終了するため分担したるものに御座候。向後とも宮との連繋は確実なるが如く取計ひ置き候を以て御安心被下度候。

やがては摂政宮を始めて漸〔ママ〕次浸し行くべきものと思はれ候。

ああ金色燦、位官厳たる高官に非ずして維新革命の提唱始動は実に島津斎〔斉〕彬と一奴僕西郷との会見に非らざりしか。誠に今古の感に堪へず候。私より多少強烈と思考せらるる程、口を極めて申上げおき候を以て其儀御承知下され度候。

而も最後の一夜に於て宮[59]が宮室の内状を涙と共に告白せられたるの一事は到底忘却する能はざるものに有之候。

告白が意気地なしとのことにあらず実に斯くの如きに至れる雲上の醜態と悪むと共に、宮は夙にこれを体験せられあるの喜びを思ふことに御座候。御既聞の事と存候へば今更に申上げず候。機は将に熟せむとするの秋。更に内外多事、世の中は面白く開展しゆきつつあるを窺察罷在候。

尚在京中の御厚情深く謝し奉候。将来共御指導相願度此儀特に希上候。

私は更に再び北朝鮮に赴くべく、虐げらるる悲哀、亡びゆく悲哀、誤まれる為政者の措置、凡てに再び思を寄せ得る時を得申候。そして遠く西に思を馳すると共に海東祖国に低迷する暗雲を掃墜するの一事は忘却すること無之候。

先は取敢ず右御報知傍々〔旁々〕御礼申上候。
余は後程にして折角御自重被遊度奉祈候。
御多忙中御過眼を煩はし申候。
早々頓首
　大正十一年八月四日　西田税拝
満川亀太郎先生賢侍

（封筒表）東京市牛込区南榎町二十二番地　満川亀太郎様
（封筒裏）鳥取県米子博労町　西田税　八月四日

2　満川亀太郎宛／西田税書簡　大正一一年八月二一日

拝呈
酷暑之候。益々御清穆の趣奉賀候。
不肖事本月十三日門司を出帆して再び大陸の一角北朝鮮守備の任に赴き申候。十八日には無事着任候へば乍他事御安心被下度候。

小学校時代よりの憧憬たりし大陸に対する感想は二年前渡海のそれと此度のそれとは又一層異れるもの有之候。骨幹に於ては何等変る所あらず。されど此間に聞き来り観じ来れる不肖の知識は異れり、今日の所感は更に更に二年前のそれより深刻にして切実なるもの有之候事を申上候。

海上五日の漂泊――門司より玄海を超えて釜山へ更に東朝鮮海の浪乗るる所神功征韓の古へを懐ひつつ元山へ、更に城津を経て清津へ――或は三更の弦月高く懸る檣頭を仰ぎて檻に倚れる感慨、或は海東浪の涯に上る日輪の崇厳さ、さては赤く完兀として更に尚青色薄き韓山の姿を左舷に眺めつつ、この五日の海上の感慨はかの平氏が崩壊頽滅への内海の漂泊に似たる哀痛ありしも唯々平氏そのものが過去の歓楽を追ふ挽歌弔詩なりしと相反して実に興上の意気に燃へ腐爛の極に達せむとするを虞れ憤慨するものの現実に対する哀痛なりしは不肖が僅かに慰むる所に御座候。船中に京城医専学生の金渓春氏と会し共に膝を交へて談じ申候。或は彼は一般鮮人と殊〔異〕なれる覚醒者なりしやも知れず。されど日本人以上に亜細亜復興に対する熱烈の意気を有しあることは滅却すること能はず。彼は日韓合併の真精神を把握し合併以後に於ける朝鮮の幸慶を喜讃し不逞朝鮮人の妄動を斥く。されど又日本当路者の過去に於ける失政及移住邦人の不当なる行為を悪む。而して更に白禍の限りなき侵入を慨き支那の紛々を論じ日本朝鮮支那印度の協〔共〕存興隆の必要を説く。京城の騒擾又は万歳事件を実見の彼は寧ろ英米の煽動の悪辣なるを憤りたりき。支那の進むべき方向は中央アジアの沃土なりと彼は言へり。

不肖はかかる友を得たるを喜べり、而して相共に激語して浪に舟の揺らるるの不快を知らざりき。不肖も年来の抱〔包〕蔵せる所を披瀝して論じたりしは論なき所、而り而して顧みて海東の祖国を蓋ふ深く濃き暗雲を望むとき吾等の責重大なるを感得せざる能はず。唯々自らの魂を確立し、お互に結び而して精進するあるのみと愚考候。頃日安南の独立革命を新紙にて知り申候が少々心当り有之候。何かの御参考にも又御調査のためにもと左に申上候、不肖退京数日前小石川に安南独立党の青年首領陳古城氏*（二十四才か）を訪ひ訣別の辞を交したるとき彼は八月一日東京を発して支那漢口に赴くとの事なりき（彼を養育せる柏原文太郎氏*の事業を援くるためと云ひ居候ひき）不肖は曽て金玉均*の上海に刺されたることあるを思ひ殊に仏政府の密偵多き同地は危険なれば特に注意すべき様忠告いたしおき候て相訣れ申し候。其日も彼と激語を交へ彼等の手ぬるき行動を批難したる後共に支那料理を喫して別れたる次第、彼は表面何も言はざりしも恐らくこの度のことには関係あるべく支那漢口東亜同文書院*陳古城宛にて通信可能成るべく候。

ロシア帝政後の活動といひ誠に面白く相成候。不肖の隊も間島事件*にて出動の準備整ひ居候もそのまま待ちぼけの体に御座候。不肖とても病気尚未だ完全ならざる身体なれども精々注意保養他日再び奉公の万一を期し居候。

平野、片山[60]は来月早々下志津に出づる筈なればよろしく御願申上候。

勿論意尽さず、失礼の段幾重にも奉謝候。筆を改めて時々申上ぐべく煩はしきことながら御指導奉願候。

時下折角御自愛専一に被遊度先は乱筆右の如くに御座候。

尚北先生にも別に書状差出すべきも御会同の節はよろしく御伝言願度失礼ながら御願申上候。

早々頓首

大正十一年八月二十一日　西田税拝

満川先生賢侍

（封筒表）東京市牛込区南榎町二二　満川亀太郎様　直披

（封筒裏）朝鮮羅南　騎兵第二十七連隊見習士官　西田税　二十一日

3　満川亀太郎宛／西田税書簡　大正一一年九月一四日

拝呈

江山漸く秋に入らむとするの候。益々御清祥奉賀候。御芳墨二通共正に拝受仕候間御了承下され度、安岡正篤氏の名は以前より私に聞き及びあり一入に或る種のうれしき感じを抱き申候。そは不肖儀幾年来陽明研究——研究と迄は詣らざるも其人となり及思想に感ずる処ありしを以て其方面の諸書を繙き居りし関係上、同氏の名を記憶に存し居る次第に候。実に昨年の夏休みの半ばは東京に在りて図書館通ひもいたしたることに候。然れども蒙昧に過ぎず一向発明もなく申訳無く存候。

広瀬の流れ、青葉城跡、実に仙台の地は不肖にとりてもあくがれの処なるに行いて慨世経国の雄弁を振はるるの御事羨しく存候。彼地には熱血の詩人土井晩翠*氏あり、幼時よりその雄麗なる而も吾等に相応しき思想を吐ける詩篇を限りなき喜びを以て誦したる不肖は仙台なる言葉に言ひしれぬ感興を有し候。

先生は昨年十二月博文館発行にかかる白井新太郎*著「社会極致論」(61)なる一書を御覧になりし事ありや。北先生の改造法案と好個の対照物たるべしと存候。

不肖今度渡鮮の際図らずも釜山にて求めたるものにて参考となること尠らずと思考候。

不肖は此頃うれしき事のみにて誠に天公の冥助浅からぬ境涯を讃美罷在候。先日もある友より「列強間の日本問題」(62)なる一書を贈られし事、又、数年上海の同文書院に在りし同郷の同志が今度「ハルピン」の東拓支店に勤務することになれりと報じ来りし事、又不肖故郷のある法華堂の行者より不肖に読めと二部八巻の蓮華経を送り来りし事、――この事は過ぐる年、一寸不思議の因縁にして不肖に霊感とでも申すべきか、変ったこともあり且つはこの老行者に愛せられたるためその死滅に当りての遺物としての心つくしに候はむ。

誠に凡てはあり難く出来居る様に存候。

今日では百ばかりの帝国の壮丁を相手にして教養罷在白紙に等しき彼等に対して千万の希望に燃え候。

而も調査の結果は彼等凡て貧困労働階級のもののみにしてお互に憐れむべき境遇にあるもののみなり。而も眼のあたり露清韓の窮民の状態を見ては蕭然として緊縮いたしおる様に見受けられ、いとしき極みなると共に熱情鬱勃として涌出するを覚え申候。

十二月頃内地帰養の序でに上京するやもしれず再び拝眉の日あることを祈念仕候。

当地既に秋色深くやがて又江を隔つる間島にも騒乱然るべき情報も有之、内地の人々が噴火山上に眠れる間に当方は絶へざる火の手が上り候。

福永も其後何の沙汰なく不肖とて案じ居候が多分歩兵隊の多忙なるによるべし。

不肖拝借の北氏の大著は牛尾より七月二十九日北先生に手渡しいたしたる旨申来り候間幾分手違ひの感有之も連絡不十分の罪は負ひ申すべく候へば其儀御了承賜り度候。

駄言のみ連ね申訳なく候も折角御自愛専一に奉祈候。

当地は書物に不便を感じ居候へば面白きものあらば御手数ながら発行所、価格等御通報くださ れまじくや、僭越ながらお願申上候。謹言

九月十四日　西田税

満川亀太郎先生　賢侍

（封筒表）東京市牛込区南榎町二十二番地　満川亀太郎様

（封筒裏）羅南騎兵第二十七連隊　西田税

4　満川亀太郎宛／西田税書簡　大正一一年一〇月二五日

謹啓

本月四日付の御状正に拝誦、感佩仕候。

御恵送の小冊熟読、言ふべからざる快感に意気自ら昂上するを覚え申候。愈々帰趨に迷ふ世俗に対して光明を与ふると共に普く戦士を求めらるるの事、堅実静正の一歩を進められ以て衆生済度の実行に立向はれ候事、不肖無上の欣びに候。

当年の大聖日蓮が巷に立ちて国を憂ひ世を叱し無上道を惜しみて刀杖瓦石を物とせず、逆化折伏の道に進みたる如く、否な更に一日蓮を数倍し一巷を全邦と拡めたるの思ひあり、誠に有難く存候。

最近立正大師の号を賜ふ。亦時なるかな、――仏法是世法を説き敵に向て説き昂然として法鼓をうって叫び更に侃々愕々〔諤々〕以て熱涙熱血を愛国愛民に濺ぎたる日蓮を懐ふ毎に其根底たる妙法華経を誦しつつ深慮なる印度大乗の一道を慕ひ得る今日不肖の境遇を喜び居候。立正安国論を誦しては七百年の古へと大正の今日と符節を合する如き両時の世相に眉を顰め候。ああ他国侵逼の難よ、自界叛逆の難よ。

方今親鸞主義流行して絶対の慈悲――弥陀の御手にすがるといふ――不肖は此処に衆生の趨く

べき道を認め出すと共に反面して衆生を導くべき仏身を吾か法華に尋ぬ。誠に親鸞の流行は日蓮を求むる反証なりとすべし（然れども他力の名に昏迷して自らの十全を尽す即ち自力とも云ふべきこの事を忘却して単にすがらむとする病的信仰の人々多きを遺憾とはいたし候）。

実に猶存社は孤塁なり、されど無上道を惜むと共に身命を惜むを知らざる革命戦士のためには抜くべからざる堅塞なり。楠子の千早か、張巡の睢陽か。[63]

聽て互に手をとって立つべき若き戦士が躍々たる魂を擁して雲集すべく邦家の前進、又アジアの将来何の案ずる所があらむ――不肖固より吾魂の最もよき住所として、少数の同志と共に先づ此処に入る。一身の一所不住と雖も一心の一所住を拒む能はず。是か非か、シベリア撤兵の事。

シベリア及間島に境を接する此処北韓の昨今は引揚邦人、亡命露人の三々五々流浪に等しき悲惨なる幾多の劇面を現前しつつ――異様の感慨は不肖の胸をつき申候。浦塩の混乱、赤軍の南下、敗れて琿春に逐はるる白軍七千（昨日電報にはヂトリックス*琿春に逃れ同地付近は赤白両軍の戦場となれる如し）。国境脅かされて出動の内命は二十一日吾師団に下り吾連隊亦準備に奔走し、歩兵の一部は已に出動す。船舶の来往毎に幾千の邦人は漸次北辺より撤退しつつ、今にして多年シベリアに印し来たりたる邦人の影は没せむとし、吾海外発展は事実南北東西より跡を絶つに至る。

対露政策誤れるは論ずるの余地なし。而も最近の諜報は特務機関より発せられて、レニンの大失敗を報じ、労農露国の内実殆ど壊体〔ママ〕せるを伝ふ。現在露国がこの共産主義に敗れたりとせば、而して大多数民に対政府反抗の意ありと報ずるを真なりとせば、つぎて〔ママ〕来るべきは再建せられたる十年後の露国なり。辛辣は益々辛辣を加へむ。昏迷せる吾外交を改むるに非れば其時の危機計るべからず。

然れども撤兵後に於て恐らくシベリアに再び出兵を要すべき事件を惹起すべし（不肖として当然思考し得るを以てなり）。これ一大機会、その時堂々たる正義を標榜してシベリア要求の師を出すべし――ああされど腰抜外交に之を望むべからざるを如何せむ。

シベリア、間島――延いて朝鮮。

外交の失敗の影響は頗る大なり。大陸発展の足場として、又アジア連盟々主の試験問題として与へられたるこの朝鮮――北辺再び漸く擾々たるを認むるに、這回の撤兵よりする幾多の悲劇に胸をつかるる苦思は夫れ何によってか晴らさむとする。

顧みれば自ら陥って自ら苦悩する同胞の亡状、実に不逞は一部の鮮人にあらずして六千万に近き日本人其者ならずや――北韓の一隅に踞して顧望する天空の雲行は逆睹すべからざるが如くして却て明かに将来を示すものに似たり。

先日京城に於ける同光会*席上の紛擾は不肖最も遺憾とする処なり。発狂せる鮮人は如何に之を懇導するも発狂状態より戻らず、過去の日本が対鮮策を誤まりたることは彼等をして発狂せしめ終に善悪の差別なく日本に対して毛嫌ひするに至らしめたるなり。鮮人中国より覚者なきにあらず。而も自らを責めずして対者朝鮮の無能、忘恩、不逞を呼ぶは良心を有すべき日本人としてなすべき事にあらざるに事実は之に反す。

遮莫、不肖は茲に喜ぶべき事を伝へ申すべく候。先日当地にて付近小学校の連合大運動会開催せられ不肖も観覧いたし候。日鮮児童を一様にして和気靄々、而も数百千の老若男女の鮮人が等しく慈愛に燃ゆる眼ざしに足つまだてて、活躍する児童に対し「シッカリ」「ウマイ」の片言まじり的日本語に応援しつつありしを見、内地人児童は鮮人児童に喝采し、鮮人児童は内地人児童に賞讃の声を浴せ友情真に掬すべきあるを見て人知れず不肖の眉は感激に濡ひたり。

然り、帝力何を吾に在らむや――幾多の批判に悩まさるる当局の措置に対して一般の田夫野郎が何関する所を、平和に安全に生活し得べき程度に在りて何の不平や妄動がある――彼等に唯一の心糧は真に平等なる相互の友愛なり。況や古より濃き同質の血が脈管に流るる両民族に於てをや。

洋夷の愛は多く利慾に萌したる愛なり。東洋のそれは尽く義と情とに出づ。劣等なる前者が漸く終末の運命に逢着せむとするを見て哀憐一掬の涙を濺ぐ。真に永遠の生命は東洋人に在りといふべきか。

不肖曾て故山に在るとき一貧僧と語る。僧曰く「西洋の宗教は悪事を犯すとき「必ず天帝の罰せらるるに逢ふ」と云ふ。印度のそれはそのとき「因果の法則よりして当然悔ゆべき日に逢ふべし」と教ふ、これ実に当時の一般が其素質に於て優劣ありしと共に子供誑しの宗教に対する釈迦の責任観念の鼓吹は釈迦其人の偉大なりしを表明するものなり」と。言や奇怪なるも意や味ふべし。不肖其適否を知らざるも、西欧の哲学、宗教が印度の仏に及ばざるは明かなるが如し。西欧の文明は二十世紀に入りて其多くが顚覆の運命に会す。事実が之を証するを見て然く信ず――相対性と云ひ、大陸移動説といひ、宗教上の動揺といふ。

然れども之を日本に見る。東都今日パブロア*?のダンスに熱狂せりときく。肉体を殆ど其侭に、人の肉慾性慾をそしる〔ママ〕が如き西欧のダンスなるものは実に南洋の蛮奴が裸体にして跳るそれと何の選ぶ所ぞ。

性慾より幾分進歩して恋愛なるものが存在すといふことを一般に肯定するならば、この裸体半裸体の下卑たる跳りよりも振袖姿いと上品なる嫋々たる妙趣を有する吾国古来の舞なるものが進歩せるものなることを肯定すべし。本末を忘れたる亡状か将た淫楽を好しとする醜態か。世界第一との金箔つき所謂芸術家、音楽家が幾人か日本に相前後して漂着し来る滑稽事。

皇族にして芸術を解し給ふと吹聴して芸術に一大特権を与へられたるかの如き広告をなす所謂ゲイ術家は果して真の芸術家なりや。大自然を以て最大最美の芸術となす不肖には解し得ず。

先生が慨嘆せらるる軍閥と軍人一般との混同（解放十月）[64]。軈て清澄なるべき日の来ることを確信候。不肖等は単に勉励努力いたすあるのみに候。

秩父宮明春渡欧の由、近来流行なる皇族の渡欧も不肖の頑固保守性より見て眉を顰むる所、思ふに要は先づ国中を巡るに在り。

朝鮮、台湾――支那を巡遊することを忘れて一に西欧に奔らるることは如何にやと思惟す。

先生の御心意は如何に候や。上告亦妨げず。

不肖の後進士官校に在りて今や閑院若宮と机を並ぶるの栄を有すと告ぐ。

第二維新に処する宮に対し奉りての期待は不肖に於て特に大なり。「秩父宮の御片腕としての宮へ、至誠を以て尽さむ」とは報ずる所の一句に候。

ああ皇天吾に幸する何ぞ厚きや。

白頭より南に流るる連峰已に白頭、満目荒涼として冬枯れに入る。曠原の果てに沈みゆく夕陽に営中窓に倚る何の思ひ、抑ふる能はざるものを御諒察賜り度候。

北先生始め御一統様には宜しく御伝言下され度妄言幾重にも許し奉り候。謹言

十月二五日　　西田税

満川先生　賢侍

（封筒表）東京市牛込区南榎町二十二番地　満川亀太郎様　直披

（封筒裏）羅南騎兵隊　西田税　十月廿五日

5 満川亀太郎宛／西田税書簡　大正一二年一月六日

謹啓仕候。

不肖御無沙汰已に三月、遂に両歳に懸るに至り候事誠に申訳なく奉謝候。唯々十月下旬は帰休兵事務十一月より十二月上旬までは入隊兵事務年度変りの事務、爾後は新入兵教育のために稍々多忙を感じ心ゆくばかりの自己の時間を捉へ得ざりしに由るもの。

先生幸に諒恕せられよ。

為めに又保養のために休暇を戴くべきことをさへ尚ほ差控ふる儀、何卒あしからず御推察賜り度候。

御送付下され候小冊各れも欣喜仕候。猶存社小冊第二(65)の如きは一部を会寧の同志に寄せ申候。不肖等が中心とする猶存社の先進諸友が愈々不退転の大信念に立ちて混沌の巷に叫び出だされしの一事は如何ばかり不肖等を弄舞せしめ候ぞ。

——全国に散ずる幾多無名の愛国青年の同志はこの警鐘としての、教鐘としての、求士の鐘としての小冊中に心魂を融入せしむべく、軈て聖なる墓標として此書が幾多天道宣布の戦士を葬るに至るべく、然して終に革命日本建設の日は来るべし。

先生、大正十一年は吾等のために盟契の年――因縁の年なりき。新しく迎へたる第十二年は実に同志諸友にとりては多事多望の年なるべし。

窮極せる世態は已に革新改造の機運を蔵しつつ唯々時の聖者は吾等を右手にひき、世態を左にして近く相携契せしめむとす。

先生矛盾ならざることは真理なり、真理ならざることは撞着す、行き詰まる、行きつまれる現実社会こそはやがて正義的打開によりて真理に帰すべき自明の理途に立てるにあらずや。

先生、不肖は十月二十五日の夜、翌朝故山に帰らむとする帰休兵諸氏に対して、最終の語を寄せたり。

内容は今更に申上げず候。在郷の諸氏より日々来る手簡の内容に不肖の寄語せし効を認識するもの幾何ぞ。世事頗る悲観すべしとなるに足らず。彼等――多くは無産農民の師弟なり――の思操が純潔堅実なることは不肖が天に謝する処なり。

不肖とて先生の所謂「名さへ知らぬ全国の青年を一人でも」の意を自ら暁るものなり。

然して十二月十一日入隊したりし、中隊七十の青年中不肖は已に二人の頼むべく、友とすべきを得たり。

ああ、大将可なるべし、参謀可なるべし、されど一面「手を把りて青年と友となる」ことの快よきは……。
覚めつつある青年――彼等は所謂主義者なる一種の生活者の妄言濫動に悲哀を感じ、皮相忠君愛国者の悲鳴を憐むの理道を進みつつあり。不肖は渾身の意気を濺きつつ先生等先進諸友の末尾に付して進まむ。

先生、古今東西の革命は軍隊を離れず。

日露支三国境に近き不肖は客秋十月以来、亡命露人の惨状を眼前にしつつ偉大なる教訓と共に抑ふべからざる憤情を覚ゆるものなり。

皇軍の撤退――政変――白軍潰走――露人の亡命――帝国政府の無方針と誤れる政策

亡命露人は現在明かに見る地獄――相食み相殺ぐ露人の畜生に等しき、「勝てば官軍、敗くれば賊」、不肖は此感を痛切に現代露国に抱きたり。

撤兵が非か、出兵が是か、さてはレーニンが是か、ロマノフが是か、国力発展、人口増殖の配分――極東シベリアに対して国際的正義の積極的行使に於て日本が其領有を要求するとき、ロマノフ若しくはレーニンより拒絶せられたる場合の出兵は真に正義。

誤れる目的――無方針なる単に野心を満さむとする一部人士の大本を誤れる出兵を撤兵に換ふ

るは亦自然の事。物質的平等なる誤まれる人生観に立ちて成立したるものが現代のレーニン国家ならば、又貴族圧制の反動としての無産者国家が今の労農露国ならば、レーニン亦ロマノフに劣らざるの「民――人類の賊」なるべし。

されど翻って祖国を凝視するとき――日本亦誤らば露と等しき極惨の底に陥るべし。実に凡ての点に於て祖国日本は安ずべく可良の情態に在らず、維新の精神は今や全く滅却せられ邪曲旺なるは果して何の兆ぞや。

先生、古今日本に於て国家改革と称すべきものは尽く天皇を革命的指導者とする民衆の事業にして同時に若き天皇若くは太子が在らせられたるを見る。

今日果して何の兆ぞ、ああ史の意の奇しき。

不肖帰省の日未だ決せず。

先日新紙によりて川島元次郎氏の長逝を知る。「奪はれたるアジア〔ママ〕」(66)の巻頭に在るその人ならずや。不肖之を知りて限りなき先生の悲傷を想ふ。

謹て哀悼の意を表す。

猶存社小冊及東洋思想研究費として別紙カハセ同封候につき宜しく御願申上候。

尚「復興アジア〔ママ〕の諸問題」[67]を一部御送付願上候。「東洋思想研究」には今次五円丈け送付仕候。

末筆ながら猶存社先進諸氏、北先生、大川先生其他に宜敷御伝言被下度候。

忙裡走筆御免下され度。

折角御一同様の御健在を祈上候。不尽不尽

大正十二年一月六日　西田税

満川先生　侍史

（封筒表）東京市牛込区南榎町二十二番地　満川亀太郎様　直披
（封筒裏）羅南騎兵隊　西田税　六日夜

6　満川亀太郎宛／西田税書簡　大正一二年一月二四日

拝啓
先日は早速御親書下され奉深謝候。其の大部は之を謄写に付して同志の諸友に送付致候。独断の罪は之を尽く担ひ申すべく何卒御叱正賜はり度候。

実に思想的大先輩たる北氏を新しく得たることは如何ばかりの力強さを覚え候事ぞ、又沖天の勢を以て撚〔燃〕へに燃ゆる義憤の炎が漸次四方に拡り行くことの喜びは譬ふべからず候。

今日も今日とて六十名の初年兵に対して説きて曰く「奴隷的亜細亜大部の民族の悲惨に泣かば起って之が救生〔世〕主となれかし、然して等しく彼等の跡を追はむとする現代日本の亡状に慨いて其改革の途上に立てかし、日本の――アジアの――全人類の運命は一に懸って吾等若き青年に存す、眼に汝等が目撃する朝鮮支那露西亜の人々の悲痛なる実状を銘して忘るるなかれ」と。然して室に帰れば先生より送られし大川先生の大著机上に置かれたるを見る――吾等が親しむべく頼むべきはまこと吾等と等しく若き魂に御座候。先生、都には有識の青年間にみち渡りつつある義憤、されど識尠き吾周囲の青年は其理解稍々困難なるを兎〔免〕れざるも堅実に候。必ず必ず一人なりとも此意気を以て同化いたすべく候――真理のために、正義のために。次に不肖愈々明二十五日夜半北韓の寒濤を乱して南航の纜をとく事と相成候。二十九日の曙光は愛する祖国に拝すべく関門に入る予定に有之候。二月上旬には必ず上京いたすべく其節は御高見に接し度鶴首罷在候。北先生にも何卒宜敷御伝言下され度候。未謁の諸先輩にも拝眉せばやとは不肖の抑ふべからざる心願に有之候。尚市ヶ谷の学窓に在る諸友も不肖の上京を待ち呉れ候て不肖亦指を折って数へ居る次第に御座候。折角御自愛を祈上候。

右御礼旁々御一報迄乱筆御免被下度候。

尚昨日在京士官候補生よりの報によれば十四日の日に仝人は平野君*と同伴、猶存社に北先生を

訪ひし由に御座候。頓首

大正十二年一月二十四日夜　税拝

満川先生侍曹

（封筒表）東京市牛込区南榎町二十二番地　満川亀太郎様　直披

（封筒裏）羅南　一月二十四日　西田税

7　満川亀太郎宛／西田税書簡　大正一二年六月一〇日

拝啓

先般盟兄当地方御視察の節は態々御枉駕下され北韓の旅舎の快談も月光を浴びての逍遥も限りなき思ひ出に有之候。

御南航の際には拝顔高教をうくる能はず千万の遺憾を抱き居候。さりながら御収穫の大なりしことを思ひ独り盟兄のみならず満天下のために慶賀仕候。尚又御出発に際して態々御親簡賜はりしを奉謝候。詳細は何れ近く申上ぐべく候も思ふに時局は蓋し重大いよいよ幕末維新を再現し来りしかを慨嘆せしめられ候。而も来るべき改造新政の日も遠からず、異常の興奮を覚え候。

不肖は再び期する所あり。隊務の寸閑を盗みつつ三度上書の草稿に筆を把り中候。内憂外患——今更之れを例示喋々いたさず候。而も此時、上、皇族のなさるる所は——特に摂政宮及秩父宮のあまりに凡てを抛擲しての優遊は不肖等の腑に落ちざるものに有之候。猶存社は四たび受難の日を迎へ候——ああこれ単り社同人の受難のみならむや、実に大日本帝国六千万民の、十億アジア民族の、否な不正欧州の、——全人類正義の受難に御座候。安価なる飜訳蚊士共のそれには御座なく候——所謂主義者の所謂第二の大逆事件もあまりに滑稽の感有之候。

不肖はここに三度死を決して吾宮を通じて至尊の前に——不肖はこれを信じ候——抱懐を披瀝いたしたく候。固より天道に殉ずべき魂に今さら生命を惜しむ一点だに無之候。自重は十分いたすべく御安意下され度候。

内容は秘封郵送の上、宮に達せられたる後申上ぐべく候。北先生にも何卒よろしく御伝言下され度候。

本年八月の陸軍移動にて近衛騎兵隊に転勤するやを思考し——幾分根拠も有之候故——ありしも目下不明に候。

乱れざらむとして得ざる心事は宜しく御諒察賜はりたく候。

本書の到着頃は已に御帰京の事と察し奉候が時下非常重大の時機何卒御自愛専一に奉祈上候。

各先進諸氏には先生よりよろしく御伝言願上候。
余は後便にて。
先は乍略匆々此くの如くに御座候。謹言
大正十二年六月十日　　羅南にて　税拝
満川盟兄　侍史

（封筒表）東京市牛込区南榎町二二　満川亀太郎様　必親展
（封筒裏）羅南　西田税　六月十日

8　満川亀太郎宛／西田税書簡　〔大正一二年〕八月二六日

拝啓
益々御清穆奉大賀候。忙中乱筆を以て申上候。同志の一人たる在大阪濱谷隆君或る志願の下に断然海を超へて印度に去らんとすとの決意を最近報じ来候。何かの参考もあらばとの事につき先生及御友人の間に於て御指教の事も有之候はば不肖迄御指示被下度候。詳細の事情は果して如何なるか又如何に推移するかは不明に候も御願申上候。右御願迄。

尚那須将軍＊京城に栄転に際し始〔ママ〕めて参上御高説拝聴仕上候。
北先生に宜敷願上候。敬具
八月二十六日　　税
満川先生　賢侍
（封筒表）東京市麴町区有楽町一ノ一、丸の内ビルディング内　東亜電報通信社内　満川亀太郎様
（封筒裏）於羅南　西田税　八月二十六日

9　満川亀太郎宛／西田税書簡　大正一二年一〇月二六日

謹啓
皇天の冥護変じて大斧鉞を用ひしもの這次の大震災なりしと思考する不肖は恩寵深厚なるに謝すべき辞を知らず。
先生及御眷族に些の変なかりしを、正義に伍する天の真意に仰ぎて不肖懸念する所なし。
——北先生より九月十日付にて在京の同志及其一々の所縁悉く万死の中に生を全うせりと報じ来れり。嗟乎、腐敗其極なりし旧日本は茲に滅びたり。而して純正日本建設の日は之を天に賜は

れり。

天は同胞のなすなきを憫みて自ら手を下して此の大破壊を敢行せられたり――来るべき建設をあげて同胞に委托しつつ幾世紀に亘りて欧州が進める跡を僅かに半世紀にして追ひたる日本が、五年に連なれる彼の「ノア」の洪水を一夜にして体験することは天の深意――天は公平なり。

驕恣増上慢、正義をすて、謗法を頼める曽つての国家に自界叛逆と他国侵逼の二難を憤叫教示せし日蓮の時代――天災凶疫其他が相踵いだる当時と今日と果して何程の差ぞ。来るべき第二の国難は恐らく天が直接に下し給ふものに非ずして蒙古の襲来にも過ぐべき外患なるべく、随って自界叛逆の難亦伴ひ起るべし。ああ速にさめよ。

宮本君*追悼録は諸友の所感を蒐め不肖の手によりて将にならむとす。なるの日――近く之を送呈する筈。

演習、長途騎乗其他に忙殺せられ閑を得ず、遂にかの大変災に際しても一文だに草せず、惰怠之を十分に叱正せらるべく不肖亦謝辞なし。

時下枯寒に入らむとす。荒廃の旧都に蟋蟀ないて秋は一入に寂寥たるものあるべし。折角御自

愛を祈ってやまず。末筆ながら御令閨様によろしく。以下後便にて。頓首

大正十二年十月二十六日〔伊〕藤公ハルピンに仆れし思出の日に　税拝

満川先生侍曹

（封筒表）東京市牛込区南榎町二二　満川亀太郎様

（封筒裏）朝鮮羅南騎兵隊　西田税　十月二十六日

10　満川亀太郎宛／西田税書簡　大正一四年二月七日

謹啓

其後久しく御無沙汰に打過ぎ失礼仕候処、先生益々御清栄の段奉大賀候。壮心道念存する所多少の病弱遂に意とするに足らず今や健康殆ど旧に復し草堂清寂裡に心身の修練に努めつつ来るべき日を待望罷在候。何卒御放念下され度候。

山陰の寒陬も本年は冬も名のみにて昨日より今日に亘りては早くも煙雨蕭々、風南暖の気を帯びて草堂の窓より眺め渡す四山は模糊として霞むなど情趣一入に有之候。

先般は大東文化学院受験のために種々御尽力下され深謝仕候。お蔭を以て予備考査にも合格し

当人も近く上京を欣躍罷在りしに一週間程以前より稍々烈しく感冒をひき込み目下臥床静養中にて別に憂ふべき程度には無之候も医師の勧告によりて逼次上京を断念いたし候。後四五日もすれば本復する見込なるも一時少々衰弱せしこと故長途の旅行も如何と大事をふみ候次第、御厚意に報ひ奉るを得ざりしこと千万の遺憾に存候。

生も将来のことを考慮し、要は速かに後事を安全にするにありとし、目下次弟をして一家を編成せしめ、生飛躍の上に絶対の自由を得んとし努力中に候。繋累の束縛にこの小刀細工を敢てする生を御嗤ひ下され度候。

背水の陣と申す奴に候。

十一日は亡き父の一周忌、その志に背かざらんことを墓前に誓はざるべからず。

何となく空気の安らかならざるを感ぜしめらるる大正十四年。生は気晴に斯の年に心ひかれ候ひしを以て年頭一書を宮に上るべく曽氏*(68)に郵送いたし候。

四月には改めて旧本丸に途を求め教えを受けんと存候。未見の先覚大川安岡諸氏の謦咳にも接し得べく只管に千秋の思ひに有之候。

故山に在る間にも思はぬ旧友や未知の人より真摯なる国家改造の希望や理想をきき得て、力強く感ずること少なからず。殊に年末には他行の途中汽車中にて赤化防止団*の幹部中村諦亮氏?と遭ひ他所ながら同団の内情をきき壮語をきき微笑仕候。

議会の亡状、政府の暴戻亦顰縮の極――日本は一切をあげて愈々滅亡の深淵に臨み候。更生の一大転機。

折角御自愛専一に奉祈候。愚鈍に強鞭をあてて奮躍驀進の日いよいよ近きを期待仕候。北先生始め大川安岡其他諸先生にもよろしく御伝言願上候。福永よりの書によれば安岡先生近く渡鮮の御壮挙の由健羨仕候。以下後便にて。敬白

二月七日午前十時認む　　　税拝

満川先生賢侍

（封筒表）東京都牛込区南榎町二十二番地　満川亀太郎様
（封筒裏）鳥取県米子町博労町　西田税　二月七日

11　満川亀太郎宛／西田税書簡　大正一五年一一月二四日

粛啓

今次は種々御心憂相煩し恐縮候。蓋し御清祥奉賀候。不肖亦入獄以来幸に健在罷在候を以て乍憚御安心可賜候。

十五日附高村君(69)の書によりて「消息*」に代る「鴻雁録」御発行の趣、狂喜候。尚不肖留守宅に

就ては各位の重厚なる御配意の下に何等か妙案を施さるる由泣謝仕候。然れば申上候が拙宅——之を士林荘*と称し候——は当初より不肖が隻眼の魔王を擁して参謀府とせるものにして二人の志は王邸を以て休息安慰のためのものとし不肖宅を以て彼の民立報館とするにありき。故に不肖宅の大机はかの猶存社時代のそれに幾十倍する堅牢優美を保たしめて作り以て不肖等所期の象徴とせるものに候。

先生等が行地社を退会せられて改めて起たるるは是れ天機——半年の長き、二人浅酌交語の毎に故友遠く離るるの寂寞無限の感慨を分ち来りしが、此の王と不肖との痛心事は御諒察あり度候。今其日は来れり。不肖は士林荘を曽ての猶存社の如く、同志のために開放仕候。不肖の在不在を問はず向後御利用被下度候。荘維持——単なる不肖等夫妻のためのそれは実に各位に倚頼する丈けの面皮無之候なり。

一葉落ちて国家の秋、蘇武の雁を放ちし上林ならぬ代々木の士林荘は決して鴻雁録に相応からぬ名にあらずとも存候。何れは不肖等出獄の上、不肖等の意見存する所を申述べきも取敢ず不肖の意存する所の大略のみ以聞候。先日は愚妻参上の由、礼にならはぬ俚婦不悪御容赦被下度候。

種々申述度きも思に不任——窺ふ所の天、帝星光り暗くして之を周れる衆星動揺し、一天の星光悉く金色なるを見て懼然獄中に神仏を祈り申候。——これ国家が大地震裂の兆にあらずして何ぞや。満腔の赤心と熱血は抑へんとして不可得。唯々四ヶ月に亘る幽囚の境遇は多感多涙の血性には限りなき感慨を涌かせ申候。種々将来のことも考案致居候。忽率の間、不備の中、筆端渋滞して意亦不通。御判読被下度宜しく願上候。高村君には信不可通。御伝言被下度。各位の御健闘を祈る。

大正十五年十一月二十四日　　西田税

満川先生侍楚

〔封筒表〕市外中野七六七　満川亀太郎様

〔封筒裏〕市谷刑務所　西田税　十一月念日

12　満川亀太郎宛／西田税書簡〔昭和二年〕五月一一日

拝啓　久しく御無音に打過失礼仕候。益々御清健御奮戦の趣大慶此事に候。

御恵送の世界維新と日本、(70) 鴻雁録拝受御厚礼申上候。天譴漸く如実に腐朽日本に降下せんとしつつ風雲急を示し来り候。一新社諸公の御準備宜しく候や。

思ふ所あり故ありて党に入らず結社に加はらず、一人士林荘中に討究策謀罷在候。

士林荘 中題壁

浮沈東西辛酸多　込頭に十六年非

落下紛々雨紛々　声涙相和悲春歌
不韻不諧の駄詩を御笑読被下度候。
同志諸公に宜しく御伝言願上候。敬具
五月十一日　税
満川先生　侍楚
〔封筒表〕市外中野上の原七六七　満川亀太郎　親鑑
〔封筒裏〕東京市外代々木山谷一四四　西田税　五月十一日

13　満川亀太郎宛／西田税書簡〔昭和五年〕一〇月二八日

拝呈
秋冷の候益々御清健御尽瘁奉賀候。久しく御無音にて誠に失礼仕候。
然る所、此度平凡社にて興亡史論刊行せられ北氏の支那革命外史(71)が其の一篇として再び世に現はるるに至りしことは小生共の甚大なる欣喜にして先生方の御尽力を深謝仕候次第に御座候。
而して北氏の希望にも有之、同原書より除きたる「宋教仁、范鴻仙両氏の屍影」は改めて今次のものに掲げたく、承れば、先生その写真版御所有の趣、右の事情によって一時拝借致度御手数乍ら小生宛御貸送下され候はば有難き次第に御座候。

右甚だ唐突乍ら御依頼申上候。世局の転移、風雲の去来漸く激しく怒濤衝天の秋を予見せしめらるる心有之、潜思勉励罷在候。

興亜学塾の御開設を本朝拝承致し御奮闘を偲び申候。三日には可成参堂致度存念に候。

折角御自重御健戦を万禱仕候。

乍末筆御令室様によろしく。

匆々頓首

十月二十八日　西田税

満川先生侍史

（封筒表）市外中町中町六五六　満川亀太郎先生　親展
（封筒裏）十月二十八日　西田税　東京市外代々木山谷一四四

14　満川亀太郎宛／西田税書簡　〔昭和五年〕一二月二五日

敬呈

天下多事ならんとするの秋愈々御清祥奉賀候。長らく御配慮相煩はし候宮中事件を法律的に解決終了、然して特に神仏の厚い護と先輩各位の御高志とによって意外に早く出獄、感激罷在候。態々御状賜はり厚く御礼申上候。何れ其中拝姿可仕取敢ず以寸書御礼申上候。

敬白

十二月廿五日　西田税

満川先生侍史

（封筒表）市外東中野昭和通二ノ五　興亜学塾　満川亀太郎先生　親展

（封筒裏）十二月二五日　西田税　東京市外代々木山谷一四四

能勢丑三

1　満川亀太郎宛／能勢丑三書簡　大正九年五月七日

謹啓　新緑之候御座候処以先尊契益々御清適奉南山候。降り而小生其后真に御無音に打過礼を欠き申候段重々御寛恕被為下度候。去月末久々振にて尊契より御消息に接し懐旧之情不得禁、再読又再読候。茲に貴契が大日本社を退きて新に独力、雑誌『雄叫』を刊行被遊候趣拝承仕候。将た胸中の騒しさを覚え申候。茲に一書を奉呈して多年の欠礼を謝し併而一別以来之小生の動静を序して以而尊契の寛恕を乞はんとするものに有之候。丑三嚢を去って大阪に恩師辰野老先生*の知遇を蒙り且つ片岡安氏*の眷顧を得、特別待遇の下に専心美術工芸の研鑽に耽り居り、遂に我国建築界に一時機を画したる中央公専金建築に当り、丑三をして特に美術主任として専ら之れに当る可く命ぜられ候。然かも浅学不才の小生が負担としては余りに重きものに有之候。「一青年をして名を為さしめんが為めに汝を茲に携へ来りしなり」とは時に老博士の口より出づる言葉にて不肖の責任は之れを聞く毎に其の重さを加えしめたるものに御座候。斯くの如くして買ひ被られたる小生は竣工近くして神身倶にめちゃめちゃと相成申し大正六年秋辞表を出して暫く孤島に転じて神身の恢復復を計り候。翌春一陽来復と倶に体力は旧倍の壮健を見るに至り候。茲に小生は属りて廻避す可からざることに逢着仕り候はば此頃よりして老父は頓に老境に陥り、之れが後継者たる小生は家庭的責任上兄弟姉妹姪甥等の身の振り方を付けざる可らざる位置に立ち申候。兄の別居未亡人となれる姉の生活の確立方針、二妹一姪の結婚、一甥の入家、一甥の修学、一弟の修業其他、家政の整理等一に貧弱なる小生の双肩に懸る可きものに有之候。今人事的方面漸く始末を付けたる次第に御座候。然かも貧弱なる小生は部屋住みの身にして朝夕病床にある老父の枕辺に四六時中繞して薪水の労を採り居候。斯くの如くして三星霜を経過し申候。日夜家庭的雑用に奔命して嘗つて畢生の業たりし美術の研究は中断せらるるの止むを得ざるに至り候。而して将来は祖先の家業たる山林農業を以て生活の基調と為す可く決心仕り候。勿論最早今日点の腕前では人を使フ能力無ク纔に小農生活に過ぎず候。七年春孤島より故郷に帰るや恰も恩師武田工学博士*より紹介せられて大阪毎日新聞社が国際オリンピック大会に運動界のノーベル賞として世界の極東の日本の三貴牌を贈寄を計画ありて之が大賞牌三面の製作を丑三に委嘱せられ候。之れ到底其の任にあらざるも然かる恩師の命ぜらるる処、如何とも為し難く茲に浅学し不肖三面を製作仕候処不慮新聞紙上に掲げて賛辞を得たるは少し買ひ被り様が大きかったと存候。然し茲に殊更ら尊契え謝せんとするものは該三面のメダリオン中、最後の日本賞の製作に有之候。之は表面に我国の神代の神様を表はせしものに有之候へ共、然かも其の風俗に至りては文展あたりに見る伝統的のものでなく、一に丑三がでっち上げたる神様にて候。御察知の通り近時我国考古学界は長足の進歩を見るに至り其の研究等は極めて科学的にして専ら文献上のみならず、古代の遺物を採りて所謂高等批評を行ひ之が復原を試み、其の結果は例ば神武大帝の如きは必ずや白馬銀鞍にまたがり金覆輪の鞍置きてて三軍を帥《〔揮〕》ひられたるものとなし、決して後世吾人等の想像せる如き野暮なる御服装ではあらせられざりしと断案せる如き傾向有之、小生も嘗つて浜田博士と親しく九州に上代の遺蹟遺物を研究して既に其の当時より一骶の我国古代史に対する概念に革命を起し初め、何時かは具体化して世に問はんと思ひ居りし矢。先きなれば好機逸す可らずと存じ茲に独創的見地よりして日本賞に対しては伝統に依らざる日本の神様を表現仕候。然かも小生が九州行に際して親しく筑豊平原の地図を与へられたるものは誰か。然かも吾人が青年史上芸術の研究時代へ之の国際的賞牌の制作を以て終れる事に想到すれば感慨深きものありと存候』

BY. U. NOSE. FEB. 14. XV.

尊契右の文字は何を意味するか、之は「大正四年二月一四日能勢丑三画す」と云ふ迄なく今机辺に横はれる一枚の画の右下に斯く記るされあるなり。画は鬱葱たる林間に長髪の怪人が怪獣に一撃を加えんとする差図に有之候。小生の在阪時代之制作に有之候。之は其の当時早速尊契に延引を陳謝して発送す可かりしものに有之候。然かも当時小生の美術的良心は遂に之れを尊契に発送するには余りに苦痛を覚ゆる程拙劣なるものに有之候。且つて小生在学中奉呈せし一書は漸く数条後斯かる拙劣なる製作を贈る可く余りに友を抗る如きものにては御座無く候ひき。爾来四六時中吾人の念頭に常に之が再制作の事を忘れざらしめたるものに有之候。然かも如何せん爾来之が再制作を促す可きインスピレーションを獲ず、荏苒今日に及び申候。殊に之が然かも貴契にはあらで中村春吉氏*が尊契を通じて非常之喜悦を以て丑三に依頼せられたるものに有之候。当時は確か猛虎と承り更に水牛なる由承り候ものに候。然るに水牛と人との争闘は丑三浅学にして一片の絵草紙すら見たる事なく大正三年も暮れ漸く大正四年二月初め牛と人の争闘を千日前活動写真にて映写せるを目撃し帰来筆を執りたるものに有之候。然るに出来上れば特徴ある水牛とは如何にしても見えず、之れを貴契を通じて中村氏に奉呈する事は良心の甚だ苦痛と致す次第に有之遂に笈底に秘め置きしものに有之候。然し乍ら御受合してより八年を経て未だ中村氏を悦ばす不能ものは一に小生の不明と不徳の致す処と恥入申候。中村氏の御感情は貴契よりも承り居り、或は之の為めに貴契が小生の想到し能はざる御迷惑を蒙られ居らざるやと心密かに苦しみ居り候。然し幸に荏苒今日に至るを寛恕し給はらば何時かは少しは心の之くものを制作して貴契を通じて奉呈致し度しと存居候。幸に物の書にても水牛と人と（他獣類にても）争闘しつつあるもの御見当りあらば御一報を得たく候。

先年新聞紙上貴契が上泉閣下と共に社会的に我帝国の前途を憂慮して当局に訴え給ひし事を拝見仕候。又当地丸善の書架に大日本主義[72]てふ小冊子をも現処拝見致し候。又先年小生土佐堀に在りしとき、貴契より雑誌の御寄贈を受けたる事も有之候。然かも既に土佐堀に在りし時は神身倶に衰へつつありしときに有之候。御約束の絵の出来る迄はと爾来今日迄申訳無き御無音に打過申候。然るに此度久々振にて御情恩に接して回旧の情禁ずる不能廻て又筆を執りて一書を奉呈仕候。

別紙郵便小為替八、八〇〇封入御送附申上候。御査収被遊度候。何分貧弱なる小生の事とて何等此度の御壮寿に対しても御援助をも致し得ず候へ共、少し許り内裏《うちうち》の義兄共に講読之約を得候に付、可然御希申上候。皆々実業を営み居り、例ば稲田は卯八の実弟にして小生妹と結婚せるもの。卯八君は十数年来隠居して游々自適の境にあり、営業所は総て次男秀蔵が責任を有し居り候次第に候。然処御承知の通り当方こそ貧弱なる小農に過ぎざる故、何等財界の恐慌未に大なる影響を見ざれとも別記購読者は悉く平等に大々的痛手を被りたるものに有之、実に現行の警戒と云ひ在庫品の累々落々と云ひ惨状御話にならず。特に之の混沌たる状に幸に貴契等の温健なる御指導を雄叫紙上に於て伺う事を得ば幸甚の至と存し、其他経済的問題に対して適当の記事を拝見致す事を得ば一層喜敷事と存候。定めし何かと御劇忙の御事と奉察罷御座候。小生も雑用に忙殺せられ且つ老父が有名なる厳敷方にて、為めに一般に友人との御交際をも近来は為し居らず。専ら孤独の淋しさを味居候。只、纔に鬱勃たる青春の文気を時に北山の高台に登って熊、猪鹿の生々敷足跡を踏みては爆発致し居候。今は芸術もどこへやら大阪引退の節大日本建築協会え特別賛助員として推薦せられ申しが委員名簿には職業は曰く山林農業。これでは芸術家として買手も御座なく、小生の将来は雲をつかんだ様に漠然模糊たるものに候。幸に御眷顧を希申候。

五月七日夜三時

虚菴丑三生

満川尊契

二伸
御寸閑も御座候はば御消息を乞う。又山崎五郎兄は定めて御健在と思ふが如何。小生より皆々御無音致し居候。去る三日頃に出す筈が家事が多忙で遅れました。

［別紙］

購読者控

能勢丑三　京都市西陣寺之内千本東入二丁目
神光幾吉《かみみついくよし》（丑三義兄）　京都市西陣今出川御前通東入
村上永三（丑三義兄）　京都市東洞院蛸薬師下る
稲田秀蔵（丑三義弟）　京都市西陣大宮上立売上る西入伊佐町
高田利市（丑三義甥）　京都市上京区武者小路新町西入
大橋理之助（丑三第四時代同窓生）　京都市西陣大宮上立売下る
水沢安次郎（丑三小学校同窓生下級に有之候）　京都市西陣寺之内東下る姥ヶ《うばが》寺之前町
以上五月三日迄に承諾を得たるものに有之候

購読費控

Ⓐ
能勢丑三（一ヶ年分前納）
水沢安次郎（仝上）
神光幾吉（半ヶ年分前納）
〆

Ⓑ
村上永三　　毎月必ず御送本を乞ふ可き分購読費は小生取りまとめ御送付可申上候
稲田秀蔵
高田利市
〆
以上は接続的購読性を有するも〔の〕と信ぜられ候。

Ⓒ
大橋理之助　第四高小修学次に第一中学校に入学優等生として卒業后家事に従事罷在候。（生糸商）極めて温厚なる人に有之候（尚小生十数年来交際を絶ち居り候故接続的購読性を有せらるるや否や不明に付、貴兄が特に隣家なる本庄学氏の親友なる旨を申上げ兎に角一部送本を希望せられたる次第に有

之候間、創刊号は特に小生より配本可仕に付当方へ御送本希上候。送金法は○Bに準ずるものと御承知被下度候。

以上

（封筒表）東京市牛込区南榎町二二番地　満川亀太郎殿　御親展

（封筒裏）大正九年五月八日朝　京都市西陣寺之内〔千本〕東入二丁メ

2　満川亀太郎宛／能勢丑三書簡　大正九年六月二九日

拝復殊に御多祥奉南山候。却説『雄叫び』創刊号御投恵被下厚く御礼申上候。早速披見仕候。恐らく斯程外観の貧弱なる雑誌は多からずと被存候。然しながら其の言々句々刺せば血の出る様な内容に至りては克々尊契の面目を躍如たらしめ転た憂国之志士をして襟を正さしむるもの可有之存候。茲に『雄叫び』創刊号を恭く小生が崇敬せる幕末之国士桃井伊織先生の霊に捧げて幽魂を慰め申度候。

先生は身長漸く五尺白皙秀麗性情温粋にして人と争はず。然れども凛呼たる気節は得て奪ふ可らず。規模人に絶し識見世を抜く。曰く宇内の形勢に随ひて断然鎖国の風を変じ器械芸術は彼に取り仁義忠孝を我に存し以て富強を謀る可しと。例へば疾く免囚保護獄制改革論の如き社会政策を称え、或は自ら電気を発せしめて之れを通信機関に利せんと企て、或は石炭を試掘して燃料問題に着眼し外国語研究所并に武芸所を併立しせしめて智力と体力を養成する所あり。年歯僅に二十四の若冠〔弱〕にして既に一藩を教仕す。

安政五年密に藩公の命を受けて上京し上は皇族を初め西郷南州〔洲〕や諸藩の志士と縦断的に往来し専ら対内外策を研究し遂に議するに約条を訂結し及び貿易を開らく朝命を待ちて行ふ可き事『幕府の建儲は宜しく賢明年長人望の三要件を具ふる者たる可き事』等を以てす。安政六年秋井伊大老の為に捕られ勅書を要請するの罪に座し小塚ツ原に斬らる。年歯僅に二十六矣。

獄中詩。

二十六年夢裡通。

顧二思平昔一感滋多。

天禄大節嘗心折。

土室猶吟正気歌』

桃井伊織は仮の名。正しくは敬岳橋本左内*先生也。大正維新の大業又敬岳先生等の冥教を享けたく被存候』

次に二十一日付御帰書正に拝見仕候。カット是非共小生の手に成ったものとの事。近頃閑る仕候小生の目下の境遇として家事の為めに追はれ勝にて画等を画く時間なく為其ライブラリーも書庫に収めて蠹魚の食むに任せて在る有様なれど、小生是非共筆が取って見度く二十四日以来書庫に入っていろいろ調べ申候処、扨て画く段になって又大変。腕が固まって思ふ通り動かず漸く本日朝来インキングして出来上りました。半分別封御送付申上候。老父に隠れてやった仕事如何せ碌なものでは御座なく候へ共、御目に懸け度く候。

扉画の解。

北斗七星を表はす。第一より第四星に至るを魁と名け、第五より第七に至るを杓と名く。第七は嘴面の怪異と為す。即ち破軍星也。左手に三鈷戟を把り、大呼飛翔す。円弧は渾円球に象る。左右に丈夫ありて当に地界の零点下より抬頭せんとす。中間雄叫の二字は偉人空海が筆道の所謂大師様《だいしやう》倣ふ。蓋し我国大師様《だいしやう》を以て文字の最上級に置く。上楣にエスペラントを以て『雄叫び』と題す。奉誌の宣言を見るにコスモポリタンなるを以てなり。

之れが考按に当り殊更ら天体に範りたる所以は。

漢書天文志に。

『此皆陰陽之精、其本在レ也。而上発二於天一者也。政失二於此一則変見二於彼一。――是以、明君視レ之而寝飾レ身。正レ事。――』

北斗七星は大熊星座に位し太陽系中の鏘々たる惑星也。七星の枢机に陰陽の根元と為す。詳しく解すれば

第一星を枢と曰ふ。正星にして陽徳を主り天子の象也。

第二星を璇と曰ふ。法星にして陰刑を主り女主之位也。

第三星を璣と曰ふ。令星にして祓害を主る。

第四星を権と曰ふ。伐星にして天理を主り無道を伐つ。

第五星を玉衡と曰ふ。殺星にして中央四方を主る。

第六星を開陽と曰ふ。危星にして天食五穀を主る。

第七星を揺光破軍星と曰ふ。兵を主る。

別に一星を第六星に輔す。北斗を佐け功を成す所以にして丞相之象也。ゼタ二重星として有名なり。


支那の占星術家は北斗七星共に明なれば則ち国昌なり、明かならざれば国に欠あり。斗の旁に星多き事を欲す。則ち国安し。星少なければ人恐あり。天下訟へ多し。星少なき事二十以上なれば人民訟あり。輔星名にして斗不明なれば臣強く君弱し。明なれば之に反す。輔星若し明大にして斗と合ふときは則ち国兵にはかに起ると為す。蓋し太古の人類が最も初めに注意を惹きしは実に之の七個の惑星にして之等の星辰と人類の運命を結合せしめたる思想は古代バビロニア、アッシリヤ時代にありし事は彼の楔形文字盤に刻みたる記録によりて推す事を得る也。且又北斗は数千年前には今日よりも遥に北極に近く当時北半球。中緯度の地に於ては常に地平線下に没する事無く北極の周りを一日一回転せり。故に北斗の方向によりて古来歳首を稽へ昏時之れにありて月建を定めたり。北極星を指す第七星を俗に破軍星の剣鋒《けんさき》と称す。図に於て破軍星の把る三鈷戟は一切諸魔降伏の三昧を象る。鋭刃也。密教に於ては之れを左手に持して所願成就為すと説く也。又怪異の嘴は以て革裏之漢を啄するの意也。其の疾風の如く翔ると。迅機を失せざらんが為め也。蓋し『雄叫び』の行く当に斯くの如し。若し其れ宣言に至りては即ち孔夫子の所謂。其の処に居て衆星之れにむかう北極星の如きものか。之れを以て扉画の解と為す。

盟契足下。小生の私信を貴重なる紙上に掲げられたる。実に恥かしき思ひを致し候。あの為めに知友に雑誌を紹介するにきまり悪く存ぜられ候。尚目下二三の知人に紹介申に有之、既に新購読を諾せら〔れ〕たる向もあり後便に購読料ト共ニ取りまとめて御報告申上候。時下梅雨の節何卒御自愛被遊度国家の為め切に尊契御健在と勇猛精心以て不退転を神祈罷在候。早々。

大正九年六月年念十九日

能勢丑三拝

満川亀太郎様

二伸

扉画考按中ふと中村春吉大人の水牛争闘の図の創案を得候に付、後日筆を改めて執筆可仕候。別封は大正四年二月十四日大阪高麗橋の喬居にて画きたるものなれども拙劣尤も小生の意を満たさざるもの。只些か御慰みともならんかと存じ書留小包にて扉画と共に送付申上候。別図出来の上は何卒御破棄希上候。従而大正二年に御預け致せし中村大人の写真大二十葉は今暫く御貸与希上候。

先便山崎兄の御消息を承り忝存候。小生近来御無礼耳致し居り候。次に小生の弟秀《ひで》四郎《しろう》二十七歳昨夏より御地益田孝*男方に御世話に相成居候。実は小生の遊学中小生に代りて老父の膝下に孝養を尽して下れ居り且つ未亡の姉を補け居り候処、小生の帰来せしを以て遊心禁ずる能はず恰も益田男昨年老父の病を慰めんが為め来訪の節、弟を暫らく預かり度く御委せ下され度しとの事なりしを以て御依頼仕り目下築地明石町二九益田信世方に書生を致し居り候。目下益田男の手に依りて親しく処世法の薫陶を受け居るらしく候。勿論昨夏品川御殿山なる男邸に貴重なる美術品の虫干しを拝見に出でたる節、男爵より能勢とは三井にて且つて一つ釜の飯を食ひたるものなれば其の倅が今から風流の道に没頭するは好ましからずと思ふ故、先づ処世の法を知りたる上、何か身を樹つるに如かずとて之の結末に及び候。老父も小生も老男爵の知遇に感じ、一切委任罷在候。弟は京都五中を卒りたる耳み。趣味は小生より広く特に美術趣味多し。目下事務劇忙との事に候へ共主人（益田男及び信世氏母堂山縣老公第二世夫人と姉妹也と聞く）避暑中は多少劇しからざる可しと存候。境遇は書生に止まる。然し先般も野崎広太氏*（前三越社長）に面晤の節、益田のやかまし爺の傍に居れば電話の取次ぎだけでも大学卒業以上なりと申され居り候。アア何とか成る事と存じ候。安神して委せよ。確に御預り致すとの言葉に任かせ居り候。

二十六才まで京都より一歩も出たる事なき井戸蛙も二三年もすれば老猾なるものとなる可しと楽しみ居り候。

尊契御来京の趣、何卒御確定の上は早速御報知希上候。御待ち申上候。然し無為に其の日を暮す小生は御目に懸るも恥かしく候。不一

只今執筆中新らたに某より購読料を届けられ候。いづれ後便に。

乍末筆未だ御拝顔の栄を得ず候へ共、御令夫人に宜布御鳳声希上候。

（封筒表）東京市牛込区南榎町二二　満川亀太郎殿　直披

（封筒裏）大正九年六月三十日　京都西陣寺之内千本東入二丁メ　能勢丑三拝

3　満川亀太郎宛／能勢丑三書簡　大正九年七月八日

拝復　錦地三日出書留小包一個并に五日付六日出之封書一通正に拝受仕候。国家改造案原理大綱は御手紙に依りて先づ其の内容を了知致しました。精進して誦し度いと存じます。然し鏡を背にする私共は自分の本心すら真正面から見る事が出来ないのですから金毛の獅子児たる人達に依て私共の本性を開顕して戴かねばなりますまい。然も鼠の口には象牙のある筈なく己を外にして両滴の声を聞くより先づ『雄叫び』で一乗究竟之妙理に帰入せしめられ度う存じます』先便并に後便で尊契が亡母様十三回忌で本月下旬御来京との趣き、数年振で故山の山川草木に被接、定めて

楽しい事と存じます』然も自らの目下の境遇は死期に近ける頭脳明晳の老父の傍に四六時中奉仕して家庭の雑用や緊要な用事やらを命維し従ふ事が第一義的なのですから老父の心に従我して如実に道を進まねばなりません。従って世間の若い人達とは少し勝手が違って居るだろうと存じます。先便小生に良妻を御世話せんかとの御心切も無能な私は妻帯に依って之の上相当の心遣《づか》ひを加算するに耐えませんから差当って尊契の媒介の好意をもしりぞけねばならない事を迷惑に存じます。之れは私自身が生活の保証をせなんだからでもありませうが又一面父が私より頭が確かで偉いと云ふ事と家庭の系累が多い事とが重なる理由ともなって居ると存じます。従って勿論老父は私に対して居常満足して居ません。然かも身体不随の老父は貧弱な私に満足を獲て冥目致し度いと望むで居る様が言々句々に現はれて居ます。『今年三十二の男盛り』眉間の皺は深く刻まれて行くばかりです。唯朝夕陀羅尼を誦じて久遠の仏果を獲たいと望んで居ます。訪ふ友もなく間はるる友も持たず淋しく暮して居ます』御覧なさい『あの木の葉の青々としたこと。金砂の様な太陽の光線。』せめて尊契に見えて潮海音を聞ませうよ。『待ちます待ちます』先便敬岳先生の詩を書ひて尊兄を小供あつかいにした事は容赦せられ度し。実は先生の詩で無くてあれは尊契の詩を書いた心算りだ。契を未だ見ぬ人には小生は大正の敬岳先生(73)だと云って了解を得て居る。実際顔も克く似て居るからな。一番早い方便品だと思ふ。然し之れからは『雄叫び』で十分だろうと存じます』別紙新購読者を獲たから御通知します。前回報知の分、皆金を受取った。然し予告して置いた大橋兄は只今電話で紹介したら果して一部に止めるとの事であるから、小生は新購読者の中で是非創刊号を望むで居らるる前帝室技芸員川島甚兵衛*氏の遺子川島信三郎兄に廻します。御承知を希ひます。従而大橋兄の分は残念ながら除いて下さい。川島兄は第四出身で高等工芸を卒へた温厚な人です。数年会ひませんが一昨日突然訪問して非常に好意を以て諾して下れました。而して同意義の人もあらば購読を薦めたいと迄云って下れました。僕は近頃憘しかった』 勿論雑誌は持たずに一年分の金を受けた。帰途之れ又宮内省御用達の西陣では四百年来の羽織物屋の俵屋喜多川平八*氏方のマネージャー貴船源二郎兄を訪ふた』 小生は第四を出て二十年来訪ふた事なき人なり』 非常に憘で一通り話の後、半年分の金を受けた、其処え主人の平八老人が見えて初対面の挨拶が済んで帰りに貴船兄にマガジンの話を結んで置いたら老主人は、それでは私も一部戴き度いと又之の喜多川老よりも半年分の金を受けた。稲田秀蔵（義弟）は一寸読んで少々過激だと云った。然し一年分を受けた。村上永三（義兄）は危険思想かと思ったら左様でもないからと云って居た。半年分を受けた。高田利市（義甥）よりも半年分を受けた』 然し僕の父には見せない。万一にも理解を欠いたら契と絶交を強ひらるるから僕は究〔窮〕地に陥るのを恐れる』 僕が父に奉仕するの難き之れを以て御明察を乞ひたい』 父は唯我独尊だから小生は一に父の無理解を恐れる。一度理解を欠けば父に対する者を病的に説服せないでは休まない』 小生は世界で最も父を恐れる。父は克く怒る。而して父は自れを怒らす者は自れの天寿を縮むる外道也と云ふて又怒る。契はマグダ劇の老休職中佐シュワルツを見たか。若し見たら僕はシュワルツ中佐に奉仕せる青春の若者と想像せられたならば近ひ。南無大悲の観世音菩薩。観音経の力は僕をして人間味を付与して下れた一つです。『御覧なさい。あの木の葉の青々とした事を。』
今は只管肉体の優越を希ひ頼って居ます』
時下御暑う御座います。折角御自愛を祈ります』母は弟に五十五年振で五十五の私の叔父に対面しました。濠州シドニー市場で羊毛を取りあつかって居ます』我政府の種馬や種羊は皆叔父の手で日本に送られたのです。凡そ昨年の濠州の羊毛は弐億円の輸出とすれば叔父の手に依って我国に二千五百万円の輸入を得ました訳です。率直に申しますと我国では羊毛の自活は困難らしいです。農商務省の技師は将来今日迄の養羊のレポートに全責任を持つ事が出来ますか何うかと案ぜられます。若し報知新聞大正五年九月二十三日（第四版）が日比谷のライブラリーにあれば

〇波涛万里の新天地雄飛奮闘の日本人
　羊毛監識の権威　北村虎之助君

なる記事を見て下さい。
記事の初めは
濠州シドニーの羊毛マーケット（市場）でキチー（kit）と云ふ名を呼べば「ああ彼の日本人北村寅之助君か」と三歳の児童と雖も直に首肯た位に名声を轟かした一個の快男子がある』云々
大正五年濠州に帰ると英政府の羊毛検査官の最高級に（他の天の外人よりも上席）任ぜられて居ったので面喰らったとの事です』今は毎日市場の期節に一日弐時間に三百万円づつ商ひがある左様で、まま目下濠州の渋沢男と云ふバーンス氏（当年七十五）来朝中で本月初め神戸では毎日の

話相手だった左右です』氏を送って帰京しましたから早速寸閑をさいて江州に父の墓参を致しました。父の家は彼の近江商人を創めた松井遊見〔居〕（文部省修身教科書に掲出）の血を受けたものですが家権に反ひて一代の豪放を極めたものだ左右です。国事にたづさわって故郷を去ったとも聞きます。勿論井伊大老の忌憚に触れたのだろうと思ひます。私の母と之の北村の叔父とは其の頃の遺子です。父も酒豪で酒の風呂を作へて入ったものだ左右ですが北村の叔父も此度は酒樽を背負って帰りました。然し百数十円の関税には一寸酒樽に敬意を表したでせうよ。帰朝して見ると、我国の建国以来の愛国思想が将来外来の危険思想に脅かされないかと心配していました。英国が戦時中アフリカまで毛◎を買ひに行ったり和蘭陀の土人から一種の民族的反感を以て迎えられ遂に英国は高い高い毛を買ふの余儀ない仕〔始〕末となった左右です。一寸味をやりましたね。御蔭でアフリカ人のポッポが温まったそうです。然も目下英本国では価格七十五片の三分の一位に下落する覚悟だそうです。戦時はシドニーから英国に行く間に三倍値に騰った左右です。又叔父は我国の食料就中米穀類の自給策を案じて居ましたよ。そして米が他の物価に比して安い事を憤慨して居ました。又其他諸物価の無意義な暴騰には驚いて濠州では牛肉の上等六十万砂糖十六万総て戦後迄に至る迄調節局が絶大の権威を振って下級民を保護して居ると聞きました。尚叔父は平和非戦者です。左右して世界で最高級のラシャ服地（メリノ種羊毛製）を着せられるのは我日本軍人だけだと聞きました。若し我国養羊に依って自給の道を付けるならば其のペーパーテンションに最適の種羊を迎うべきは勿論（支那産のものは劣等なりと聞く）食料問題と連関して考あるにあらざれば問題とならざる可き由聞き及び候。
もう日が暮れましたから筆を擱きます。

七月八日夕

丑三生

満川亀太郎様

二伸

先般のカット御称讃を受けて汗顔の至りです。画は常住三昧に入らなければ其の表現は至らないのです。此頃の様にサボッて居てはだめです。先般のカットも。とても昨今はモデルを用ふる事ができませぬから。

◎Feb. 14. 1920

LONDON NEWS の中の page247

〝The Human body is the Musical Instrument par Excellence〟: Expressing Rhythm in Physical Action の中から空中を飛びあるいて居る女子の型をそのまま取りましたよ。又嘴面は舞楽用の面（御物）元来嘴面は梵音（Garuda）訳して食吐悲苦声と申します。常に煩脳〔悩〕毒竜を食ふて衆生を利益して生きています。勿論神話的怪鳥です。インドの神（Visnu）が曰く我が乗る体（Garuda）使者よく世間求志の事を停ず。願くば大天未来有情の為めに速疾に験を顕して真実性に編入せしめよ云々〔荘子逍遥遊〕に謂所北溟の魚、化して鵬となり〔南溟〕に従んとすと云ふ。此の大鵬は即ち〔カルラ鳥〕を指す也。金翅鳥品〔漢訳〕には文学守護神たる（文殊菩薩）の化身と称しています。崑崙八仙より取りました。崑崙山はアフガニスタン西北部の大夏の西に存すと為し穆天子伝（佐藤安五郎氏　得意の本也）には〔弐千年前の蒙古記〔紀〕行文〕「宿干昆崙之阿赤水之陽に」等とあり。近来Mr.Sven Hedin*の探検による該山系を明らかにせり。勿論之の面は大陸より齎らした面です。而して我国皇家の式事に用せられます。如何に我国が過去に於てコスモポリタンなりしかを知る事が出来ます。国粋と称せらるるものの（ねた）は大概こんなものです。小生は我国力の過去に於て大陸迄て伸びて交渉があった事を単に芸術の上から帰納しても我国民性の最も特長は之のコスモポリタンな処だろうと存じます。真の国粋保存とは遠く溯って我国建国時代の皇祖皇室の御遺志受けねばうそだと存じます。

　尚叔父の話は間違もありませうし聞き違いも勿論ありますから単に私書として止めて下さい。◎又カットの解説は万一雑誌に掲げらるるならば筆を改めたいとも存じます。『雄叫び』のエス語(74)の適訳はまだ得られませぬか御伺申上ます。中村春吉先生は今何処に御健在なりや御伺します。小生は吉田山に在った頃随分と安受合をして未だに其の責を全ふしないで先生に会えば友を売った罪でなぐられるかも知れないと思っています。不徳の致す処です。今でもあの宮崎県で撮られたのと破れ服を着けて居られるのを見るとしかられて居る様な気がします。今日は午後から老父が午睡を取って居りましたのと夕刻行水をして居ました間に執筆致しました。勿論小生の父にしからるのも小生の至らないからで済まないと思へて居ます』

［別紙］

△雄叫購読者追加

氏名

〇川島信三郎氏

三十才

嗣子にあらず

故甚兵衛翁養子は故井上東京府尹なる弟なりしも近来肺疾患にて没す

大橋氏の創刊号を川島氏に廻し置かんと存候

住所

京都西陣東堀川元誓願寺下る川島織物所技師（故甚兵衛庶子也）宮内省御用達

◎連続愛読の見込

第四出身者

第四の我先輩より契を出したるを悦び同志あらば薦めんと云ってくれた人也。矢張甚兵衛翁の

血を享けたるだけあり　購読料金

七月五日
一年分
金三円五拾銭也
○喜多川平八氏
　　六十才近し
尾崎三郎老と縁家の由也
創刊号希望　京都西陣堀川通今出川上る
宮内省御用達
◎連続愛読を依頼するを要す　七月五日
半年分金
壱円八拾銭
貴舩源次郎
三十一才位
創刊号希望　京都西陣今出川通堀川西入
第四出身者
喜多川平八氏支配人
◎連続依頼を要す　七月五日

半年分
金壱円八拾銭
△購読中止者
○大橋理一郎氏　購読料金一部代金を使が持参せられたるも事情を御話しして
御返し致しました
△購読者料金受取控
○稲田秀造〔蔵〕――七月五日一年分金三円五拾銭也
○高田利市――六月末半年分金壱円八拾銭也
○村上永三――七月初メ半年分金壱円八拾銭也
新購読者
○藤木林次郎君

機業熱心家
自ら西陣青年の一部を率ひて講習会を催し毎月西陣組合に於て名士を聘して講演を開きたる事ある人なり
染色学校半途退学！
知識慾盛なる人

二十八才

小生之創刊号を廻し置き候に付送付無用に候　住所　京都西陣浄福寺通寺之内西入歓喜町
六月末半年分金一円八拾銭也

只し喜多川、貴舩氏に対する創刊号残部御座なく候はば小生義兄共の分を廻し置き第二号より御送付希ふも宜し。

以上新購読者并に前購読者料金計金拾六円也。書留便にて同封牛込区榎町局払と致置候。

カットはヂンク版に被遊候也。ウッドカービングは面白からずと存候間、是非共ヂンク版を御薦め申上候。

（封筒表）東京市牛込区南榎町二二　満川亀太郎様　親展書留
（封筒裏）七月九日　京都西陣寺之内千本東入二丁メ　能勢丑三拝

4　満川亀太郎宛／能勢丑三書簡　大正九年七月一一日

前略

本日午後小生宅出入の呉服商番頭通称貞助君弐拾五才位極めて忠実なる質也に会ひ読書慾の有者を相尋候処、大にある由に付『雄叫び』の宣言并に老壮会の記を通覧致させ候処非常に尊契を重義に感じ直に愛読者たらんとて一ヶ年分の購読料金三円五拾銭也を受け申候。早速郵便局に参り候も時間後なれば明日早速御送金申上候。

処が同氏に振替口座のある事を教えられ要て従来の送金法の冗なるを知り申候。成程それでは老父の小生を安じるのも無理からぬ事と存じ候。尚先便『尊契の事を老父に告げれば万一理解を得ざるときは直ちに絶交を強ひらる可し』と申せし訳は実は往年尊契よりの年頭状に国難第一年とありし事を数日の後ある場合に老父に話しせしに、老父は面を正して言下に『左様な友達と以後交を絶つ可し』と申し候。蓋し老父の考の存する処は小生不肖の質一挙手一投足すら以て父の意を満たす能はざる短才者流が如何で国家を念とする志士之騏〔驥〕尾に付たるを得んや。敢て徒らに交はらば或は恐る憂国の志士の志を損ずるを』且つ不肖の児と雖も尚ほ系累あり。家庭之責任や重し。然かも不肖の児漸く一家を治むるの才すら覚束無きに焉ぞ国治を談ずるの才あらんや。宜しく先づ自ら身を修め家を修めて然る後国を念して初めて道◎に合ふと為す次第』畢竟手前等の不才では先づ身と家を治むるが第一義的なりと云ふ老婆心なり。成程廿才生で三井王国の枢機参画した乃父の腕前では小生の様な不肖児の一挙手一投足が目だるくて見るに耐えないのだろうと思ふと実に済まない気がするが致し方ない。老父は決して国を念はぬ非国民ではない。身を以て維新の革命戦中を三井秀之助なる主家の姓を許容せられて錦旗の下に死生の間を往来したものだ。維新当時の話を聞けば肉踏る慨がある又第一議会開院の節、今の京都商業会議所会頭広岡光哲老を向ふに回して親友阪本則義*君を血を以て援けた快男子だった』為めに選挙当時は拙宅に警官が宿り込んで居た左右だ。最後は大阪ホテルの土中家に大和の素封家土倉翁*と共に九鬼男*の為めに幽閉せられた。之は老父を羅〔拉〕致すれば三井系の力を殺ぐ事が出来ると信ぜられたのだった。其の時の父の云ひ草が斯うだ『ほう今日迄自分はそれ程偉ひと思はなかったが自分と三井と角力になるなら面白ひ国家の為めに之の素丁稚上りの自分が三井に対ふ事が出来るならば宜しく主家三井を敵手に回はして大義名分を明らかにせん』と九鬼さんに毒づいて痛快がって居た位だ。後年老父が同志と北海道空知《そらち》沿岸に京都殖民協会を起したとき嚮に一時の力を添えた阪本君から非常に報ひをした処があったと聞ひて居る。之れは老人の亡言かも知れぬが兎も角も支那人の様な守銭奴でなかったらしい故に未だ清貧に甘んじている。老来頻りに紫野瑞光院の四十七義士の髻塚を修して義士の英霊を慰めて居る。兎も角も皇国中心主義者なんだ。それが苟も憂国の志発して国難第一年と表はされた尊契の片鱗を聞きて豚児と交を絶たしめた当年の意を忖度すれば矢張り鼠の様な不肖児の丑三、遂に志士を誤る無きかを案じ過ごした結果だろうと信ずる。即ち鼠口終無象牙』の落艸談と見て老父の婆心を隣で戴きたい。然かも近来老境頓に進み往年の事を忘れたるが如しと雖も吾人は這個の婆心尚深きものある可しと信じ即ち未だ契の話は致さぬ也。主治医より今夏は或は難かしいと密に注意を受け居たるも昨今は頓に首だけは元気付けり。小生『朝夕命維に従』ふて居れば非常に喜んで居る。然し後事を托するには未だ十分の不安を感じて四六時中落艸談の絶え間無し。意気地無し男の孝養は如キレ斯ノ悲惨なものと御承知被遊度し這の辺の孝行法はハイカラサンでは解らない』然も主治医が目下当地で憲政会の牛耳を取って居る某氏（府、市会議員）なんだ。それが老父は老ひて益々壮だと云って頻りに府市政壇上の消息を話してメートルを上げて老父を慰めて下れる。老父は狷介の方だから。今は誰一人京都の人で親しく慰問して下れる人もない。纔に先賢の書画や四季折々の花やニュースやマガジン、位が五体不随の父を慰めて下れます。『父母堂に在ます遊ぶ当に方有り』父の気分の悪いときは散歩すらも快く許可して下れない事もあります。然し昨今は非常に上気嫌で過般来の様に執筆する予猶〔余裕〕も獲られます。以上述べた様な次第ですから何卒御堅〔賢〕察を希ひます』随って本月末御来京の節は一寸予告して戴きますれば是非一度老父に会って天下の大勢を話してやって戴きたいと存じます。敬岳先生の御話しは父が軍医総監橋本綱常*様の知遇を得て居ましたから小生の幼少の時分から聞かされていたのです』これで多少は老父の心事を御了解を得た事と存じますなら何卒御来京を機として拙宅に宿りがけで来て戴けませんか。そして老い先短かい老父を喜ばして戴きたいと存じます。小生の芸術上の只一人の畏友阿部房雄兄（目下大阪に於てミリオナーの養子となれり）も来宅毎に親敷老父を慰めて戴ます。然しそれも一年に一度位ですが老父も楽んで居ます。尊契にして老父が了解を得たる日は小生の幸福の倍加せらるる時であります。来る廿五日御晴天なれば市の清潔法施行で当上京三組は塵の街となりますがそれ以外の日なれば大結構です。又月末は丗日丗一日は是非在宅せねばなりません。是非共尊契の御来京のプログラムが出来次第御通知を希ひます。必度驚可き尊兄と小生の家との奇縁をも発見する事があるかとも存じます』只し之は僕の想像に過ぎません』御来京中寸暇があれば久々北山を散歩して小生が托せられた猫額大の山林経営地も見て頂き度いと存じます。蓋し孟夏念日変を迎えて旧都の山水亦一層の色を添えることと存じます。不一

七月拾一日

丑三拝

満川亀太郎様

夢の様に祖先の霊牌を捧持して一家が団居して居られる写真を見た事があります。

あの中には兄がいらっしゃいませんでしたか夢の様な記憶ですが

（昔し或る印刷やの店頭にありあし一葉の紙写真の記憶）

〔絵略〕

山見廻りの虚菴生

［別紙］
新購読者第三追加
店員
中村静学君
　二十五才位
通称貞助君
読書慾あり『雄叫び』に対して可読性を有す、継続購読の見込あり。創刊号あれば又一部送付を乞う。
西陣今出川堀川西入
山下兵衛殿方
（貴舩の本家通称ひしや呉服店）

七月十一日
購読料金一ヶ年分
金参円五拾銭也

（封筒表）東京市牛込区南榎町弐弐　満川亀太郎様　親展

（封筒裏）七月拾一日夜　西陣寺之内千本東入　能勢丑三拝

寸閑に新らたに扉画を御目に懸けませう。然し昨今は一寸制作致し兼ねます。それはも少し東洋趣味（支那大陸）の濃いものにしたいと考へています。三号には間に合ひませうが二号にはだめです。

5　満川亀太郎宛／能勢丑三書簡　大正九年七月一六日

拝復　拾一日夜付の封書并に拾四日付の端書及び『雄叫び』六冊正に拝受仕候。叔父にも一部御恵投被下難有存じます。扨て拙筆のカットが幸に御用に立って今更恥かしい思いを致します。表紙としては少し感じがエキゾチックではないかと存じます。表紙なればも少しオリエンタルテーストを加えたがよいと思ひます。又出発点が表紙ではなかったのですから果して表紙として体を具えるか如何かと存じます。ヘッヂングがマガジンとしての要素である可読性を欠ひて居ることが宮島先生の創刊号之題字に比して大欠点です。創刊号之表紙は表紙としての優越な要素を具備して居ます。次に色調の問題です。創刊号は甚だ結構です。然し私のカットは白地に墨で所謂ブラックアンドホワイト調なんですから創刊号の橙黄色の上では如何かと案ぜられますが、まあ御試し下さい。黄色の表紙は結構です。之の上にカットを創刊号の題字のインヂヤンレッドで行くか、或は墨ばかりで行くかの二つです。現在の黄色にインヂャンレッドと墨の色が大変好調和と落ち付きを見せています。然も色も雑誌其のものの内容を表はしますし、又、それのシムボルともなりますから考えると創刊号は大に優秀なものです。蒙古色の表紙とインヂヤンレッドと墨色とはユーラシヤを十分色彩上から表現して居ます。之の点から申せば拙筆のカットを表紙に御用ひになるには必ず橙黄色の地紙上にインヂヤンレッドでカットをプリントし次に重要目次は墨即ち創刊号の通りで結構だと考えますが、単にカットも墨色だけとしても差支えはありますまい、と存じます。只どうも表紙の全スペースと小生の雄叫の弐題字の大さが、ブロークントーンぢゃないかと案ぜられます。表紙なればあの題字をも少し大きくすれば宜しかったと思ひますが、あの扉画ではなくカット内に於けるスペースに対しては題字は最大限のものだったと信じて居ますから、如何する事もできないのです。要するに題字の小さいと云ふ事が可読性を欠く上に、まだ少々題字のスタイルがポピュラーでなかったことも欠点の一つに挙げねばなりません。然も批評は如何様であろうとも出来上がって見れば又何んなに面白くなるかも知れないものです。材料が与へる感じは極めてデリケートなものですから。

次に扉画の解説です。一寸別紙の様に改めに見ましたが、どちらにしても駄目です。宜しく尊契の雌黄を大に加えて下だすたならば少しは御役に立つかも知れませんが、あれではだめです。宜布希います。僕のはまるで骨董屋の店先に立って居る様な観じがします。何うか若々しい活気のある文に御直し置きを希ひます。南溟や大鵬や金亀やらに特に貴契に縁があると思ふて出しましたが、之れも冗漫なれば御遠慮なく除外して下さい。又余り岐路に入り過ぎた所は切断して下さい。尚冗漫拙劣の文を以て貴重な紙面を汚す事は不徳な事でもありますから、取捨は尊契之自由にして下さい。切望します。又記事中の誤りや与太（多氏《ターシー》と多氏《オホノシ》の如き独断）独断がありますから誤りは十分指して御高教を得たいと存じます。

此西下が廿六日の前である事も承知致しました。是非御目に懸り度く待ち遠く思って居ます。当方は廿五日は拙宅は晴天なれば市の清潔法施行であり、又叔父（山下町で御目に懸った）の長女が目下印度に勤めている人と結婚の挙式を京都平安神宮で廿五日に挙げるので小生は老父の代理として列席せねばなりませんから廿五日は欠礼勝でしょう。廿六日貴契の御法事とすると廿七日頃となります。是非共一度北山を抜歩して見たいと思ひ、又拙宅でゆるゆる御話しが伺いたいと存じます。是非以前御西下のプログラムと御宿を知らして下さい。さよなら。

七月拾六日夜　　虚菴生

満川亀太郎様

様と云ふ字が非常に懐かしいから当分之れを用ひます。

（封筒表）東京市牛込区南榎町弐十弐　満川亀太郎様　親展

（封筒裏）七月拾六日　西陣　能勢丑三拝

6　満川亀太郎宛／能勢丑三書簡　大正九年七月二三日

拝啓

時暑う御座います。御変り御座いますか。御伺申ます。過般は扉画の解説が甚だ遅くなりましたので中訳がありませんでした。今から考へるとむしろ材料だけ提供して尊契に筆を採って戴く方が近道だったのでした。血のめぐりの悪いので御迷惑を懸けて済ません。定めて編輯に御支障り来たせしめたると恐懼して居ます。却説一昨日久々振で大阪に参りましたので以前御世話になって居た辰野片岡事ム所を訪問しました。片岡先生は近々論文で博士となる内定だそうで目出度い事でした。都市計画家のオーソリーチで現代都市の研究の編輯の際重《おも》たいヂンク版をバスケット二つにつめ込んで谷中初音町辺まで小生儀罷り出た事もあり、其の後の天覧になった左右ですが、これが先生抑々の振出しで、今では押しも押されぬタウンプランニングの大家之の本の奥付に水昌の印を押して指の皮をむいたのも思出の一つ。オフィス最低のサラリーを丁戴して居る代償として御ん大の代理顔して乃公公式非公式にモーニング姿で荒し廻り敢て先輩達の追従を許るさなかった在阪時代の茶目振りを思ひ出しては夏でも涼しい想いがします。送別会の席上先輩の有象無象を前に『東洋の一角に之の一青年美術書生のある事を記憶せよ』と出てやった後で、『都の西北』を絶叫してやった。可笑な訳だが僕はあの歌の絶句が気に入ったので呑むと出るのだ。何と云ってもあの歌ほど男の声帯に合ったものは少ないからな。段々談が横え怪しくなって来るが送別会当時の小生の服装を一寸御目に懸けると先づ世間並に第一公式と云ふ所を小生青い仕事服にキャハンの紐も解かず、而して小生日頃大自慢のルパーシカを一着に及んで罷り出たのだ。この露西亜服は単純生活《しんぷるらいふ》の上から先づ第一義的要求を以て居るから乃公の露西亜服を宣伝する事多年。然も現代の色気ある青年や不良老年達は『亡国の服』だと云って顧みない。小生は亡国の服なるが故に益々着用するじゃないか。国辱服《モーニング》と露西亜服《るぱーしか》と蓋し言ふだけが野暮だ。僕が之の服を着用に及んで十字街に立つと面白いぜ。曰くヨボだって。曰くチャップリン、曰くオロシヤ人、曰くチンチンチャイナマンだとさ。君実に『雄大』なもんだ。之の服一着既に欧亜を併せ飲むの概があるのだ。君我の皇陵を久遠に守護せる埴輪がこの左衽のルパーシカを着て居るのに気がつかぬかね。ルパーシカの左り衽な処が馬鹿に面白いんだ、どうも話が臭うなって困るがまあこの汗臭ひ『亡国の胡服』を引懸けて一杯気嫌で『我等が日頃の抱負を知るや』と荒し出したときは別嬪はおっかながって逃げ出す。蓋し気狂ひ扱ひさるる所以ではあるが狂人に又三分の理が無ひでは無いつもりだ』御蔭で古巣を久々訪ふても皆が相不変懐しさうに迎えて来れるのは実に嬉しい。嬉しい処でポンと懐から放り出すのが『雄叫び』だ。一通り御紹介に及ぶ。大分手に入ったものだ。誰も手を出さない、さっさとポッポに放り込む』一足先に帰り懸けた先輩の頭領が辞を厚ふして「先刻の雑誌を戴きます」と云はれたときはもう嬉しくて矢張り偉ひと思った之の人名は吉木久吉氏*先頃議院建築の競技に目出度く二等主席でよに突び出た人です。妙に小生が事ム所に聘せられた初めから意気相投合した先輩で現役から将校まで行った人です。福岡の産。高梁を枕として覚えのある人で馬賊面がして居ます。購読料は直接氏より送るとの事です。贈呈印の分を渡しました御承知置を希ひます。次に小生在阪中非常に両親に代って徹尾監督御世話下すた恩人横江万次郎氏を訪問。用談を終えてから『雄叫び』を奉呈して置ました。目下傍ら満洲に商事会社を営んで居られます左右ですが、本業は株式仲買人です。目下は閑散の身です。株式営業も名ばかりと存じます。それはそれは小生を愛して戴いた恩人です。義と云ふ字を忘れぬ人で結らしいのです。且つて日露戦役の済界好潮でしこたま慥えて嵯峨え別荘を買ひに行ったのだそうですが帰って済世〔生〕会設立の挙あるを聞いて当時で一万金をスッポリ桂公宛に送ったのです。巨大頭先生、名も知らぬ人から一万金を受けたので非常に喜んだと云ふ事です。氏は三井銀行時代、老父が少しの世話したと云って私共に非常な力を添えて戴いた人です。勿論大の変屈やですから奉呈に止めて置きました。大人の曰くに「私達京都人から左様な人を出したのはうれしい。是非一通り拝見致します」と

　僕は「未だ老父には内々ですから宣布」と申し添えて置きました之も御承知希ひます。今一人は先きに大阪公会堂の建築主任で目下片岡先生を社長とし自ら専務にあって『日本エレベーター製造会社』を大阪でやって居る谷民蔵氏と云ふのがあります。小生が公会堂に聘せられる豪傑。必小生の発病辞任乃至今日迄で『君には持て余した』と二口目には泣き事をあぶせられて以来、度目下の経済界の乱調で大頭痛だろうとは確信するが一昨夜くち訪問したが不在であり、夫人が

病気であったので本も渡さずに帰った訳です。之は御送付の贈呈の分を寄贈したいと思って居ます。之も御承知を希ひます。以上三人は購読者と見て居ます。購読料を万一に貴契の方に直接送付しましたならば一寸御通知を当方え希ひます。北村の叔父へ寄贈を受けた分はまだ送りませんが機を見て送る事とします。事によれば来月東上しますから有楽町の営業所で御面会なすては如何かとも存じます。濠州の話しも聞けると思ひます。いづれ尊契御目に懸つたときに委細御打合せ致す事としませうよ。御来京の節は御宿泊の所を出来れば御通知を希ひたいのですが、早く御目に懸り度いと待って居ます。御気〔機〕嫌宜しく

七月廿三日　午後五時

能勢虚菴生

満川亀太郎様

右は写真ですが大阪公会堂で山毫《やまあらし》の様に荒《あば》れている時に撮ったものです。まだ今日迄でとなたにも御目に懸けなんだつまらぬものですが、例の亡国の胡服《ルバーシカ》を着て居ますから御慰みまでに。それからもう扉画の解でもありますまいが、錦繍万花谷に云（須弥山の解）山海経ニ述二海外ノ山一詳シキモ矣。不レ言二須弥一。或曰即崑崙也ト。然其ノ述日月没ヲ不シテレ言ズ崑崙ト一曰ク東海ニ之外大ニ荒之中ニ有レ之山曰二晴天蘇門一。日月ノ所レ生《ナリ》ズル。とあり。

又先便のときの毗紐《ビチウ》天、梵語毗濕紐《ビシュヌ》〔Visnu〕の音訳、滲透遍満等の義ある語原Vis《〔ヴィシュ〕》より来る

名称也とあり。丸で三題話の様ですが、結局扉画の破軍星は南溟、満川、亀太郎等云ふ事や又た中亜と印度の屋根の崑崙山が之等と密接に関係がある。即ち金亀ユーラシヤに横はる崑崙山を背フの北溟より大鵬恕ッテ南溟の天地に徒る。之の鳥遍満の義あり。世界の改造を叫ぶとなる也。臭き事極り無し。古本やの小僧の寝語は之れで終る』

新人から御覧になると私共の様な過去の追憶に依りて耳み生きて居る若者が如何に隣〔ママ〕れに見えるでせう。蓋し益々『雄叫び』に依って新天地に復活させて戴きたいと存じます。

（封筒表）東京市牛込区南榎町弐弐　満川亀太郎殿　親展
（封筒裏）七月二三日午後五時　京都　能勢丑三拝

7　満川亀太郎宛／能勢丑三書簡　大正一四年四月一八日

謹啓

春和之節先生益御健勝之段為邦家大慶候。爾来者存外之疎音打過候事御寛恕被成下候。陳者昨日付尊簡并日本創刊号(75)十五部正に入手仕候。却説本春来先生の安否を御伺致さんと存ぜしか偶先生を知己と信頼せし天篤国志士の夫人を失ひたる事を仄聞し直に先生に弔意を表せんと存ぜしも日経過せり』 昨年来数度御恵送を享けし消息や日本精神研究要覧や梨氏告日本国[76]や東西人種闘争史観[77]や関西地方に於ける新聞紙上に雑誌巻頭を通じ先生が筆陣を拝見して其の御健在なるを喜び居り候』 茲蔵四月陽春天寒く雪降る。時に先生行地社を創立し雑誌日本を刊行せらる。小生は明治三十年時代に於ける先生を知り、大正初年に於ける先生を知りて今日に及ぶ。先生が行蔵常に一貫君国を含とし道義を以て立つ。而して近頃専ら青年子弟を教養せらる吾人は益先生の御健在ならん事を祈るものに有之候。

茲に日本創刊号に接し感あり。従来先生の筆致は克く先生の風貌に接するが如きものありしが創刊号に接するに及び先生が舌鋒鋭くして恰も鸇の鳥雀を逐ふが如き感あるは密に未知の人の兄を誤る無きやを憂ふるのもに候。

先生希くば未知の人をして克く先生が社会研究所に於けるが如く温容微笑を含める如き我が満川先生に接するか如き感あらしめよ。

次に従来個人の消息を誌上に伝えらるるは宜し。然かも更に創刊号の如く全国的に同志団体の堅実なるものを挙げらるるは更らに光耀を添ふ。希くば将来と雖も個人的の消息を捨てて益々紙上に雄大の感を与えられんことを切望す。小生は旬日前祝詞を奉呈せんとして丈余の書箋を費したり。然かも執筆中次第に敬虔の念を生じ先生と呼ぶことの正しきことを感ぜり。乃ち筆を改めて先生の机下に呈するもの也。

次に大正九年雑誌雄叫創刊せらるるに際し先生が故地に於て僅かに数名の読者を紹介せしに当

時の残金ありしことが多年先生貴重なる先生の精神を苦痛せしめたることは即ち小生の不徳の致す処也。更に五年後の今日日本創刊に際し先生を配慮せしむる如きは誠に申訳無き次第也。

小生は仰の如く創刊号を携えて御来示の旧雄叫購読者に克く先生が御苦慮を御伝え致す可し。然し乍ら当時小生の御紹介致せし方方は今日より見れば決して先生を理解して購読せし人々にては非らざりし也。茲に於て小生は旧購読者には一応将来先生の精神に共鳴し継続購読せらるるや否やを確め善処致す考に御座候。更に小生は新たに真に先生の精神に感じ将来日本を通じ先生に訓育を享けたき同志を一人にても求め出し度き考に御座候。或は多少時日を要せしも幸に先生に酬ゆる所あらば仕合也。万一郷土を挙げて先生が憂国済世の真精神を慕ひ時ありて先生より親敷聴かんとするが如きものを得ば以て先生に酬ゆることを得可しと存じ候。右御挨拶迄得貴意候也。

敬具

能勢丑三拝

大正乙丑四月十八日

満川亀太郎先生

侍曹

二伸

小生近況不振。一意目的を達成致し度き念は消えず。只自ら小器を恥づ。時々先生に接し教化を享けなば救はるる所少なからさる可きを思ふ。希くば鞭撻を乞ふ。

三伸
小生分日本壱ヶ年購読料金参円也。振替を以て郵送仕可く候。何卒御送本希上候。
（封筒表）東京市牛込区南榎町二二　行地社　満川亀太郎殿　直披
（封筒裏）大正十四年四月十八日　京都市上京区鞍馬口小山町　能勢丑三

8　満川亀太郎宛／能勢丑三書簡　大正一四年五月四日

謹啓
五月上完と相成候。先生益御勇健之事と奉察罷在候。陳者創刊日本に就而只今旧雄叫読者中村氏の来宅を幸に詳細申上候処同氏は雄叫最終巻の上に其後先生より御配本相成候小冊子数冊を綴り未だ特殊之思想雑誌として時に取り出して愛読致し居る旨承り、小生実に喜敷存候。勿論継続購読致さる可き旨承知仕候に付弐部呈上致し於き候現住所は
京都市葭屋町《よしやまち》一条下る　中村貞一氏

に有之候。氏は目下今出川堀川西入ひしや山下呉服店の番頭にして温厚なる資質に見受け候。不取敢御報告申上候。次に小生先月下旬感冒の為め欠勤休養幸に全快仕候に付昨日曜には些か考ふる所有之、北丹地方の某氏を訪問、創刊日本誌を呈せんと存居候処、相悪降雨劇敷中止仕候。次回の日曜にはと楽居候。御依頼の継続購読者は準次〔ママ〕御報告可申候。只だ継続購読の望み無き人々は如何所置仕べきや。勿論継続購読者には必ず先生の意志を伝へて配本可仕候。右貴意を得度、先如斯御座候。敬具

五月四日

能勢丑三拝

満川先生

侍曹

（封筒表）東京市牛込区南榎町二十弐　行地社　満川亀太郎殿侍曹

（封筒裏）五月四日京都市上京区鞍馬口小山町　能勢丑三拝

9 満川亀太郎宛／能勢丑三書簡　大正一四年一二月二六日

謹啓

日迫候節貴報御揃被遊御機嫌克被為在候趣御伺申上候。爾来者存外之御無音打過御海恕被成下度候。今度は御多用中突然に参宅御邪魔仕候。却説予而御送付被下候雑誌日本に就ては是非共旧読者を直接歴訪して貴下の御誠意を伝へ度しと存居候処、何分今秋来多端の為め荏苒今日に及び、僅に弐三五の旧購読者に伝へし外、新購読を薦めたる人も数人あり。縁己の地方人にも伝へしも、小生の誠意の足らざる為めか好成績を得ざりし事は誠に申訳も無之次第。何とも相不済次第に御座候。只し御送付相成り候分は是非旧購読者に直接小生より伝へ度所存に御座候。

次に今夏貴下より拝借せる平泉と中尊寺の案内書に就て誠に申訳なき事乍ら小生東京出発前、即ち貴宅訪問の夕刻より下痢症を発し、途上数回の用便中遂に拝借の書籍を失し、病臥中叔母にも心当りを再度探索為致候ひしも不幸にして発見する不能。爾来先づ御詫致す可きの処、及今日候段偏に御海容被下度。新春旧知の仙台にあるものを求め何とか同書を入手の上御断り申上度存居候。

次に小生先孝宗規居士生前先哲之墨蹟を愛し居候処、今秋整理の砌敬義山崎闇斎先生の真蹟を発見仕候に付、貴下の為めに是非共謹呈致度存候に付、本日別封御書留小包便貴宅宛発送仕候間、何卒御納被下度候。茲に重なる不都合を謝し併而歳末の御挨拶迄如斯御座候。何卒して皇国の為め御機嫌克く御起歳被遊度。

小生来春より弥々造形美術の上に現はれたる獣面人身混体像の文化史的考察の題目に力を注ぎたく決意罷在候。御鞭撻被下度候。敬具

大正十四年十二月廿六日　夕

於教家　能勢丑三拝

満川先生

侍史

斯筆御高兎被下度候。

（封筒表）東京市牛込区南榎町二二　満川亀太郎殿　親展

（封筒裏）大正十四年十二月廿六日　京都市西陣鞍馬口扇町西入　能勢丑三拝

平沼騏一郎

1　満川亀太郎宛／平沼騏一郎書簡　昭和四年七月一一日

拝啓　益々御清祥奉恭賀候。陳は此度貴意を被為懸貴著ユダヤ禍の迷妄(78)、一部御恵贈被成、降御厚情之段奉深謝候。不取敢右御礼まで申上度、如斯御座候。敬具

七月十一日　平沼騏一郎

満川亀太郎様

（封筒表）市外中野町五六五　満川亀太郎殿

（封筒裏）東京府豊玉郡大久保町西大久保四百二十九番地の一　平沼騏一郎

福永憲

1　満川亀太郎宛／福永憲書簡　大正一一年一〇月一〇日

謹んでパンフレットの御礼を致します。飛び立つ様に手にとって読ませて頂きました。そして偶然その日に本屋に行った所が丁度たった一冊復興アシア〔ママ〕の諸問題[79]あったので直ちに買って来て対照してよんで居ます。

灯下親むべく此等の書を得たことを感謝せずには居られません。尚二冊御送り願へましたなら幸福であります。外封でよくあります学生生活から一先づ離れた私は是れからゆっくりと亜細亜問題やこれに関連した色々の問題を研究したいと思ひます。

朝鮮特に血性男児の多く産出する平壌に居るのでありますから追々と知友を求めて独立問題や亜細亜復興に就ても研究もし議論もして見たく思って居ます。

見習士官では未だ営内居住ですから大したことは出来ません。此月の末には任官しますから私の真の活動はそれから後にてなければ始めるわけにいきません。歯がゆい次第です。

朝鮮の空は常に澄み渡って高く朗かであります。朝鮮人もこんな風であったら国も滅びまいものをと思ひます。高い空雄大な山の此の朝鮮に小さい汚い家、泥と石とでこねあげた家の中にゴロゴロする薄汚い鮮人を見ると其処には倦怠と怠惰とを見出すのみで新興の気趣も精悍の気も見えません。矢張国の亡ぶるのも無理はないと思ひました。何といっても大和民族に相応しいのは大陸の自然です。山も雄大です。天も高く野も広くあります。我等の遣る方なき進取発展の気を寛容にうけ納れてくれます。ポプラやアカシヤの葉隠れに見ゆる鳥居や社殿を見ると植民地に居る気分が泌々と味はれると同時に原始的な人間到る所に青山在りといふ様な気分になります。内地の杉や檜に包まれた奥床しい御社を見ると隠居気分になりますが、朝鮮に来て御宮さんを見るとただかたぢけなさに涙こぼるるの感は日本人として何れも同じですけれども、その涙には進取的慷慨的で熱情に充てる野性的の意味があります。我等の先祖の神様方見て居て下さい。私達はあなた方の志をついでもっと奥に進むのだ、蒙古の奥迄シベリア迄もどうか照覧あれといふ様な気概ある涙です。日本人のゆく所神社如何なる田舎にも建立せられます。白い鳥居の立つ所それは精神的日本の領土です。仮令支那でも印度でも。

東京はコレラ大流行の様御用心して下さい。平壌は腹チブスで随分多くの悲劇が行はれます。葬式は毎日三つ四つ隊の前を通って行きます。死ぬるのは多く内地人で朝鮮人はチブスの菌は立派に持って居ても犬や猫と同じで病気にはなりません。

こうなると文明人が幸福なのか野蛮人が幸福なのかわかりません。今日も某少尉の妻君がチブスで死なれて葬式に行きました。孤影悄然と棺の前に立たれた少尉の姿を見て泌々と人間の悲哀を感じます。やはり自分独りの生活が呑気で心配がない様な気がします。幸にして私は頑健です。同じ死ぬならチブスなんかで死ぬより花々しく戦ひに行って亜細亜州の真中の広原で墓地に入った方が痛快だと思ひます。先は右迄。敬具

十月十日　　憲

満川先生机下

（封筒表）東京都牛込区南榎町二二　満川亀太郎　親展

（封筒裏）朝鮮平壌　歩七七の三　福永憲　11・10

2　満川亀太郎宛／福永憲書簡　大正一一年五月九日

拝復　東洋思想研究[80]有難厚く御礼申上候。

遇〔偶〕然乎天意乎丁度其の日同時に西田氏よりの封書と曽根田氏よりの封書とに接し、大因縁の奇なるに驚き申候。

之より先小生四月二十三日一書を秩父宮殿下に上り之れの上達方を曽根田氏に依頼したる為め

曽根田氏より無事殿下の御手に御渡し致したりとの書にて、不思議にも同時に落手したる西田氏の書に依れば氏も亦四月二十四日長文の一書を秩父の宮殿下に上られし由にてその草稿を送付し来りしものにて一読襟を正しうし、且つ東京に於ける氏の行動、猶存社に於ける先生と北氏と氏と三人暗中に対坐して邦家のことを語られし悲痛なる状況も別紙に依り手に取る如く承知致候。

奇縁と申さんか因縁と申さんか日一日を異にして共に上書をなし、同日に同志及先輩より封書を受く。

唯々不思議と申す外なく候。

秩父宮殿下より「自重せよ」との御言葉有之し由、我等感泣の極みに御座候。

宮中府中共に奸臣に充ち邦家不安定、今日よりは甚だしきはなき時にあたり、殿下の御心痛もさこそと存じ我等も御言葉に依り自重自愛素志の貫徹に邁進すべきものと決心を固く致候。

今秋は必ず上京致すべく覚悟仕居候。

在京の士官候補生諸君も必ずや着実に一歩一歩純正日本の建設に前進せられつつあることと存じ意を強うし居り候。

遠く北鮮の荒野に来りて独り空明を嘆ずる身は烈々たる志も語るに友なく、あたらなすこともなく何等貢献する所もなく同志の人々に対して愧赧の至りに御座候。

士官学校を去りてより既に九箇月、其の間夢寐に忘れざりし、上書の志漸く達成して胸裏開闊遥かに東天を望んで人生意気に感ずの真境地に極り居り候。

向暑の砌り邦家の為め御自愛祈上候。敬具

五月九日

満川先生机下

（封筒表）東京都牛込区南榎町一三〔二〕満川亀太郎様　親展

（封筒裏）朝鮮平壌　歩七七ノ三　福永憲　五月九日

3　満川亀太郎宛／福永憲書簡　大正一一年八月一五日

其後は御無沙汰致し申訳も無之候。御許被下度候。

御無事にて御帰京遊ばされ候由同志の方々は固より奥様も御子様も嘸に御満悦のことと存奉り候。扨私方は先月末よりの降雨の為め所謂朝鮮有史以来とかの大出水にて随分悲惨なる光景を現出致候。軍隊は御承知の如く瑞気山の西に在りし故何等の損害も無之候へとも市街方面はすっかり水中に浸され枡屋ホテルの前の道路の如きも深さ膝を没する濁流の洗ふ所と相なり候。

然れば先日中谷氏と三人にて自働〔動〕車を駈りし江岸通りの如きは深さ一丈余の急流にて二階に舟がつくといふ状況にて候ひき。

私は当日は兵卒二〇名を率ゐて例の架橋中の鉄橋保護に参り候。枡屋の直ぐ側の道廰から舟に乗りて危険を犯しつつ鉄橋に行き奔馬の如き大同江の水勢と闘ひし時は流石に自然の偉大なる偉力に打たれ申候ひき。而かも洪水終りて任務も終了し数日を経ざるに新聞紙は突として同志宮本君の死を報ず。真に悲絶惨絶茫々乎として潸〔ママ〕しは我を忘れ申候。

死生固より天なり命なりとは云ひ乍ら、凡夫たる小生は矢張旻天の悪戯と無情とを恨みざる能はず。想出多かりし一年の昔を顧みて追悼の涙に暮れ申候。

宮本君は同志中にても最も熱烈急進の人、小生等の常に其の鞭撻を受けし所の畏友なりしに今や此の人を失ふ。真に最大遺憾事に御座候。

今回御通知に与りし東方電報通信社[81]の機関誌ともいふべきものの如何なる手続にて購読し得べく候や、御伺申上候。尚安岡正篤先生の東洋思想研究は小生も入会致して毎月誌上高教を仰ぐことと致し候間左様御承知被下度候。日一日と暑さを加へ候折柄邦、家の為め皆々様の御健康を御祈り申上候。敬具

八月十五日　憲

満川亀太郎様　侍史

（封筒表）東京市牛込区南榎町二三〔二〕満川亀太郎様　親展

（封筒裏）朝鮮平壌歩兵第七十七連隊第三中隊　福永憲　八月十五日

4　満川亀太郎宛／福永憲書簡　〔大正一二年〕九月二六日

拝啓　其後は破天荒の御無沙汰仕り御心配相かけ候段申訳も無之候。先生始め皆々様には相かはらず御壮健にて御暮しの御事と存候。小弟御陰を以て志益々雄に身愈々頑健日々北鮮の天に嘯き乍ら軍務に励み居り候間御放念下され度候。帰隊以来耐熱行軍に検閲に将又チブス防疫に随分と多忙を極め候ひしが去る二十三日より週番を命ぜられ稍々忙中閑を得申候。思へば在京中は一方ならぬ御世話に相なり御陰にて会の基礎も確立致し候段一方に先生始め諸先輩の方々の賜と感謝致し居り候。

卒業の日御訪ね致し候時、不幸にして御面談致すことを得ず、大なる恨事に御座候へとも多年の素志たる皇子殿下との諒解及書籍献上の件無事成就し、あまつさへ有難き信任の御言葉さへ頂きて身にあまる光栄に最早思残す所もなく玄海灘を渡申候。詳細は片山君平野君等より御承知の事と存候。

混沌たる母国の様を朝鮮の空より眺むる時、坐ろに帝国の運命の危まれて心静かならず。現状打破国家改造の一日も速かならむことを切望致し居り候。折々感極まりて耐え難き時と雖も悲しい哉一人として此の胸中の憤悶を語らむ人もなくわづかに激情を歌に詩に漏して自ら慰め、或は秩父宮殿下の御写真を拝して来らむ理想の日を偲ひ居り候。

ケマルパシャ*の活動は吾人をして益々切歯扼腕せしめ申候。実に勝者ケマルパシャは燎原の火の如き勢を以て二億五千万の回教徒を提げて邁く有様は往年の教祖ムハメッドに彷彿たるもの有之、イスラム帝国の為め万丈の気を吐くもの健羨の至りに御座候。印度、阿富汗、アラビヤ、埃及悉く起ちて白人欧州に宣戦する時、当に堂々彼等を扶けて道義の為めに白人を警むべきは我等大和民族の使命たるに現実は悉く背反してロシアをして我が使命を行はしむ日東帝国の青年男子真に不甲斐なき次第に候哉。

敵として怖るべきロシアは友としても亦親しかるべき国民と存候。為政者当に西郷南洲の如き太っ腹を要することと存候。

事々に憤々として既に二ヶ月、平壌の地早くも初冬の感有之、朝夕は大陸の朝の実感を泌々と味得候。

十月一日には三十名近き後継者上京致し候に就、何卒御面倒乍ら御指導願上候。国家改造案折にふれて再読三読、北先生の人格を偲び居り候。北先生とは未だ一回も見えず残念に御座候。

向寒の砌り切に御自愛祈上候。敬白

九月二六日　福永憲

満川先生机下

（封筒表）東京市牛込区南榎町二四〔二〕　満川亀太郎先生　親展

〔封筒裏〕朝鮮平壌歩七七ノ三　見習士官　福永憲　九月二十六日

5　満川亀太郎宛／福永憲書簡〔昭和二年〕五月一八日

其後は御無音に打過候て申訳も御座なく候。何卒御宥恕願上候。

先生益々御清武に渡らせられ候趣安心仕候。小生相不変元気にて軍務に勉励罷在候間乍他事御放念被下度候。扨先日は鴻雁及貴著その他御送りを賜はり空谷跫音の感を以て耽読仕候。厚く御礼申上候。

同志多きが如くして多からず。平壌に於ても真に肘を執て語る可き会心の友に未だ遭遇せず。寂莫を感居候。唯靖国誌上に一部の欝を漏らして私かに快を求め居る状況に御座候。

帝都は政変また政争、国を他所にして新幕府は旧幕府の地頭代官を更迭し、町奉行を換へ、誰が為めの政治なるや誰が為せる政治なるやの感を深めしめ候。かくては立憲政治（政党政治）亡国論も起るべしと存せられ候はずや。

真に天子親政の聖代こそは望ましきものに候へ。

上京の念已み難きもの有之れども官命未だ何事をも伝へず焦慮致し居り候。

何れ二三ヶ月の中には何とかかわかり申すべく候。

気候不順の折柄皆様御身御大切に遊ばされ度遥かに御繁昌を祈上候。先は御礼旁々近況御報迄如斯御座候。

不尽

五月十八日　　福永憲

満川先生玉机下

（封筒表）東京市外中野町上の原七六七　満川亀太郎様　親展

（封筒裏）平壌　福永憲　五月二十三日

R・B・ボース

1　満川亀太郎宛／R・B・ボース書簡　大正一二年一一月七日

7/11/23

My dear Mitsukawa San,

Many thanks for your letter & the copies of news reports. Herewith I send an article on oil monopoly which may prove of interest to the Japanese public if published in the Japanese

With love,

Yours fraternally

Rash Behari Bose.

〔親愛ある満川様　御手紙とニュース報道の写しを送って戴いて深謝します。日本語で出版されれば、日本の読者が興味を持つだろうと思われる石油独占についての記事を同封しています。

愛を込めて〕

ラス　ビハリ　ボース

Rash　Behari Bose　72　Sanchome,　Shinjiku,　Yotsuya-ku, Tokyo

2

満川亀太郎宛／R・B・ボース書簡　大正一四年八月二九日

Rash Behari Bose, 79, Onden, Aoyama, Tokyo, Japan
Telephone: Aoyama 404

Tokyo,
29/ 8/ 1925

National Association for the Advancement of Coloured People, 69 Fifth Avenue, New York
その会の President（Mr. Moorfield Storey ムールフイルド　ストーレ）* のシャシンオクッテクレタ.
Mr. Garvey* の photo もそのうちにきます。

ボース

3

満川亀太郎宛／R・B・ボース書簡　昭和二年五月一二日

Rash Behari Bose, 79, Onden, Aoyama, TOKYO,JAPAN
Telephone: Aoyama 404

電話　青山四〇四番

東京府豊多摩郡千駄ヶ谷町隠田七九番地

Tokyo, 12/5/1927

ラス・ビハリ・ボース

My dear Mitsukawa San,

I thank you very much for 5 copies of your book. I have not seen you for a long time. I hope you and your wife & children are all well.

With regards,

Yours sincerely,

Rash Behari Bose

［親愛なる満川様　御高著を五部御恵贈頂き深謝致します。長い間、拝見していません。貴台、御令室様並びお子様も皆元気であると希望しております。

宜しく御願いいします

ラス・ビハリ・ボース］

（封筒表）Kametaro Mitsukawa, Esq, Nakano,　東京市中野町中野上の原七六七　満川様
（封筒裏）東京府豊多摩郡千駄ヶ谷町穏田七十九番地　ラス・ビハリ・ボース

堀之内吉彦

1　満川亀太郎宛／堀之内吉彦書簡　昭和二年六月九日

〔前文欠落か〕

力強き何物かを求めつつも其の正体を確認し得ざりし小生は一新社同人の叫びを聞き明らかに其の正体を認めました。然かも其の正体は同人の理想に合して居ります。小生は素より一身を捧げて以て君国のために参じたるものなれば君国のために五尺の体を惜むものにはあらず。然れ共今修学の途にありて学校は規定を以て加盟を禁じてあります。校則を犯して迄も加盟することは同人の趣旨に反するのみならず、小生も好まざる所であります。故に茲に単に同意の旨を表示し其の許されたる範囲内に於て同志と共に新日本建設、昭和革新のために努力することを誓明します。

六月九日
鹿児島歩兵第四十五連隊士官候補生　堀之内吉彦
一新社同人御中

（封筒表）東京市外中野町中野上の原七六七　一新社同人御中　親展
（封筒裏）鹿児島市外　歩兵第四十五連隊　士官候補生　堀之内吉彦　六月九日

2　満川亀太郎宛／堀之内吉彦書簡　昭和二年一〇月二三日

謹啓仕り候。漸く冷寒を覚ゆるの候と相成り候処先生には益々御清穆邦家の為御尽力の段奉恭賀候。私儀去る一日上京以来頑健にて消光罷り仕り候間他事乍ら御放念下され度候。扨早速参上仕るべく候も本校の生活は甚だ多忙未だに其の機を得申さず候。而し乍ら正義のために吾が主張を徹底せしむべく市ヶ谷参上に獅子吼致し居り候。必ずや主義の理解を得るならんと考へ居り候。他日機を得候はば先生の御高説を承はり度候へども右の如き有様に候間悪からず思召し下され度候。

邦家の将来益々多事ならんとする折柄御自愛の程切に御祈り申し上げ候。謹言

十月二十三日　堀之内吉彦

満川先生　侍史

（封筒表）東京市外中野町中野六五六　満川亀太郎様　侍史

（封筒裏）市内牛込区市ヶ谷陸軍士官学校本科第四中隊　堀之内吉彦

3　満川亀太郎宛／堀之内吉彦書簡〔昭和三年〕一月一日

謹而

奉賀新年

元旦

堀之内吉彦

満川亀太郎侍史

（封筒表）東京支市中野町中野六五六　満川亀太郎様　侍史

（封筒裏）鹿児島県日置郡伊集院町　堀之内吉彦　一月一日

4 満川亀太郎宛／堀之内吉彦書簡〔昭和三年〕三月四日

謹啓仕り候。漸く春色萌し候処先生には益々御清穆邦家のため御尽粋〔瘁〕の段奉賀候。降而不肖相変らず頑健にて他日の為大いに努力致し居り候間他事乍ら御放念下され度候。扨不肖近頃満蒙の事に就き解決に苦しむこと有之候。と申し候は他事にはこれなく候。即ち近時蒙古独立を提唱する者これ有り候。而も有力なる提唱者にて此の人の手にては成功の見込充分にて候。先生には御承知やも分り申さず候。当人は蒙古民族を救ひ元の昔の如き蒙古国を建説〔建設〕せんとするもの、従って支那より独立せんとするものにて之が為日本の人々の力を借りたしと申し居り候。勿論本人は純然たる蒙古人にて之に参与せんする日本人も多く候。之に対して不肖は稍見解を異にするものに御座候。即ち将来の日本即ち大和民族発展の地を満蒙に求めたく就中シベリア及蒙古は日本が之を領有すべきものにして独立すべきものにはあらざるべく、日本対独立国満蒙の存在は許し難きものと考へ候。万一日本の参与により独立するも蒙古民族の幸福は得らるまじく又日本が其の参与に依り将来之に利権を要求するとすれば正義に照して如何と思ひ居り候。然し乍ら日本人と最も親しき彼等の独立は壮とすへく黄人新興の黎明に方り此事あるは喜ぶべく不肖も其の解決に希み申し候。右の如き次第に候へば先生の御高見御聞かせ下され度奉願候。先づは御願ひ申し度、斯くの如くに御座候。

敬具

三月四日

堀之内吉彦

満川先生侍史

（封筒表）東京市外中野町中野六五六　満川亀太郎様　侍史

（封筒裏）市内牛込区市ヶ谷陸軍士官学校本科第四中隊　堀之内吉彦　三月四日

5　満川亀太郎宛／堀之内吉彦書簡　〔昭和三年〕九月一一日

謹啓仕り候。

漸く秋冷の候と相成り候処、先生には益々御清穆邦家のため御尽粋〔瘁〕の段奉慶賀候。降而私儀去月下旬上京爾後頗る元気にて消光罷り在候間他事乍ら御休神下され度候。

扨来る十六日（日曜日）午前十時先生を御訪ね致し度候、御差支へこれ無く候や。御都合悪しく候はば甚た恐れ入り候へども御一報下され度御願ひ申上候。

先づは右御伺ひ申上度、斯くの如くに御座候。敬白

九月十一日　堀之内吉彦

満川亀太郎様　侍史

〔封筒表〕東京市外中野町中野六五六　満川亀太郎様　侍史

〔封筒裏〕市内牛込区市ヶ谷陸軍士官学校本科第四中隊　堀之内吉彦　昭和?・九月十一日

6　満川亀太郎宛／堀之内吉彦書簡　〔昭和六年〕七月二〇日

御送付下され候「日本社会文化史概論」(82)は昨十九日受領致し目下病床にて勉強中に候。尚私の病気は経過順調に候間他事乍ら御放念下され度候。菅波中尉相変らず奔走中にて候。尚同氏は近々麻布歩三へ転任の噂これ有り候。確報に非さるも恐らく実現すべしと信ぜられ候。鹿児島の情勢等は同氏の上京の折お話しある事と存じ候間省略仕り候。

次に書籍代は先便と同時に送付（振替にて）致し置き候に付、もし届きあらざれば御一報下され度候。

今後も参考をなるべき新刊書等これ有り候折は御教示下されば幸甚に御座候。

末節乍ら酷暑の折御自愛の程懇願候。敬白

満川先生

堀之内吉彦

（封筒表）東京市外中野町昭和通二の五　興亜学塾　満川亀太郎様
（封筒裏）鹿児島歩四五の二　堀之内吉彦　七月二十日

松居甚一郎

1　満川亀太郎宛／松居甚一郎書簡　昭和三年一一月五日

松居甚一郎

満川亀太郎様

拝啓
未だ拝顔の栄を得ず候へども一書呈上仕候。
小生事昨年貴著「世界維新に直面せる日本」を拝読致したる際猶太人の陰謀説を否定せられ

居候間愚見を呈して御高教を仰ぎ度存居候ひしも何かと取紛れそのままと相成居候処「日蓮主義」(83)八月号に於て同書と同じやうな意味のことが載せられ居り候条数年来猶太問題を研究致したる結果その陰謀説は動かすべからざる事実と信じ居候小生としては只あれ丈の事にては今日までの確信を覆かへすを得ず候間、更に先生の御高教を仰ぎ度雑誌「建設」(84)九月十月号に於て

猶太人陰謀説に就て満川亀太郎氏に与ふ

なる拙文を掲載致し、一方「日蓮主義」編輯人加藤文雄氏に拙稿御送附申上候（同氏よりは今日まで何等の御返事に接せず候）。

此際先生にも「建設」御贈呈申上度考へ居候も御住所不明の為今日まで延引致、昨日知人より承り早速に贈呈申上候条何卒御高覧之上御高教賜り度し。猶太問題は今日世界的に研究せられつつある大問題に候へば小生としても私情を挿みて先生を攻撃するやうな不都合な考へのない事は茲に明瞭に申上置て先生の事は目下九大法文学部に在学中の宮本正記君よりも承り遥に敬意を表し居る次第に御座候。小生の事については綾川武治、安岡正篤両氏にお尋ね下されば大体は御分りの事かと存じ候。

拙著「猶太民族の大陰謀とは何ぞ」一部贈呈仕候条々批評仰ぎ度候。

拝具

（封筒表）東京市外中野町字中野六五六　満川亀太郎様　親展
（封筒裏）福岡県飯塚町外片島　松居甚一郎　十一月五日

2　満川亀太郎宛／松居甚一郎書簡　昭和三年一一月一〇日

松居甚一郎

満川亀太郎様

拝復

本日御即位の御大礼もお滞なく終らせられは八千万国民の斉しく慶賀に堪へざる処に御座候。一昨八日付の御返書難有拝見致し候。七日夜平凡社主催にて富士見軒に於て「ユダヤ禍問題」の懇談会開催せられ候由、時節柄良い思いつきに御座候。酒井勝軍＊氏も御出席相成候由、色々と御意見も出で随分と面白かりし事と遥に想像致居候。坐談会の内容は明年「平凡」(85)二月号に掲載せらるる由との事なれば楽しんで待って居り候。

御手紙にある如く猶太問題に対し貴殿と小生とは其の見方が大分違って居るやうに御座候間、先般「建設」誌上に於て愚見の一端を述べ貴殿の御考慮を煩はし居候処、近日之に対し九州日報紙上に於て「ユダヤ禍論の迷妄」(86)と題の御執筆下さる由につき楽しんで拝読可仕候。其上にて又何か愚見を申述ぶべく候。御承知之如く猶太問題はマルクスの当時からも可なり八釜しく論ぜられ候がロシア大革命後一層重要視せられ最近にロンドン留学中の日本大学教授K氏の書面中にも「最近独乙にも盛んに民間に猶太問題を研究してゐる相です」と有之候。猶太問題の研究は極めて重要な事と存じ候間、互に意見の異なる処を闘はして考究することも穴勝〔強〕ち無駄でないと信じ居候条、何卒御高教賜り度御願ひ申上候。御手紙中にもある如く「国士天下を論ずる須らく正々堂々たるべし」、何処までも冷静に理智的にやり度く感情論や独断は避け度きものに御座候。如仰「光風霽月に戦ふ」事が国士の面目に御座候。

猶太問題に関し小生が之れまで読み来りし書籍、新聞、雑誌等は同封「猶太問題研究資料」にある位のものにて大して専問〔門〕的に研究したといふ程にも無之候。尤も之は二年程前に印刷せしなれば其後の分は之以外たるは御承知被下度候。私の考としては苟も猶太問題の如き重大問題を論するには之に関する著書を可成多く読み、然る後其の意見を決定すべきものなるを信じ、該問題研究者の便利のため之を印刷して御頒ち申上げたるものにて、只今残りのもの有之候間、御参考までに一枚封入仕候。此外に新種の情報なども少しは手許に御座候。

先は不取敢貴酬まで如此に御座候。

御大礼の夜十時半認む

（封筒表）東京市外中野町字中野六五六　満川亀太郎様　貴酬

（封筒裏）十一月十日　福岡県飯塚町外片島　松居甚一郎

3　満川亀太郎宛／松居甚一郎書簡　昭和三年一一月一一日

松居甚一郎

満川亀太郎様

拝復

猶太問題に関して重ねて詳細な御手紙頂き難有く存じます。不思議な縁から相見ずともかうして文書を交換する事も天下の快事の一つであります。

御手紙によりますと酒井氏が先夜貴下に対して私が貴説を誤解してゐるといはれたさうですから今夜早速同氏に書面を出して私が誤解といふのはどんな意味でせうかと尋ねてやりました。其内何とか御返事が来る事でせう。

私が猶太人の陰謀説を信ずるやうになりましたのは昨夜の書面に同封して送りました「猶太問題研究資料」に印刷した著書や新聞、雑誌から綜合して得た結論ですから、もし此等の諸説が全く捏造偽作のものであるとすれば最早や議論は尽きるのであります。私は猶太人の陰謀などといふ甚だ不祥な事は言ひたくないのであるが之れまで読んだり聞いたりした事を綜合して考へるとマサカ嘘とも思へませぬから大に猶太禍を絶叫してゐるのです。それで私のこの信念を打ち破る丈けの強い、有力な資料を提供して頂きたいのであります。

私も貴下が正明なる心事を以て該問題を論じて居られる事を信じます。又私も冷静に理智的に批判して行きたいと思つてゐます。私は徹底的に研究せなくては其の真相を捕ふる事が出来ません。猶太問題にしても一寸読み囓つたり聞き囓つたりした丈けで批判すると間違ひます。今日まで大部分の人がさうだと思ひます。然るに貴下が該問題に対して真剣に御研究されてその真相を闡明しようと努力されてゐますことは誠に感謝にに堪へません。

お手紙によりますとマルクスやレーニンは悪人であるから正々堂々とマルクス理論に反対すればよい。ユダヤ人全体を悪者とすることは日本民族としての恥辱ではありますまいか、とありましたが、私はマルクスの理論が科学的でも何でもなく一つの空想に過ぎないといふ事は已に「時事随感」に論じておきましたから別封を以て御贈り致します。次に一言しておきますのは私はユダヤ人全部が悪者で陰謀を企ててゐるとは申しません。フォードの言を借用して「其内の一部分即ち世界操縦の猶太人」であるといふのであります。此点は特に御注意願ひます（建設十月号参照）。今や世界の重要問題たる猶太問題について貴下と筆紙の上に於て相見ゆる事を得るのは私かに愉快とする処であります。どうか御健在を祈ります。

御手紙は早速何野氏へも廻送します。

（封筒表）東京市外中野町字中野六五六　満川亀太郎様　貴酬

（封筒裏）十一月十一日夜　福岡県飯塚町外片島　松居甚一郎

4 満川亀太郎宛／松居甚一郎書簡　昭和三年一一月二六日

松居甚一郎

満川亀太郎様

拝復

色々と御忙かしい中におハガキ頂きまして御芳情難有く存じます。「日本時代」[87]十二月号にユダヤ禍問題について何か書いてあるさうですから早速取寄せ拝読しませう。同誌創刊号は同社から寄贈して来ました。私は同社の方々を存じませんが本郷の桑野氏（未見の知己）から私の事を知らせられた為贈って来たものらしいです。それで御礼の序に拙著一冊贈っておきました。日本精神の発揚に努める同誌の四大綱領には私も大に共鳴する処であります。

酒井氏からは早速御返事が参りました。先夜の座談会の大体の模様と最後酒井氏の意見を認めてありました。

「余は猶太問題は極めて複雑で在るを以て一面の観察を以て直ちに是非するは不可なり、余は樋口君と共に猶太人の世界革命運動を認むるも亦満川君と共に今後日本は猶太人と提携する外途なきと信ず。欧羅巴は猶太人に覆滅せられたればとて之を以て猶太人を世界の悪魔なりと断ずるは非なり……」

と可なり長く書いてありましたが、同氏が最近親猶主義（以前もその傾向にありましたやうですが）になられたるや何かについて私の考へを述べたいと思ひますが、之は可なり長くなるやうですから後日に譲ることに致しませう。

貴下が「徹底的にユダヤ禍説を打破する積で」御執筆中ださうですから私はそれを拝見させて頂いてつまらぬながら卑見を述べさせて頂きませう。

綾川、安岡両氏から私の事おきき下さいましたとか。九州の田舎に引込んで愚図愚図してゐる者ですが、今後ともよろしく御指導を願ひます。

松居甚一郎

満川亀太郎様
拝復

（封筒表）東京市外中野町字中野六五六　満川亀太郎様　貴酬
（封筒裏）十一月二十二日　福岡県飯塚町外片島　松居甚一郎

5　満川亀太郎宛／松居甚一郎書簡　昭和三年一一月二三日

去十二日付御書面と「拓殖文化」第四十号を頂いてゐましたが、私は丁度この日から京阪地方に旅行に出掛け漸く一昨夜帰へりましたので御返事も延引致しましたやうなわけですから不悪御容赦を願ひます。

大石隆基*氏への御書面の写を見せて頂き難有う御座いました。安江少佐の「階《偕》行社記事」[88]九月号に載せられた「猶太の建国運動を視る」は拝見しませんが、去十月五日から十一月二十日まで十六回に亘って天業民報に載せられた同少佐の「猶太問題に就いて」の中に猶太の建国運動の事が可なり詳しく出てゐましたから最近の運動状態を知る事が出来ました。この記事には多く猶太人の建設運動について述べられたので破壊運動については論及されてゐないやうですから私等の所謂陰謀論については書かれてゐないやうです。先日の貴書中に安江少佐もパレスタインに行ってから猶太人に対する従来の考が変って来たと酒井氏が話されたやうにありましたから去十八日大阪で四王天閣下*に逢った際この事についてききましたら、同少佐は「世界革命の裏面」[89]公表について何等後悔する処はなくプロトコールの真実性に就ては益々信念を確くせられてゐるといふ話でしたから先夜座談会に於ける酒井氏の話と全く違ってゐるやうですから然様御承知下さい。「日本時代」十二月号の貴稿

ユダヤ人問題に就て

及御恵贈の「拓殖文化」第四十号の

世界漂白者としての猶太民族

を拝読致しましたが、之等に依て私の従来の考方を覆へすまでには行きませんやうです。

八、ロシア革命と猶太人

の項中現在の労農ロシアとユダヤ人との関係については私の考へなり見方と少しく違ふやうです。

九、猶太陰謀論の迷妄

の項中に述べられてゐる事は従来あなたが述べられて居る筆法で大体論としてそんな事は迷妄であるといはれてゐるのみで斯く斯くの事実であるからそれは迷妄であると今少し具体的に御示し願ひます。でないと水掛論に終る怖〔れ〕があります。何等思想なきお互が国家否世界の大問題について大に論争しやうといふ事は非常な愉快な事です。幸に御自重下さい。

渡辺*氏の「猶太民族の世界的活動」と新見*氏の「猶太人問題」について衷心敬意を表してゐられるやうですが私も右二冊読みました。前者は只猶太民族の表面的の活動のみを述べたもので陰謀論には少しも触れてないやうです。後者は陰謀論否定ですから曽て私は同博士に拙著を贈り又博士から御書面を頂きましたが、之はあなたと同じやうな見方です。併し危険思想の根源は猶太思想から来たもののやうであると思ってゐられます処は猶太称讃者たるあなたと少し違ふやうです。

F. Roderich Stoltheim,*
The Riddle of the Jew's Success,

Translated from the German by Capel Pownall. Leipzig: Hammer, 1927.
之は最近丸善にも来てゐるさうです。日本読書協会々報(90)第九十六号（昭和三年拾月号）「猶太人成功の謎」九大司書官竹林熊彦*訳として出てゐますから猶太問題研究の参考書として宜しいやうですから御覧下さい。

御返事が延引しましたが旅行の為め不悪御容赦下さい。

（封筒表）東京市外中野町字中野六五六　満川亀太郎様　貴酬
（封筒裏）十一月二十三日　福岡県飯塚町外片島　松居甚一郎

6　満川亀太郎宛／松居甚一郎書簡　昭和四年三月二七日

松居甚一郎

満川亀太郎様

拝啓
桃も咲いてほんとうに好い時期になりました。相変らず御元気に御活動の事と御察し致します。

先般九州日報に御連載になりました「ユダヤ禍の迷妄」は能く拝読致ました。あなたと私等との見解が大分異なってゐますからあなたとしてあんな御議論をなさるのも無理からぬ事と思ひますが、私等もあのままに黙してゐる事も出来ませんから阿野氏が反駁文を書いて九州日報に載せて頂くやう交渉されてゐるさうですが何故か九州日報がのせてくれません。さうですから近く他の新聞を選ばれる事になってゐます。

私は阿野氏の駁論が出ました後で何か少しく書きたいと思ってゐます。「平凡」三月号の猶太禍問題座談会の記事を読んで感じました事を「建設」三月号の「時事随感」に少しく書きましたから御覧下さい。これは二頁に限られてゐますのであまり詳しくも書けませんから或は意味の徹底せぬ処もあるかと思ひますが詳しい事は他の機会に譲りませう。

何れにしても「猶太問題」としては現在世界に存在して居る重大な問題ですからお互に真面目に研究して意見を交換して行きたいと思ひますから今後も宜しく御指導を願ひます。

（封筒表）東京市外中野町六五六　満川亀太郎様　親展

（封筒裏）三月二十七日　福岡県飯塚町外片島　松居甚一郎

松井俊清

1　満川亀太郎宛／松井俊清書簡　昭和（年不詳）一一月四日

拝呈

私は五高の一書生であります。先生著「世界現勢と大日本」[91]並びに諸雑誌に現はれたる先生の御高説を通して先生を思慕する所の書生であります。此の度び、二三の級友と相謀って先生の所論を根源に研究研賛〔鑽〕をすすめ、行く行くは五高内に強固なる団体を組織し、以て健全なる分子の養成所とせんとして居ります。就きましては、有益の助言を万般に亘り下されん事を御願ひ致します。

先生の健康を祈りまして。　敬白

十一月四日　松井俊清

満川亀太郎先生

（封筒表）東京市赤坂区青山南町三丁目五十五番地　満川亀太郎様

（封筒裏）熊本市下立田二〇六番地　安倍方　松井俊清

松村介石

1　満川亀太郎宛／松村介石書簡　昭和四年六月七日

拝啓　過日は折角御来駕の処、不在にて遺憾此事に御座候。其際佐藤君に御談有之候事は拝聞致候。何れ拝眉を期し候も不取敢御詫まで如此御座候

七日　頓首

介石

満川学兄

（封筒表）府下中野町中野六五六　満川亀太郎様

（封筒裏）東京市外渋谷町神山五九番地　松村介石　電話青山一七六七番

2　満川亀太郎宛／松村介石書簡　昭和六年三月二二日

拝啓　業々御光来の処、不在にて遺憾此事に御座候。又原稿難有奉謝候。天下の事、日に非なく見渡すかぎり人物なし。一つ有志相謀りてと存候が、其人有之候や。修養なきものに向上なし。否、攸々下落致候には浩嘆に候。毎度頂戴物恐縮此事に候。不取敢御礼まで如此候。草々　不一

三月　廿二日　介石

満川賢兄　座下

（封筒表）東京府下中野町宮前二一　満川亀太郎様

東京市外渋谷町神山五九番地　松村介石　電話青山一七六七番

（墨書）相州片瀬山本橋

満川亀太郎

1　斎藤実宛／満川亀太郎書簡　大正九年四月二九日

拝啓　時下益々御清穆の段奉大慶候。扨小生儀大正三年十月創刊以来前後七年間雑誌『大日本*』の編輯に従事致居候処、都合に依り同社の関係を絶ち不日新に独力『雄叫び』と題する雑誌を発行致す事と相成候に就ては深く旧来の知遇を賜り候御厚誼を謝すると共に今後倍蓰の御同情に浴度通知傍々奉懇願候。敬具

満川亀太郎

『雄叫び』創刊号内容

▲発刊の辞（満川亀太郎）▲日英同盟と太平洋問題　▲奴隷解放戦　▲国際金融眼より見たる支那　▲改造の理想及其実行　▲分水嶺に立てる労働問題　▲社会問題として見たる婦人問題　▲欧米近時社会思想批判（連載）▲維新革命史論（連載）▲エスペラント講義（連載）

（以上は重要記事にして夫々オーソリチー執筆）

△外交一夕　△各種労働団体思想団体改造団体一覧　△人物短評　△本来の米は？　△名士縦横談　△世界の進行（欧米新聞雑誌抄訳）△各新聞雑誌批判　△政党対軍人の争　△老壮会記事（以下は六号活字を用い編輯局にて作成）

日本改造運動の合理的宣伝
日刊雑誌『雄叫び』菊版六十四頁　来六月より発行

今や内外に迫る国難は必然国家組織の改造と国民精神の樹立とを焦眉の急とするに到り候。小生曩に『大日本』編輯の任を辞し決然筆を投ずるの覚悟に有之候処再び感ずるありて這の微小なる雑誌を発行候所以は多年小生の志を諒せられる先輩知友の報謝すると共に日本国家改造の為めに山水多少の色を添へんと欲する衷情に外ならず候一介小生の事業固より自ら利す所を知らず、堅確に一歩一歩を占めて自ら退転せざらんことを期するのみ。旅程を発せんとするに滌《のぞ》み深く大方諸家の賛援を冀ひ候。

大正九年四月十五日　　満川亀太郎

『雄叫び』の六大綱要

一　世界的新日本精神の提唱
二　改造策の具体的論究

三　対外策の指導
四　国家的自主的理想への統一
五　各国改造状態の報道及批判
六　エスペラントの普及宣伝
『雄叫び』の三大特色
一　直訳思想を羅列して徒らに厖大なる紙面を費す他の雑誌と異り日本思想の下に民衆の導師たらんことを期す。
二　一切の空理空論を排して真一文字改造の目的に驀進す。
三　今日の国難を予期して有ゆる年齢職業階級の選士を網羅し創立三年の歴史を有する老壮会の発表機関たること。
▲毎月一回発行　▲創刊号は五月二十日発行の予定　▲一部卅銭（郵税共）半年一円八十銭一年三円五十銭　▲　牛込区南榎一番地猶存社より発行す　▲但し御申込は振替口座の出来る迄

（封筒表）四谷区仲町三の四四　男爵斎藤実閣下
（封筒裏）東京市牛込区南榎町　廿二番地　満川亀太郎　大正九年四月三〇日（消印）
［国立国会図書館憲政資料室所蔵　斎藤実文書書簡の部2　一四六五―一］

2　床次竹二郎宛／満川亀太郎書簡　大正一〇年二月二日

床次先生

事態は真に極めて重大、悔て及ばぬ事ながら記事差止は石油上水を注ぎたるものに候。先生の今日に於て為すべきは如何にして其炎焼を防止すべきやを考慮速断するのみ。先日先生に大竹君の西伯利通信を見せし所、先生曰く僕の方には却て少しも報告が来ないがねと、先生にして心眼心耳を開かば無数の報告に接せらるべし。議会は勿論先生に於て第一の急務に非ず。況や党務をや。先生にして真に国家の前途を思ひ、皇家の万歳を祈らるるならば先生の行くべき道は唯一のみ。

南洲先生曰く人を相手とせず天を相手とせよ。

山縣や原や平田や薩派や長閥や此等紛々たる群醜果して何ぞ。先生我国家を愛するならばワシントンの墓標に潸然たる熱涙を濺ぎたる至純の昔に還れ。小生は十年前先生の贈りし欧米小観の巻頭、此人必ずや他日の内相たらんと書せり。然かも小生の内相たるべき理想は今日の如き存亡の転機に立て能く国家を過たざる補《〔輔〕》弼の大臣たるなり。政友会総務を兼ねよと冀ふ者に非ず。小生も後世史家に対して責任あり。先生にして清末ロマノフの閣員と何等選ぶ所無くば予言の的中は寧ろ小生の汗顔すべきに非ずや。

嗚呼此の如きを極言する恐らくは小生一人ならん。小生は先生と過去十有二年の交誼に於て天の囑を先生に報告するなり。然かも先生にして猶且心眼心耳を開かずば小生は最早先生に対する自らの言路を絶つべし。

私情は私情、先輩は先輩。されど今日は私情も先輩も言ふべきに非ず。愛国者として一歩も先生に譲らざるを自任する者。先生若し小生を外にするならば先生の友は唯一の宮島大八先生を残すのみ。

繰返して言ふ。事態は極めて重大、先生一身を賭して国家の為に図らずば小生亦は天を先生と共に後世に貽さん。

大正十年二月二日　　味〔控〕

満川亀太郎

床次先生座下

3　満川亀太郎稿　〔大正一〇年二月〕

東宮御渡欧之延期を祈願する七大理由

第一　父陛下御病気の今日半歳之御不在は大孝を申べらるる点より果して如何之儀に候や。仮令殿下之御希望に出づるとするも補〔輔〕弼の臣は御諫言申上て可然歟と相心得候。況んや皇后陛下も最初より御賛成には無之御様子の由承候。

第二　動もすれば暴力に訴へんとする独立派の鮮人は最も危険に候。現に親日を標榜する閔元植*が警察政治の完備せる輦轂の下白昼他の朝人に斬殺せられて未だ犯人を挙ぐる能はざる事実は何を教示するか。安重根は朝鮮併合に先つ二年前伊藤公を哈爾賓に倒せり。爾来鮮人の対日感情激変、殊に海外に於ける鮮人の険悪なる秘密運動を考慮するとき誰人か殿下の玉体が絶対に安全なるを保証し得るものぞ。万一殿下急遽御帰国といふが如き電報を以て国民の眼を粉飾するが如きあらんか。内閣の三つ四つを以てするも国民の激怒は己〔已〕む可らざるを痛憂せられ候。

第三　全世界に漲る非君主的思想と運動とは我皇室をも動もすれば他の皇帝王室と同一視せらるるの危険有之候。恐くは来るべき雪解の候を以て欧洲を席捲すべきレニンの奈破翁的突進は遂に欧洲に一の君主国無之に至らしむるや必せり。最も安全なるべしと言はるる英国王室すら先年労働党は大多数を以て其廃止を可決し又王室の歴史に遡ればクロムエルの為に斬罪せられしチャールス一世あり、而もクロムエルの銅像は今日英国議会の前に雲表を磨し居ものに候。無数の無政府的非君主的津田三蔵の輩出を何人の力が警備を完ふし得るものぞ。

第四　這回御外遊御微行の際は伯爵の資格を以てせらるると聞及候。乍恐我国民が現神とこそ仰ぎ奉る我殿下を欧洲に於て放蕩児の代名詞ともいふべき伯爵の名を以てするとは何事に候ぞ。生等は東久邇宮殿下が伯爵の仮称を以て巴里に在らるるすら大なる不平に御座候。況して一国の皇太子殿下に於かせられてをや。平生国民に対して忠君愛国とか思想善導とかを口にする宮中高官の諸氏が果して何の心を以て斯くの如き措置をなすぞ。解し難きの極、国民憤激の種に候。

第五　今回の事件内容は既に外国諸新聞に於て報導〔道〕論議なられつつある如く、将来一層虚々実々混淆して排日の具に供せられ我皇室を傷くること尠からず候はん。然かも殿下御外遊は此形勢をして一層煽起せしむるものに候。

第六　殿下御外遊は外交上利益ありと言はんか。宮廷外交は今日時勢遅れの誚あるのみならず、支那を除き米国を除き単に欧州英白仏伊の諸国に止めさせらるるは国際上却て不利益ならざるかと痛憂せられ候。日本が東亜の大局を定め世界平和に貢献するためには今後英国に対して親善するよりも英米割裂まで米国と親善するを可と致候。然かも米国へ御渡航は彼国の無遠慮なる国民性と排日的新聞の悪感的記事現出の恐ありて不可とすると共に米国を除外することも亦多年に亘る国際上の不利と見るべく想像せられ候。

第七　殿下御外遊の時期は第二維新の指導的皇帝として国内の改造を御決行、東亜の大局を定め全世界をして日の光を仰がしめたる後こそ最も適当候はん。

以上

猶存社　満川亀太郎

4　斎藤実宛／満川亀太郎書簡　大正一二年七月一〇日

謹啓

景気愈々相加候処閣下益々御精励被遊慶賀此事に御座候。過日は公務御多端之折柄特に御招待之栄を蒙り小見披陣の機会を御与被可候事感銘の至に不堪候。離城後今日に至るまで一ヶ月間引続き南北満洲に旅行仕居候が最も関心する所は朝鮮問題に御座候。平城、義州、哈爾賓、吉林の諸地を巡歴して当奉天に留まり視察仕候。結論は曩に間島に於て感得せし信念を強むるのみに御座候。小生の尠からず意外に打たれ候事は内地に於て満鮮といひ殆ど同一の土地なるかに連想致居りに拘らず、在満邦人の殆ど朝鮮に無関心なることにして満鉄枢要の人々すら朝鮮線を他人の鉄道の如く思居候。従て在満鮮人の如き一般研究の話題にも上らず。一にただ張作霖の向背如何を評〔論〕致居者に候。固より対支対露の問題は重要に候へ共、朝鮮問題亦純然たる内地の問題といふこと能はず、否大陸国境に接壌し頻々として事件の発生する所は直ちに対支対露の問題と相互に関聯するものにして閣下胸中の御苦心を察するに余あり候。「日韓併合の大詔に基き朝鮮人を愛せねばならぬ」との御仁言小生旅中忘るること能はず。一千七百萬新附同胞の運命を回想し在鮮邦人中幾許か能く内鮮融和の将来に期待し得るかを考察し再び閣下に拝芝して卑襟を開かざるを得ざる次第に御座候。殊に是より東京に帰り候はば在京朝鮮学生、労働者の群衆するあり社会不安の大濤に□飜せられて朝鮮問題は一層の重切を加ふること疑なき所に御座候間此際支那方面の視察を後日に延ばして一両日中に南下し拝趨親しく御教示に接せん存念に御座候。不取敢愚札奉呈仕度乍筆末〔ママ〕御令夫人にも宜敷御鳳声奉願上候。　頓首再拝

斎藤総督閣下　侍史　　満川亀太郎

大正十二年七月十日

（注）〔国立国会図書館憲政資料室所蔵　斎藤実文書書簡の部２　一四六五―一二〕

満永正義

1　満川亀太郎宛／満永正義書簡　昭和八年四月一七日

謹啓　時下春暖の折柄益々御健勝の段奉賀候。小生就職の件に就きては昨秋来色々御世話を蒙り居候処不能未だに失業者と無為の日をのみ送り居候事誠に申訳無事と存居候。

猶ほ今は直ちに就職出来る見込みも無之候故病母の見舞旁々二週間位の予定にて帰郷可致明十八日出発の心算に候。遅くも五月中には上京可仕候。先は右御知らせのみ。草々頓首

昭和八年四月十七日　満永正義

満川亀太郎先生

（封筒表）杉並区阿佐谷四丁目九三五　満川亀太郎先生

（封筒裏）神田区猿本町一の五松井方　満永正義　四月十七日

宮井誠三郎

1　満川亀太郎宛／宮井誠三郎書簡　昭和八年六月一四日

謹啓　種々御高配を賜わり誠に有難く御礼申上候。

小生義〔儀〕七日東京駅発特急桜号も気持ち良く、下のせき〔ママ〕よりは朝の松号にて玄海灘も元気にて渡り、釜山よりは又急行列車にて朝鮮の人々と面白く話しつつ四方の山水を望めつつ京城に着す。

永登浦の鈴木氏方に四日間滞在、其の間天安成歓地方の砂金採取事業並に朝鮮海付近の水産事業の一般を聞く等致し京城を十二日夜発車奉天に下車せず十三日後七時十分新京に安着仕り申候。只今新京常盤町二荒木章兄宅にお世話様に相成り居り候。

長い間の多忙の旅行故身体つかれ居る故二三日休み後四方視察仕る可く思ひ居り候。千葉智堂師は吉林に在る由に付き近く来京を願ひ共に諸先生を訪問仕る可くと存ず居り候。

いづれ其の内種々視察の上申述可く候。

先は不取敢、御礼方々御報まで。　早々

宮井誠三郎

昭和八年六月十四日

満川亀太郎先生

末筆ながら奥様始め皆様に宜ろしく

（封筒表）大日本東京市阿佐ヶ谷四丁目九二五満川亀太郎様　侍史

（封筒裏）昭和八年六月十四日　新京荒木兄方　宮井誠三郎

安岡正篤

1 満川亀太郎宛／安岡正篤書簡　昭和（年月不詳）一三日

拝復　恒寒の砌、御健勝大慶此事に御座候。仰せの趣、謹で承り申候。偖又唐突ながら長野県更科農学校長矢田鶴之助氏*を拝見仕候。講習会に小生出張を依頼され申候も、時期悪しくて叶ひ不申、誰か人格識見の士をとの懇請に有之、大人御出講下され候はば幸甚に奉存候。不具

十三日　安岡生

満川亀太郎老台　侍者

（封筒表）中野町中野六六五六　満川亀太郎様
（封筒裏）東京市小石川区原町十二　金鶏学院　電話小石川（85）五七四番　振替口座　東京　六一六三五番　安岡生

2　満川逸子宛／安岡正篤書簡　昭和一一年七月一三日

拝啓　其後段々お淋しき事と存上候。小生旅より帰京し又少々健康を害し蟄居致居、お盆の後仙台親類方に転地の予定致居候。御無沙汰御免被下度候。留守中の者の不始末か、下中様方より御配付の案内状も紛失仕り、失礼ながら初盆お弔ひをかね別封おはづかしながら御笑納奉願上候。御安泰栄禱仕候。頓首

安岡正篤

満川御内様侍者

（封筒表）杉並区阿佐ヶ谷四ノ九二五　満川亀太郎様　御内様

（封筒裏）東京市小石川区原町十二　安岡正篤

柳瀬正観

1　満川亀太郎宛／柳瀬正観書簡　昭和七年一〇月二四日

拝啓

時下秋冷の候先生愈々御清穆の段奉慶賀候。

却説久しく御無音に打過ぎ失礼致居候処過日は細井肇*先生の「日本の決意」に対して早速御高評賜はり、御厚志忝なく感謝罷在候。本書の発行に就いて著者の御識見御熱誠真に敬服仕り、小社社長首め社内一同も熱心に愛国の意味を以て大々的に普及を計り度く目下宣伝に力を注ぎ居り候次第何卒厚がましき御願には御座候へど一層の御後援賜はり度く伏して奉悃願候。今回は小生喜んで進行を担任仕候処事務不馴と一は急ぎの為校正は十分に成果を挙ぐるを得ず、重版分よりは訂正致置き候も著者と天下に対して申訳も無之候。

後程社より御礼申上ぐべく候も先は不取敢御礼申上げ度く如斯に御座候。

筆末乍ら時節柄御加餐の程祈上げ候。頓首再拝

昭和七年十月二十四日　　講談社出版部にて

柳瀬正観

満川亀太郎先生

追白　皆川富之丞*君渡満仕り十月大同学院卒業の筈にて彼地の警備方面を担当仕るべき由、好漢の自重活躍を祈居候。田中正隆君は目下哈爾賓の電政局に勤務致居り候。白仁君は放浪する旨言ひ残して哈爾賓より一度通信寄せ候。

満洲国の建国は是等良き青年同志の血と汗により成長仕るべく彼等の人格の発露日満両国同人の渾然たる融和一致に至るべきを熱願致居候。降而小生僅かに生存いたし居り候も他日天命の小生に御用命あるを疑はず。精進修養致居り候。只生来の鈍物、先生の御鞭撻切に切に願上げ候。

御令室首め皆様へ宜敷く御鳳声願上げ候。

（封筒表）杉並区阿佐ヶ谷四丁目九一五番地　満川亀太郎先生　御侍史

（封筒裏）本郷区駒込坂下町四八　講談社出版部　柳瀬正観　十月二十四日

山田敬徳

1　満川亀太郎宛／山田敬徳書簡　大正一〇年九月二八日

拝啓　益々御清康奉賀候。陳者先般来原総理大臣に御会見の為め、度々御足労相成候処生憎差支有之御気之毒に奉存候。本日都合色々差繰申候得共、到底十月三日迄は御会見の機会無之候に付同日以後更に御都合御申越相成度右小官より得御意候。敬具

内閣総理大臣秘書官　山田敬徳

九月二十八日

追而本文の次第、北一輝殿へ御伝声被下度奉願候。

満川亀太郎殿

（封筒表）千駄ヶ谷九〇二番地　猶存社　満川亀太郎殿

（封筒裏）麴町区永田町首相官邸に而　山田秘書官

〈解説〉

猶存社の三尊——北一輝・大川周明と満川亀太郎の交誼

長谷川雄一

本書は「満川亀太郎関係文書」（国会図書館憲政資料室蔵）に収められている書簡の中から満川亀太郎（一八八八〜一九三六）と関係が深かったと思われる人物の書簡を中心に適宜選択して編纂したものである。中でも満川宛ての書簡が多かったのは、満川と共に「猶存社の三尊」と称された北一輝（一八八三〜一九三七）、大川周明（一八八六〜一九五七）のそれである。満川宛以外の書簡及び原稿、文書等を含めると北は二六通（一九一九年八月〜一九三二年六月）、大川は二三通（一九一八年八月〜一九三五年一〇月）に上る。「猶存社の三尊」という表現は、猶存社の正に絶頂期（大正九年〜一〇年あたり）に北が「魔王」、大川が「須佐之男」そして満川が「天神さん」という具合に活動の主軸を担っていた三人が仲間内でそれぞれ称されていたことに由来する。(1) そして強烈な個性を持った北と大川との間で人柄の円満な満川は調整役を果たしていたと思われる。満川の手元にこれだけの書簡が残ったのもそうした人柄と役割の故かもしれない。一方満川は彼らの実際的な革新運動が官憲の目に触れることに非常に注意を払っていたと思われる。従って明治末から大正初期の「漂流日記」で示されているようにあれだけ筆まめだったはずの彼が大正中期の日記では、「行余日記」（大正八年三月三日〜四月七日）「流水日記」（大正一〇年四月三日〜五月四日）など僅かの期間の日記しか残していないことや、大正一三年以降最晩年まで現存する日記（手帳）においては最小限のメモしか記していないことなどの事実からして、[2] 書簡の場合も不都合なものは相当程度廃棄した可能性があると考えられる。そうした観点からすると親密な関係にあった北や大川の書簡は、紛失したものを含めて現存する数以上に存在していた可能性が有ると云える。

本稿ではとりあえず現存する書簡やその他の文書に沿って北、大川と満川の関係や動静について書簡の数が比較的多い猶存社設立前後の大正八（一九一九）年から大正一〇（一九二一）年前後を中心に考察していきたい。

〈満川と北・大川の出会い〉

まず満川と北一輝の出会いであるが、これは満川が初めて北の青山南町の居宅を訪れて面談した大正五（一九一六）年に始まる。既に早稲田大学の在学時に図書館で当時は発禁扱いになっていた『国体論及び純正社会主義』を読み、また北を訪問する前年の大正四年末には勤務していた大日本社に送られて来た『支那革命党及革命之支那』（『支那革命外史』の前半部に相当）を読んで「快心の著書」との感慨を抱いていた満川は、この時「見るからに精悍な革命家」という印象を持ったのであった。(3) この出会い以降北が再度の中国渡航中も、満川は連絡を取り合いながら情報交換をしていたと思われる。それは『支那革命外史』に収録された「ヴェルサイユ会議に対する最高判決」と題した満川宛書簡の内容が示しているように、時局に対しての見解を関係者に回覧するよう依頼していることなどから窺える。(4)

一方満川が大川周明と知遇を得るようになるのもやはり大正五年頃である。インド独立の志士ラス・ビハリ・ボース（Rash Behari Bose　一八八六～一九四五）を介しての出会いであると考えられる。既に大正四年満川は宮川一貫（一八八五～一九四四）、何盛三（一八八四～一九四八）らと時局研究の会である三五会を組織していたが、(5) 大川も間もなく同人に加わったと思われる。そしてこの三五会を拡大強化して大正七（一九一八）年一〇月九日老壮会が設立された。

現存する満川宛の大川の書簡はこの老壮会結成直前の時期から始まる（大川書簡1：大正七年八月二四日付）。この年大川は満鉄の東亜経済調査局に嘱託として採用されていた。(6) この書簡は大川が当時親密にしていた仏人哲学詩人ポール・リシャール（Paul Richard　一八七四～一九六七）の避暑先の野尻湖畔に滞在し、満川の単著としての処女作『列強の領土的並経済的発展』の恵贈に対する礼状としてつづったものである。

そもそも大川が東方主義者ともいうべきリシャール夫妻と出会ったのは大正五（一九一六）年

一〇月のことであったが、これ以降彼はリシャール夫妻と友情を深めて行った。大正六年一月には大川に依頼されてリシャールは『告日本国』を書き上げたほどである。また大川は大正八年二月からリシャール夫妻が日本を去る迄の一年の間千駄ヶ谷のリシャール宅に同居もしていた。大川書簡7迄の大川の住所が千駄ヶ谷九〇二になっているのはそのためである。

大正七年八月に米騒動が勃発し、これに対する危機意識から前述の老壮会が結成されたわけであるが、この点について満川は次のように述べていた。

「米騒動によって爆発したる社会不安と、講和外交の機に乗じたるデモクラシー思想の横溢とは、大正七年秋期より冬期にかけて、日本将来の運命を決すべき一個の契機とさへ見られた。一つ誤てば国家を台無しにして終ふかも知れないが、またこれを巧みに応用して行けば、国家改造の基調となり得るかも測り難い。(7)」

〈猶存社の結成〉

しかし老壮会が左右様々な思想陣営の参加者を募って主に時局研究の座談に終始したこともあり、次第にこれに満足できなくなった満川は、大川らと共に国家改造の実践的団体として大正八(一九一九)年八月一日猶存社を設立するに至る。大川書簡2から8迄は、設立に至る彼らの動静を多少とも窺える内容となっている。

大川書簡2(大正八年四月六日付)では同年三月三一日に満川が一〇〇部ほど謄写刷りして関係

筋に配布した檄文「何故に過激派を敵とする乎」(8)に対する大川の反応が窺えて興味深いものとなっている。元来中学時代より幸徳秋水（一八七一〜一九一一）、山口孤剣（一八八二〜一九二〇）、木下尚江（一八六九〜一九三七）などの社会主義思想に触れることで思想的営為を始め、またロシア革命を率いたレーニン（一八七〇〜一九二四）にも同情的であった満川は同檄文で日本のシベリア出兵を批判し、日本の生存を脅圧する者はむしろ英米帝国の資本的侵略主義であるとの前提から労農ロシアを英米の対抗勢力と位置付けていた。(9)大川は、レーニンや労農ロシアにやや前のめりになっていて後には後藤新平（一八五七〜一九二九）の意を受けて日ソ提携構想を提出することになる満川とは温度差はあるものの、欧米へのアンチテーゼとして労農ロシアを活用すべきことで基本的にその見解に同意していた。

いずれにしてもこの檄文は直後に設立される猶存社の革新運動を実際的に行う際の先ず一歩となるものであったが、次のステップは猶存社の目指す「国家改造」の具体的方策を練るためにも思想的支柱として満川が旧知の北一輝を上海から迎えることであった。大川書簡7と8（既に満川著『三国干渉以後』で紹介されている）は、満川を始めとする同人の意を承けて大川が北を日本に呼び戻すべく唐津より上海に渡航する模様をつづった書簡である。大川は大正八年八月二三日に上海に上陸し、早速北を訪問する。二人が意気投合し、北が猶存社の招きに応じたことはよく知られるところである。

ところでこの年の北の動静について些か触れておきたい。この年朝鮮で三・一独立運動が勃発、また五月には中国でも五・四運動が起き、北は排日ナショナリズムが荒れ狂う様を上海の居住する長田医院でまざまざと実感していた。[10]「陸軍省大日記」には五月九日午前着上海派遣員電報として北の動静に関する史料が残されている。それは樹立されたばかりの上海仮政府（大韓民国臨時政府）の動向を探っている中で北との繋がりを報告するものであった。そこでは「社会主義者内地人北輝次郎外一名ハ仮政府及排日支那人ト提携シ何事カ画策シアルヤノ疑アリ」[11]とあり、北と李東輝ら上海仮政府側や中国排日派らと何らかのつながりを窺わせるが、その実態は不明である。北はこの後六月には『支那革命外史』を補足した「ヴェルサイユ会議に対する最高判決」を仕上げて満川に送り、また七月には一カ月ほど断食の後『国家改造案原理大綱』の執筆にとりかかったのである。

さて大川周明の訪問より先に北は満川宛に八月九日付けの書簡を一足早く帰国する門下生岩田富美雄（富美夫、一八九一〜一九四三）に託していた。本書収録の満川宛北一輝書簡1がそれである。この書簡の内容で興味深いのは、大川の訪問とその説得を受けて北が帰国を決めたのではなく、北と満川の間で帰国がおおよその話として既に纏まっていることである。帰国の時期についても「小生も月末頃には帰京の考へに候間（以下略）」とあるように八月末頃を目途にしていたことが分かる。北は自分が帰国する迄岩田富美雄を満川宅で預かってくれることを希望していた。但しこの岩田の帰国が八月中になされたのかどうかは定かではないが、満川が「大川君と前後して岩田富美夫君が東京に来た」と述べていることや九月一七日に開かれた老壮会の第二二回の列席者に岩田が名前を連ねていることから、遅くとも九月上旬迄には帰国していたと考えられる。[12]

北書簡2（大正八年八月二七日付）は大川書簡8と同様『三国干渉以後』に収録されているもので、[13]大川の来訪についての礼と既に大川に手渡して日本に持ち帰ってもらった「国家改造案原理大綱」の原稿に洩れていた巻八（「国家の権利」）以下の残巻原稿を本書簡と同時に送るとの内容であった。なおこの書簡に関して、残巻原稿と共に岩田が満川の下に届けたという大川の言があるが、[14]同書簡を納めた封筒には「28・8・19」の消印があり、上海から一九（大正八）年八月二八日に郵送されたものであることが分かる。また『三国干渉以後』で同書簡について「改造法案の残稿に副へたこの書簡を見ても、如何に国家改造の天機に関して語り合はされたかが想像される」[15]と満川が述べていることから考え併せると、残巻原稿は北書簡2と共に郵送されたと見るのが妥当であろう。北が帰国予定を八月末迄にと述べていたことは先にみた通りであるが、この書簡では「小生も早く元気を恢復して馳せ参ずる決意をして居ます」とあるように体調不良を思わせる記述もあって帰国の遅れを示唆していた。

北の帰国前に満川は『国家改造案原理大綱』を赤穂浪士に因んで四七部謄写刷りして、上原勇作（一八五六〜一九三三）、八代六郎（一八六〇〜一九三〇）、上泉徳弥（一八六五〜一九四六）、小笠原長生（一八六七〜一九五六）、佐藤鉄太郎（一八六六〜一九四二）、田中義一（一八六四〜一九二九）、山口勝（一八六二〜一九三八）、福田雅太郎（一八六六〜一九三二）、佐藤鋼次郎（一八六三〜一九二三）、床波竹二郎（一八六七〜一九三五）、井上準之助（一八六九〜一九三二）、中川小十郎（一八六六〜一九

四四）など関係筋に送付したが、(16) 北書簡４（大正八年一一月二九日付）は満川に対する各界への配布前における要望と推測される。北は若干の内容についての訂正を指示すると共に、配布先として文部次官の南弘（一八六九〜一九四六）と彼を通じて西園寺公望（一八四九〜一九四〇）、さらに宮崎滔天（一八七一〜一九二二）などの名前を挙げている。また文面では「俗政党員」には無用とし、国家を負荷し得る「諸将軍」に期待をかけていることが明らかであるが、そうした要望により満川は前記の如く軍人主体に送付したものと思われる。

〈北一輝の帰国〉

当初北自身が希望した帰国予定は八月末であったが、実際長崎に上陸し妻鈴子（間淵ヤス）、養子英生（瀛生、北大輝）、清水行之助（一八九五〜一九八〇）、中村浩太らと共に鈴子の実家間淵家に入ったのは同年一二月三一日のことであった。北書簡５（大正九年一月四日、「一月一日付）はこの帰国の模様と上京の予定を伝えている。そして満川は翌大正一〇年一月四日、「アスゴゴ一ジトウキョウエキニテアヒタシ」（北電報６）との鉄道三田尻局発の電報を北から受け取ったのである。『三国干渉以後』では東京駅に迎えに出たもののすれ違った満川と北が満川の自宅で五年振りに再会する場面が詳述されていた。

北が一月六日に牛込南町一番地の猶存社に入って以降の最初の手紙が北書簡７（大正九年一月三日付）である。この書簡は無政府主義者で大正五（一九一六）年当時北一輝方に居候していたといわれ、[17]大正八年一月に『パンの略取梗概』『サンジカリズム』『平民の鐘』などを秘密出版した罪で禁固三年の刑を受けた山鹿泰治（一八九二～一九七〇）に宛てたものを満川が同志にも閲覧させるべく謄写刷りしたものである。山鹿は当時エスペラント普及運動をすすめており、このことが北の共感を呼んで一時期食客として親しい関係になったと思われる。また山鹿には北が譚人鳳（一八六〇～一九二〇）から預かっていた挙兵準備のための軍事公債を奪取し自分達の運動資金にしようとして北の毒殺を謀ったとする逸話もあるが、[18]その真偽は定かではない。その後山鹿は北宅の女中重原ミカと所帯を持つに至るが、大正六年には京都の実家の印刷所である点林堂を継いでいた長兄の急逝に伴い経営を引き継ぐことになる。京都における米騒動の後、山鹿が店での自由裁量できる立場を利用して実行したのが前記の秘密出版であった。山鹿の入獄について聞き及んだ北は、かつての自家の家事手伝いで山鹿の妻になったミカ宛てに点林堂気付で慰問の書簡を出したという。[19]恐らくこの山鹿宛ての書簡もミカ宛て書簡と同時期のものと推測される。

　この書簡で北は山鹿がマルクスやクロポトキン等の偶像教徒に陥っていることを指摘した上で翻訳的、直訳的な革命主義を戒めていた。同時にロシア革命に対する冷ややかな見方も窺える。さらにまた北の倫理観を考える上で興味深いのは幸徳秋水（一八七一～一九一一）と菅野スガ子（一八八八～一九一一）そして大杉栄（一八八五～一九二三）と神近市子（一八八八～一九八一）の不倫の例を挙げ、「人倫の本を紊り士君子の大道を汚した」と批判していることである。金銭面では野放図な北も男女関係においては佐渡時代に儒者円山溟北（一八一八～一八九二）の門人若林玄益の漢学塾や中学の教師石塚照らによって育まれた儒学的教養、特に孟子的道徳観[20]の故かストイックな面を見せていた。

この大正九（一九二〇）年のこの時期に北の動静で注目しておかなければならない出来事として皇太子への法華経の献呈がある。北は中国で購入した法華経を既に帰国直後に同志の満川と大川に贈っていたが、別に一部を三月二日に小笠原長生（一八六七〜一九五八）さらには東宮大夫浜尾新（一八四九〜一九二五）を介して皇太子に献上した。田中惣五郎の指摘するように上からの国家改造方法を採る北が皇室に接近する手段を選んだとみるべきであろう。[21]これに関連するが、宮内省怪文書事件により市ヶ谷刑務所に六カ月ほど収監されて以後の北書簡22（昭和二年五月七日付）では、浜尾がかつて出し満川が保管していた先の法華経の受領書を自分に送るよう依頼している。しかしその意図がどのようなものであったのかは不明である。

〈『雄叫び』発刊と猶存社の日々〉

さて北を迎えて満川らは猶存社の機関誌発行を企てた。北書簡8（大正九年四月三日付）は猶存社の機関誌『雄叫び』[22]（大正九年七月創刊）発刊に当たり満川が北に見解を問うたものに対する返信だと思われる。『雄叫び』の当初案が『叫』だったことがこの書簡から窺える。書簡の文面から推察できるように北は満川の提案する『叫』という誌名には賛同していない。北の門弟で後に大化会に加わる武闘派の岡崎茂助に感想を尋ねるなど、猶存社が機関誌を発行して言論活動すること自体に積極的ではないのではないかと思われるニュアンスすら滲み出ている。実際に北は帰国後『雄叫び』は勿論他の雑誌等にも論説を発表するようなことは一切なく、満川や大川のように言論による国家改造のための広範な啓蒙活動とは一線を画していた。一方この点に関して満川は『三国干渉以後』において「『筆を投じて戎軒を事とす』として創立した猶存社で、雑誌を発行したり、講演会を開いたりするのは矛盾ではないかと自問したが、『イヤこの筆と舌とこそは、我々の運動に取っては銃砲であり、刀剣でもあるのだ』と自答した」[23]と記している。

その『雄叫び』は書家で善隣書院院長宮島大八（一八六七〜一九四三）の題字を貰って同年七月一日に月刊として発行された。満川によれば発行資金は旧知の井上準之助（一八六九〜一九三二）の援助によるものであった。創刊号には主幹満川の発刊宣言以下猶存社同人とは思想的系統を異にする福田徳三（一八七四〜一九三〇）や同人で哲学者の鹿子木員信（一八八四〜一九四九）など複数の論者の論説が掲載されていたが、巻頭には同誌の六大綱要が掲げられていた。その中の一つは北の影響によるものなのか「エスペラントの普及宣伝」であった。また創刊号の柱の一つとしてノヴァ・エスペランチストの名で「愛国運動としてのエスペラント宣伝」という論説も掲載されていた。[24]

因みに一般的には猶存社の機関誌『雄叫び』創刊号に掲げられた「本誌の六大綱要」を猶存社自身の綱領と考えるのが妥当あるが、これまでの研究書によれば猶存社の綱領は複数存在していて、しかも『雄叫び』にある綱要が猶存社の綱領として引用されるものと必ずしも一致しているというわけではない。その上『雄叫び』創刊号の綱要と最終号となってしまった第三号『雄叫』の綱領（三号では綱要ではなく綱領としている）も合致しているわけではなく、創刊号にあった「各国改造状態の報道批評」と「エスペラントの普及宣伝」を除いて四項目が削除され、新たな六項目に置き換わっている。(25) 猶存社の綱領と機関誌の綱要（綱領）が別々に存在しているのか、或いは猶存社の活動が展開する中で綱要（綱領）の内容が変遷して行ったと考えるべきであるのか今後の研究の余地があるといえよう。

北書簡8と同日付けの満川の妻逸子宛の北書簡9は、猶存社の同志嶋野三郎（一八九三〜一九八二）の縁談に関する内容である。大川周明が嶋野の結婚話を持ち掛けたのに対して北が国民新聞記者の吉田清子（一八九一〜一九七一）を推挙している様子が読み取れる。なお結局のところこの話は実らず、吉田は後にロシア問題研究家でナウカ社を設立する大竹博吉（一八九〇〜一九五八）に嫁した。

嶋野の結婚の話を北に持ち掛けたその大川についても同年半ばに縁談が持ち上がっていたことが、大川書簡10（大正九年七月八日付）によって判る。縁談の仲介者の調整が円滑でなかったのか、大川が苛立っている様子が窺える。また書簡末尾の「ヴラ問題なんぞ切り上げて、ヴラの代りに東宮様と結べとの天の啓示。わが心轄然調然たりです。」との言も当時の猶存社の動きとりわけ小笠原長生を通じて皇太子に働きかけようとする方向性が垣間見えて興味深い。

同年前半の北の様子についてだが、その一部分は満川の『三国干渉以後』中の「しばらくは猶存社に平和なる日が続いた。北君は朝夕の誦経が終わると、十五年前の著述たる『国体論及純正社会主義』に筆を入れるを日課としていた[26]」という記述から窺うことが出来る。牛込南町の猶存社に腰を落ち着けて以降、そう長くない間にかつて自費出版した処女作『国体論及び純正社会主義』（一九〇六年刊[27]）に修正を施していたのである。さらに満川と二人であちらこちら散策したり、活動写真や芝居を観に行ったことなども記されていた。

満川宛北書簡の中ではこの大正九年の書簡が一番多く残されていて、しかも比較的日常生活の一端を覗かせている内容が多いが、恐らく発足して日の浅い猶存社の同志間の相互信頼関係の安定した時期であったことが大いに作用しているものといえよう。殊に満川は北書簡10（大正九年八月一四日付）から判るように北一家のために金策するなど篤い友情を示していた。さらに同年末の北書簡12（大正九年一二月三一日付）においては、北は満川と大川に対して「此の一年間如何に小生を救護して呉れ〔た〕かを考へ出されて感慨止まず終に大川君にも一書を呈した程です」と述べた上で、「只涙流るるばかりの感謝です。感謝を以て斯く結びつけられた吾々三人は地獄の果までも御前とならばどこまでも敬ひつつ来る十年も十一年も」と最大級の感謝の意を表していた。この頃が北、大川、満川の三人が親密な関係を保っていた絶頂期であったと思われる。なおポール・リシャールの離日に伴い同居していた大川は北鎌倉の常楽寺に転居し、千駄ヶ谷九〇二番地の屋敷（山本唯三郎邸）に猶存社は引っ越した。そしてそれに伴い北も千駄ヶ谷に移ったのである。猶存社が転居した時期は北書簡10の日付が八月中旬であることを考え併せると恐らく同年秋頃かと思われる。従って牛込南町の猶存社にあって妻や養子英生とまだ同居していない様子の北書簡13は同年秋以前かと推測される。

北の動静についてはさらに『雄叫』第三号の「老壮会記事」と「満川亀太郎関係文書」中の「例会記事」「老壮会記事」によって老壮会にも参加していたことが分かる。すなわち八月六日に神楽坂倶楽部において開催された第三七回老壮会では東京日日新聞特派員の大竹博吉による「極東の情勢」と題した講演を聴講し[28]、また一〇月一二日に同じ会場で開催された第三九回（創立第三年記念会）では皇道大本大教監木島寛仁の「予が社会主義より大本教に入信の経路」と題する講演を、そして一一月二五日に開催された第四〇回の会では大日本機関車乗務員会の小原種治、松延繁次（一八九三～?）らによる「機関車乗務員及乗務員会の説明」と題する講演を聴講している[29]。この時期の北が多くの関係者の集う時局座談の会にまだ参加していたことを知ることが出来る。

〈宮中某重大事件と皇太子外遊問題〉

ところで猶存社が設立後組織として最初の際立った動きをしたのは大正一〇（一九二一）年に入ってから表面化した宮中某重大事件と皇太子洋行問題においてであった。

宮中某重大事件とは、皇太子の婚約者である久邇宮良子女王の母方の島津家の家系に色覚異常の遺伝的傾向があることを問題視して婚約解消への動きを見せた山縣有朋（一八三七～一九二二）

ら元老・宮内省側に対して、天皇の内諾を得ている婚約の解消は人倫に悖るとして久邇宮家と東宮御学問所御用掛の杉浦重剛（一八五五～一九二四）やその門下生さらには頭山満（一八五五～一九四四）ら国粋主義者達が同年一月下旬から二月上旬にかけて政界全体を巻き込む反対運動を展開したことを指す。また丁度同時期に実現されようとしていた皇太子の洋行についても国粋主義者達は山縣の陰謀としてこれを阻止しようと動いていたのである。猶存社は頭山ら旧来の国粋主義者と運動を共にしたわけであるが、北一輝研究の先駆者田中惣五郎はこの点について「頭山以下の浪人団が総蹶起したこの運動の中にあって、猶存社のうごきは清新なものがあり、その主張に新時代的なものがあったと見られ、古い型の浪人的な動きに新風を吹き込み、北の存在は、そうしたものの中心として注目されるようになった(30)」と述べ、北や猶存社を新時代に向けての新たな動きを持った存在と位置づけていた。

北書簡15から17迄の三通はこれら皇室を巡る問題に関連する書簡である。しかもこれらは北が目指す上からの改造運動の足掛かりとなる皇室に関わる内容だけに、本書所収の北一輝の書簡の中でもその政治的意味合いにおいては極めて重要な史料であるということが出来る。

まず内務大臣で薩派に属する床波竹二郎（一八六一～一九三五）宛ての北書簡15（大正一〇年一月二九日付）であるが、内容的には皇太子の欧州への外遊を危惧した上で床波が中止に向けての役割を果たすべきことを説いたものである。北が外遊中止を云うのは自らの霊感によるものということであったが、それは前年八～九月頃に会見した出口王仁三郎(31)（一八七一～一九四八）を超えるものであるという自負から来るものであった。また具体的な反対理由としては、本書所収の満川稿3「東宮御渡欧之延期を祈願する七大理由」（大正一〇年二月）中の二項目に相当する「独立派朝鮮人の危険性」、「全世界に漲る非君主的思想と運動」を挙げていた。なおこの北書簡15から数日して床波に出された満川書簡2（大正一〇年二月二日付）も北書簡と同様皇太子の外遊阻止と婚約問題について床波が「一身を賭して国家の為に」動くことを強く要請するものであった。

桃太郎主義者の渥美勝（一八七七～一九二八）宛ての北書簡16（大正一〇年二月三日付）では、大正天皇が幼少時に患った脳膜炎に由来する病勢の進展に伴い人前に余り出なくなった状況を「姦臣逆徒の御幽閉」と断じ、既にそのことを主張していた渥美に対して改めて天皇を今の幽閉より救済するべく運動するよう使嗾していた。こうした「姦臣逆徒」つまり「君側の奸」という観念の提示は、北の『国家改造案原理大綱』の影響を受けた朝日平吾（一八九〇～一九二一）による同年九月二八日の安田財閥当主安田善次郎（一八三七～一九二一）暗殺によって具体的な形で表現されることになる。[32] 朝日は遺書「死ノ叫声」の中で「吾人ト共鳴シ得ル国家社会主義者ノ一団アルヲ知ルモ之トテ唯ダ無用ノ論議ヲナスノミニテ直ニ血ヲススリ肉ヲケズリ合フニ足ルモノニアラザルヲ知ルガ故ニ近カズ計ラザルナリ」[33]と述べつつも、黒龍会の内田良平（一八七四～一九三七）や東京毎日新聞社長藤田勇と共に北宛ての書簡を遺したが、このことは国家改造に際して天皇と天皇の赤子たる国民の間の「夾雑物」である元老、政党、財閥などの排除を目指すという点で朝日が北に共鳴したからに他ならなかった。[34]

北はさらに渥美宛て書簡を書いた翌日の二月四日にも久邇宮宛ての文書（北書簡17）を認めていた。恐らくこの文書は「いわゆる怪文書中の白眉といわれ、これを垣間読みした警視庁の人々さえ感激おくあたわざる文書であった」[35]と云われる久邇宮家に送った桐の箱入りの「勧告文」の下書きもしくはその一部ではないかと推測されるが、同文書中でもやはり山縣らは「姦賊の姦謀」「死罪々々」と断罪されていたのである。

他方この頃の大川についてであるが、二年前の大正八年に北を上海に訪ねた直後の九月に嘱託から正式に満鉄職員に採用され、さらに一一月には東亜経済調査局編輯課長に昇進し、この年の四月からは拓殖大学教授をも兼任していた。勿論大川は猶存社の同人として皇太子御成婚問題に対しても積極的に反山縣運動を展開したことは、後に五・一五事件に連座した際の訊問調書において「身と魂の全力を挙げて此の問題の為めに活動しました。それで少からざる貢献あった事を今でも信じて居ります[36]」と述べていることからも分かる。

その大川から満川に宛てた大川書簡12（大正一〇年三月九日付）と同13（大正一〇年三月一二日付）は、黒龍会の発行する『Asian Review』の主筆就任依頼を内容とするものである。同誌は「国民外交プロパガンダの唯一の機関」となることを目指して前年二月に創刊されたが[37]、大川は編集顧問を引き受けていたポール・リシャールの関係からか同誌の主筆候補探しに関係したものと思われる。内容からすると満川は主筆就任を辞退しているようであるが、大川は主筆を引き受けられぬ理由が黒龍会の評判の悪さを挙げる北の主張と同様であるなら再考して欲しい旨を執拗に説いていた。北は中国革命に黒龍会派遣第一号として参加して以来内田良平ら黒龍会の方向性に批判的であり、そうした観点から満川に受諾を勧めなかった訳であるが、一方の大川は満川が国際時局に関する雑誌原稿で生計を立てている状況を脱して安定的な生活を得させようとして勧めたものと思われる。北と大川の黒龍会をめぐる意見の相違は見られるものの、まだ猶存社の運営は円満に行っていたと思われる。

満川は丁度この時期に「流水日記（大正一〇年四月三日～五月四日）」と題する一か月程の日記を遺しているが、この中では大川書簡14（大正一〇年四月四日付）で触れているように北、大川、満川の三人で鎌倉に黒木親慶（一八八三～一九三四）を訪ねたり、藤田勇東京毎日新聞社長と会見したりする模様が綴られている。また北と満川の二人で盛んに要人（那須太三郎憲兵隊大佐、平沼騏一郎検事総長、床波竹二郎、福田徳三）を訪問する記事や、さらには北と外出した際北が交通事故で軽傷を負う模様や北夫妻と花見を楽しむ様など当時の猶存社における日常生活の一端を覗かせる記述もあった。

同時に皇太子の洋行問題についても皇太子の向かった英国で当時激化していた炭鉱争議を「英国革命の危機到来」とした上で、「我々の反対を無視して無理に東宮殿下の御渡欧を図った連中顔色果して如何」と述べるなど満川は依然として外遊強行を非難していた。(38)

〈猶存社解散以降〉

大正一一年を過ぎると一年当たりの北、大川両者の満川宛ての書簡の頻度は減少していく傾向になる。それは大正一〇年迄の猶存社の熱気が失われて行くことと関連があると云えよう。

大正一二年の猶存社の解散に至る過程において北と大川・満川の間で齟齬が生じた最大の要因は東京市長で拓殖大学学長の後藤新平が推し進めた日ソ提携にあった。大正一一年に満川は中野正剛（一八八六〜一九四三）、風見章（一八八六〜一九六一）ら『東方時論』の関係者を中心にして又新社を結成し、後藤が期待するアドルフ・ヨッフェ（一八八三〜一九二七）の来日の前段階において元極東共和国政府代表でダリタ通信東京支局長のワシリ・アントーノフと同年八月一五日及び一八日会見を行うなど日ソ関係の調整に向けて模索していた[39]。こうした満川、大川らの日ソ国交回復、日ソ提携の方向性はソヴィエト・ロシアに否定的な考えを持つ北との関係を冷却化させることになったと思われる。この日ソ関係認識を巡って具体的にいつ満川、大川と北との間の距離が広がったのかは不明である。ちなみに又新社がアントーノフと会見した半年以上前の北書簡18（大正一〇年一二月一〇日付）で、北が満川と「行き違い」でなかなか会えないと述べているが、それがどのような意味を持っているのかこの書簡だけでは判然としない。ただ満川が保存していた北の写真の裏には満川の筆で「北一輝氏肖像　大正十一年一月大川周明氏ノ撮影ニカカルモノ」[40]と記されていることや、北と満川の両者に宛てた大川書簡15（大正一一年八月七日付）の満洲出張でのロシア事情を伝える内容などからすると、少なくとも大正一一年八月上旬まではそれほど波風が立っているようには見受けられない。やはりアントーノフとの会見以降具体的な齟齬が表面化した可能性が考えられる。しかも北による後藤の日ソ提携論批判は単にロシアについての認識に止まらず北が後藤を人格的にも激しく批判したこともあって、後藤と親しい間柄にあり拓殖大学教授でもある大川の強い反発をもたらしたと思われる。いずれにしても北が「ヨッフェ君に訓ふる公開状」を著し頒布した大正一二年五月九日に先立つ三月の鹿子木員信（一八八四〜一九四九）の洋行を契機として猶存社は解散する。

さて『満川亀太郎日記』の大正一三（一九二四）年一月二八日の条に行地会例会の記述がある。[41] 大川、満川が中心となって設立した行地社の前身行地会は、前年度の日誌が存在しないので明言は出来ないが、この記事からすると猶存社の解散した前年の大正一二年の秋頃に結成されたものと推測される。そして行地社は大正一四年四月に発足する。[42] 大川書簡17（大正一四年二月二〇日付）と18（大正一四年二月二一日付）は行地社発足直前のものである。当時大川らが根拠地にしていたのは皇居旧本丸の中央気象台跡にあった小尾晴敏（一八八三〜一九三五）の社会教育研究所であった。この社会教育研究所の所在地に宮内省と交渉の上、行地社を設立しようとしていた大川、満川に対して文部省がそれを認可しようとしなかったことに憤慨して関屋貞三郎（一八七五〜一九五〇）宮内次官と打開策を相談している様子がこれらの書簡から窺える。

この行地社設立の大正一四年の春に表面化したのが安田共済生命事件であった。安田善四郎（?〜一九三七）を社長とする安田共済生命保険株式会社と結城豊太郎（一八七七〜一九五一）専務を中心にした親会社の安田保善社とのお家騒動という性格の強いこの騒動[43]において、門弟で安田共済生命社員の千倉武夫の助力の懇請を受けた大川が争議収拾に向けて介入した後に北が別途結城に接近して解決のための示談金三万円を受け取ったことにより、北と大川の対立はヨッフェ来日の件以来さらに深刻になったのである。

またこの時北の上海以来の門下生清水行之助（一八九五〜一九八一）が北の手元にあった朝日平吾の自刃の際の「血染めの衣」を持ち出して独自に結城を脅迫し報酬をせしめようとした。北は一時的には大川に対して清水を擁護したが、同年一〇月一〇日付けの「朝日平吾霊前への書翰」において「近七五ノ事、安田問題ヲ導火線トシテ同志悉ク自恃凌犯ノ本性ヲ露呈シ不肖ノ絶望悲憤殆ド幾年覚エザル所ナリ。（中略）大川周明ニ隷属スル行地社ト云ヒ、清水行之助ガ代表スト僭する大行社ト云ヒ、七十人組ト云ヒ、其他某々ノ幾十百人、嘗テ君ノ墓前ニ稽首シテ香一炷ヲ捧ゲタルコトアリカ。彼等悉ク君ノ骨ヲ喰ヒ君ノ屍ヲ売ル者ナリ、（中略）当年君ノ不肖ニ残セシ片《（形）》身ノ袷ハ清水行之助ナル者ニ転送セシ不明ニヨリテ今脅威金品ノ料トナレリ[44]」と強く清水を非難するに至った。清水はこれを契機に北の下を離れ、大川の陣営に入ることになったのである。

北書簡19（〔大正一四年〕一一月一日付）は「朝日平吾霊前への書翰」直後の時期の満川へ宛てたものである。具体的な内容としては未だ判然としないところがあるが、満川による大川、清水と北との和解の調整にも拘わらず清水らが北の同志達を分断するようなやり方で「再び喧嘩を売りに出て」来たことに対する北の怒り心頭の様子が窺える。

翌大正一五（一九二六）年に北、西田税（一九〇一～一九三七）らが北海道御料地払下げを巡る宮内省幹部の汚職を追及し宮内大臣牧野伸顕（一八六一～一九四九）、宮内次官関屋貞三郎らの辞職を求める宮内省怪文書事件を引き起こした。このことを契機に行地社は分裂し猶存社以来の同人嶋野三郎、中谷武世（一八九八～一九九〇）、笠木良明（一八九二～一九五四）、高村光次に引き続き八月一七日満川も脱退届を提出するに至る。[45] 満川は脱退した理由について直接的には宮内省怪文書事件であるものの、前年の安田共済生命事件以来の大川の行地社の運営と政策にあったと同年一一月に発行した『鴻雁録（第一）』において述べていた。[46] この満川の行地社脱退に対する大川の反応が大川書簡20（大正一五年八月一六日付）と21（大正一五年九月三日付）である。大川は月刊『日本』第一八号（大正一五年九月）において「今回の事件に関して同人の最も遺憾とする所は、満川亀太郎氏が行地社が該事件に関して西田氏等と立場を異にせりとの理由を以て退社された事である」[47]と述べていたのと同様に遺憾の意を示していた。ただ大川書簡21では、満川が「日本新聞」九月三日付けに恐らく大川側を批判するような記事を掲載したと思われるが、その事に対して真意を確かめるものとなっている。

こうして満川は大川と袂を分かったが、他方ヨッフェ来日の件以来一時的に距離ができた北との関係は、満川の日記を見る限りその後も交友が継続していることが判る。この満川と北との交友については既に別稿で論じているのでそちらに譲るが、[48] 満川は昭和四年（一九二九）年の「床波竹二郎暗殺計画」騒動では北と緊密に連携をとりながら動いていたし、また昭和五（一九三〇）

年一一月に「人種平等ノ大義ニ則リ亜細亜自疆ノ聖業ニ従事スベキ内外ノ人材ヲ養成[49]」することを目的として設立した興亜学塾を巡って塾舎を提供した人道徳光教会（ひとのみち教団、のちPL教団）との軋轢が起きた際にも北に相談している。[50] 満川にとって北は頼りに出来る貴重な存在であったといえる。

「満川亀太郎関係文書」に収められた北一輝の最後の書簡である満川宛の北書簡24（昭和七年五月に〇日付）は、血盟団の残党川崎長光によって五・一五事件当日狙撃され重傷を負った愛弟子西田税の容態を気遣う内容となっている。後に北は二・二六事件の際の警視庁聴取書において「其後所謂五・一五事件で西田が一命を拾ひましてからは、両者の間全く親子の様な心持で居ったのであります[51]」と供述しているが、この書簡からは順天堂病院で終始西田に付き添って看護した北の情愛が読み取れる。同時に西田に危害を加えた者たちに対する憤りも示されていた。

〈結びにかえて〉

北は大川と安田共済生命事件、宮内省怪文書事件等によって完全に交友を絶つことになってしまったが、宮内省怪文書事件の翌年の昭和二（一九二七）年二月二二日とさらに六年後の昭和八（一九三三）年一〇年七日に大川に宛てて書簡を認めている。昭和二年の書簡は、宮内省怪文書で入獄していた市ヶ谷刑務所より満川ら同志が迎える中、二月一五日に西田と共に保釈出所[52]してから丁度一週間後に書かれたものである。ここでは「君との友情に阻隔を来せし点は、一生一人に十二分の責あることを想ひて止まず候。（中略）相見る幾月幾年の後なるも可。途中ヤアヤアと悦び会するも可。あの「魔王」もおれを忘れることは出来ぬと御一笑被下度候。啓白[53]」と述べていて、大川との関係修復をはかろうとする色彩を帯びたものであった。また五・一五事件に連座して市ヶ谷刑務所に収監された大川に宛てた昭和八年の書簡においては「断じて忘れない、君が上海に迎へに来たこと、肥前の唐津で二夜同じ夢を見れたことなど。[54]」と懐旧の想いを綴っていた。これに対して大川は戦後北について回顧した「北一輝君を憶ふ」（昭和二八年）を著す迄、北の処刑以前に彼の方から北に接触することはなかった。

一方満川の方は日記を見る限り昭和八年一月一八日に大川の留守宅を見舞って以降しばしば大川に関する記述があり、大川との関係が途絶えていた訳ではないことが判る。昭和九年一一月に保釈されて間もない大川を訪問したり、翌年二月六日の渥美勝の慰霊祭に共に参列したりする模様も記されている。[55]北との関係ほど密接ではないが、満川は大川とも関係をある程度修復したものと思われる。それは満川の調整型の人柄のなせる業であったと云える。

満川は昭和一一（一九三六）年二月一四日から友人中野正剛の選挙応援のために九州旅行に出発する。一六日から一九日にかけて満川は福岡で連日中野の応援演説に立った。そして帰京したのは二・二六事件勃発の朝であった。[56]日記には北逮捕後の三月一八日と二五日に北の留守宅を見舞う記事がある。この後満川は五月三日に入浴中脳溢血にて倒れ、一二日に死去した。満川の日記を見ると長年休養を取る時間がない程全国をくまなく講演旅行して回ったり、さらに死の前年に設立した惟神顕修会では靖国神社で冷水を浴びる禊の修行を欠かさず行うような生活ぶりで、こうした生活が四八歳で命を落とす大きな要因となったと思われる。また長年の友人だった北が西田税と共に逮捕されたことも満川にとって精神的な痛手になったことは明らかであろう。その北は翌年八月一九日西田と共に刑死した。

（了）

注

（1）大川周明「北君を憶ふ」『大川周明全集』第4巻、大川周明全集刊行会、一九六二年、二四〇頁、中谷武世『昭和動乱期の回想（上）』泰流社、一九八九年、一〇五頁参照。

（2）長谷川雄一・クリストファー・スピルマン・福家崇洋編『満川亀太郎日記』論創社、二〇一一年、参照。

（3）満川亀太郎（長谷川雄一編・解説）『三国干渉以後』論創社、二〇〇四年、一六八頁。

（4）北一輝「支那革命外史」『北一輝著作集』第二巻、みすず書房、一九五九年、二〇七〜二一三頁。

（5）前掲『三国干渉以後』、一三一頁。

（6）大塚健洋「大川周明略年譜」『大川周明』中公新書、一九九五年、二二〇頁。

（7）前掲『三国干渉以後』、一六八頁。

（8）満川亀太郎「行余日記」大正八年三月三一日条参照（前掲『満川亀太郎日記』、五頁）。

（9）「何故に『過激派』を敵とする乎」の全文は、前掲『三国干渉以後』二九七〜三〇一頁参照。

(10) 北一輝「第三回の公刊頒布に際して告ぐ」前掲『北一輝著作集』第二巻、三五八頁参照。

(11) 「密第一〇二号其八九八　一、上海仮政府ノ過激派及社会主義者ト提携ノ件」（陸軍省大日記　大正八年乃至同一〇年共七冊其六）、アジア歴史資料センター・レファレンスコードC06031166600。

(12) 「老壮会の記」『大日本』一九一九年一〇月号、七一頁、前掲『三国干渉以後』二〇三頁。

(13) 満川著『三国干渉以後』では原書簡の冒頭にある「大川　満川盟兄　侍使」を文章末尾に移動するなど満川流の体裁を整えている（前掲『三国干渉以後』二〇二頁）。

(14) 前掲「北一輝君を憶ふ」、二三〇頁。

(15) 前掲『三国干渉以後』、二〇三頁。

(16) 同右、二〇四頁。

(17) 山鹿の妻ミカ（大正五年当時北宅の家事見習い）の証言によれば山鹿は北宅に同居したことはなく、譚人鳳が宿泊した北宅向かいの青山北町の洋館に護衛として泊り込み、そこから北宅に通っていたとのことである（向井孝『山鹿泰治――人とその生涯』自由国民社、一九八四年、二三四頁）。

(18) 田中惣五郎『北一輝（増補版）』三一書房、一九七一年、一五六頁。

(19) 前掲『山鹿泰治――人とその生涯』、二四〇頁。

(20) 松本健一『評伝北一輝　I若き北一輝』岩波書店、二〇〇四年、第一章及び第二章参照。

(21) 田中前掲書、二四〇〜二四一頁。

(22) 但し第三号（大正九年一〇月）は『雄叫』と改めている。なおこの北書簡を含めて北と満川との交友については、既に拙稿「北一輝と満川亀太郎――「満川亀太郎関係文書」にみる交友の軌跡」長谷川雄一・クリストファー・スピルマン・萩原稔編『北一輝自筆修正版　国体論及び純正社会主義』ミネルヴァ書房、二〇〇七年、四九九～五一四頁において論じている。

(23) 前掲『三国干渉以後』、二一九頁。

(24)『雄叫び』創刊号（一九二〇年七月）、四五～五一頁。

(25) 宮本盛太郎（一九四二～二〇〇五）氏は、木下半治『日本国家主義運動史Ⅰ』（福村書店、一九七一年）が挙げる二種類の綱領の外に『雄叫』第三号の「本誌の八大綱領」を三つ目の綱領と捉えている（宮本盛太郎『宗教的人間の政治思想　軌跡編―安部磯雄と鹿子木員信の場合』木鐸社、一九八四年、一三六～一三八頁）。ただ宮本氏は第三号の綱領とは異なる創刊号の「本誌の六大綱要」については全く言及していない。このことからすると創刊号については未見なのではないかと思われる。ちなみに創刊号の「六大綱要」とは、「一、世界的新日本精神の提唱、二、改造策の具体的論究、三、対外策の指導、四、国家的自主的理想への統一、五、各国改造状態の報道及批評、六、エスペラントの普及宣伝」であり、第三号の「本誌の八大綱領」は「一、革命的大帝国の建設運動、二、国民精神の創造的革命、三、道義的対外策の提唱、四、亜細亜解放の為めの大軍国的組織、五、各国改造状態の報道批評、六、エスペラントの普及宣伝、七、改造運動の連絡機関、八、国家的同志の魂の鍛錬」となっている。他方猶存社の同人中谷武世は木下半治が紹介する綱領とはまた若干異なるものを先ず示した後、『雄叫』第一号（第三号の間違いであろう）の八大綱領の方が実質的な猶存社の綱領と見るべきかもしれないと記している（前掲『昭和動乱期の回想（上）』、七二一〜七三頁）。なお第二号の綱要（或いは綱領）がどのようなものなのか興味深いが、現在のところ未見である。
(26) 前掲『三国干渉以後』二一六〜二一七頁。
(27) 前掲『北一輝自筆修正版　国体論及び純正社会主義』参照。
(28) 『雄叫』第三号（一九二〇年一〇月）、四八〜四九頁。
(29) 満川亀太郎「例会記事」「老壮会記事」（「満川亀太郎関係文書」、福家崇洋『戦間期日本の社会思想―「超国家」へのフロンティア』人文書院、二〇一〇年、に収録）
(30) 田中前掲書、二四二頁。
(31) 「二・二六事件・警視庁聴取書（二）」『北一輝著作集』第三巻、みすず書房、一九七二年、四七九〜四八〇頁。
(32) 中島岳志『朝日平吾の鬱屈』筑摩書房、二〇〇九年、一四一頁。
(33) 朝日平吾「死ノ叫声」『現代史資料（4）―国家主義運動（一）』みすず書房、一九六三年、四八〇頁。
(34) 橋川文三『昭和ナショナリズムの諸相』名古屋大学出版会、一九九四年、一〇六〜一一〇頁参照。
(35) 田中前掲書、二四二頁。
(36) 「訊問調書（大川周明）」『現代史資料（5）―国家主義運動（二）』みすず書房、一九六四年、六八五頁。

(37) 櫻井良樹「黒龍会とその機関誌」『黒龍会関係資料集Ⅰ〈日本国家主義運動資料集成第一期〉』柏書房、一九九二年、Ⅸ頁。
(38) 満川亀太郎「流水日記」四月四日条参照（前掲『満川亀太郎日記』、九頁）。
(39) 猪俣敬太郎『中野正剛の生涯』黎明書房、一九六四年、一七九～一八一頁、桝本卯平「アントーノフとの会見記」『東方時論』一九二二年九月号、七四～八二頁。
(40) 前掲『北一輝自筆修正版　国体論及び純正社会主義』扉の写真参照。
(41) 前掲『満川亀太郎日記』、三八頁。
(42) 満川は大正一五年一一月に発行した不定期刊行物『鴻雁録』（第一）において「大正十四年四月、皇祖祭日を期して我々多年の同志は結盟して行地社を起し、機関雑誌月刊『日本』の発行と共に、遍く全国に新たなる同志を求め、大阪、京都、足尾等の各地には支部が設けられ、着々として国家改造の聖業にいそしんだ。」と述べている（「鴻雁録」（第一）前掲『三国干渉以後』、三〇八頁）。
(43) 滝沢誠『近代日本右派社会思想研究』論創社、一九八〇年、三二六～三三〇頁。
(44) 北一輝「朝日平吾霊前への書翰」『北一輝著作集』第三巻、みすず書房、一九七二年、六六七～六六八頁。
(45) 満川日記の大正一五年七月二四日の条に「中谷、笠木、高村三君行地社を脱退す。数日前に嶋野三郎君脱退」とあり、また八月一七日の条には「行地社脱退通知書を発送する」とある（前掲『満川亀太郎日記』、八三～八四頁）。

(46) 前掲「鴻雁録」(第一)、三〇八～三一一頁参照。

(47) 「社告」(月刊『日本』第一八号)、五九頁。

(48) 拙稿「北一輝と満川亀太郎――『満川亀太郎関係文書』にみる交友の軌跡」前掲『北一輝自筆修正版 国体論及び純正社会主義』、四九九～五一四頁参照。

(49) 『興亜学塾要覧』一九三一年一月(「満川亀太郎関係文書」所収)

(50) 満川と人道徳光教会(ひとのみち教団)側から選出された興亜学塾の常務担当総務委員中村新八郎との対立に関すると思われる記述が北の『霊告日記』にある(松本健一編『北一輝 霊告日記』第三文明社、一九八七年、七三頁)。

(51) 「二・二六事件・警視庁聴取書(二)」前掲『北一輝著作集』第三巻、四六六頁。

(52) 前掲『満川亀太郎日記』の二月一五日条には「午后八時北君、西田君等保釈出所する旨笠木君より通知あり、よって千駄ヶ谷に至り、多数の同志に迎へられたる両君に会ふ」(九三頁)とある。

(53) 松本健一『評伝北一輝 Ⅳ二・二六事件へ』岩波書店、二〇〇四年、五八頁。

(54) 前掲『北一輝著作集』第三巻、六八三頁。

(55) 前掲『満川亀太郎日記』昭和九年一一月二〇日の条、一〇年二月六日の条、二月二〇日の条(二一八～二二五頁)参照

(56) 二月二六日の条には「午前六時半阿佐ヶ谷ニ帰ル。二・二六事件勃発」とある(同右、二五一頁)。

満川亀太郎宛書簡にみる青年将校、革新運動家、陰謀史観論者

クリストファー・W・A・スピルマン

1　書簡に表われた青年将校らの思想

この解説では、西田税（一九〇一～一九三七）、福永憲（一八九九～一九九一）、古賀清志（一九〇八～一九九七）、菅波三郎（一九〇四～一九八五）、柴時夫（一九〇三?～一九三二）、堀之内吉彦（生没年不詳）らの青年将校の書簡について詳しく見ていきたい。本書簡集から明らかなように、満川がこれらの青年将校に思想的な影響を与えたことは紛れもない事実である。もちろん、西田や福永ら陸軍士官学校の生徒は、すでに満川に出会う前から日本の改造やアジア解放の必要性を強く感じていた。しかし、日本をいかに改造するべきかについて、具体的な考えを持っていたわけではなかった。彼らの思いは、満川と出会うことによって初めて具体化した。そうした意味において、満川が果たした役割は決して小さくはなかった。

本書簡集には、西田税が満川に宛てた書簡が多く収録されており、二人の親交の深さを知ることができる。ここには、満川関係文書に残されている西田からの書簡をすべて載せてあるが、残念ながら大正一一（一九二二）年八月以前に交わされた書簡は残っていない。大正一四年の一通、大正一五年の一通、昭和期に入って書かれた短い書簡三通を除いて、満川宛の西田からの書簡は一一年から大正一二（一九二三）年までの時期に集中している。西田の最も早い書簡は、大正一一年八月四日付の故郷の米子から寄せられたものである。

西田は大正八（一九一九）年に広島幼年学校を卒業し、東京市ヶ谷の陸軍中央幼年学校に入ったが、この時点ですでにアジア主義やアジア解放という理想に強い関心を寄せていた。その表れの一つとして西田は、黒龍会の機関誌『亜細亜時論』（大正六年創刊号～大正一〇年廃刊）を愛読していたと伝えられている。[1] すでにこの段階で、彼は玄洋社の頭山満（一八五五～一九四四）を訪れたり、鹿子木員信（一八八四～一九四九）に会っていた。[2]

鹿子木は北一輝のように、アジア解放の必須条件として国家改造が必要であると説いていた思想家であった。鹿子木は猶存社の同人であったが、本書簡集の大川の書簡に「鹿子木君は学者になるのだからとの理由で引受けませせぬ[3]」云々とあるように、この時期の鹿子木は政治活動には関与せず、学問に専念していたようである。西田の手記「戦雲を麾く」に用いられている「戦闘的人生」や「永遠の戦い」などの表現は、鹿子木の著作の題名『永遠の戦[4]』や『戦闘的人生観[5]』から来ていると思われ[6]、こうした所に鹿子木の西田への思想的な影響が見られる。また、鹿子木は、日本に亡命中のインドの独立運動家ラス・ビハリ・ボース（一八八六～一九四五）を西田に紹介している。[7]

西田は文学青年であり、多くの書物を読み、鹿子木以外の思想家の影響も受けていた。例えば西田は、フランス人ポール・リシャール（一八七四～一九六七）の『告日本国』（初版一九一七）を読んでおり、アジア解放が日本の使命であるというリシャールの主張に刺激されている。鹿子木やリシャールの影響により、西田は、日本に亡命中のアジア各国の活動家に接近するようになった。西田が回想しているように、大正一〇年頃に「清朝の遺族粛親王の弟二十三子憲王及び巴布札布将軍の遺孤濃珠札布、干珠札布」と知り合ったという。[8] またほぼ同時期に、ベトナム独立運動に関わっていた青年陳文安（一八九八？～？）とも知己を得ている。[9] 陳は『月刊日本』に「越南人の政治的覚醒」という記事を書いた陳福安と同一人物である可能性がある。[10]

また西田は、この頃から日本のアジア主義者とも交際するようになった。その中には中国浪人として有名な川島浪速（一八六六～一九四九）、長瀬鳳輔（一八六五～一九二六）、水野梅曉（一八七七～一九四九）らがいた。

西田は大正一〇年頃から、アジア解放の第一歩として、国家改造の必要性を感じるようになった。しかし、陸軍士官学校の学生に過ぎない彼は、自分達の力でこのような大胆な目標に到達することは不可能であるという虚しさも覚えていたはずである。本書簡集に収められている西田や福永の書簡からわかるのは、[11] アジア解放の理想を実現する手段として、彼らが皇太子の弟宮である秩父宮（一九〇二～一九五三）に期待を寄せていたことである。そのような期待を寄せた理由の一つとして、秩父宮は西田らと士官学校の同級生であり、成績のよい西田が宮の学友として選ばれたことがあった。西田らは、秩父宮を動かして日本に抜本的な改革をもたらす大正維新を実現しようと考えていたのである。

西田らと秩父宮との関係については諸説があり、真相も定かでない部分が多い。しかし、保坂正康氏が指摘しているように、「西田とその同調者たちは、秩父宮との関係を意図的に拡大して軍内にふり撒いたのである。それも一方的に呼び出して自説を説いただけで同志とし、こんどはそれを言いふらすことで自分たちの運行を権威づけて見せた」というような側面もあったと思われる。[12]しかし書簡には、こうした意図的な誇張よりも、素直でナイーヴともいうべき期待が随所にこめられている。

しかし、西田は秩父宮にこのような期待を寄せる反面、皇室に対して全く無批判であったわけではない。書簡にある「皇族のなさるる所は——特に摂政宮及秩父宮のあまりに凡てを抛擲しての優遊は不肖等の腑に落ちざるものに有之候」という言葉が示しているように、時に西田は皇室を冷静な目で見ていた。[13]

秩父宮との関連で、西田に思想的影響を与えた鹿子木がここでまた浮上する。鹿子木は秩父宮と面識があり、思想的な影響を与えたと言われている。[14]彼が、西田の秩父宮への期待を刺激した可能性もある。

知的好奇心が強い西田は、実際に満川に会う前から、『亜細亜時論』を通じて彼の名前を知っていた。『亜細亜時論』に掲載された「満川亀太郎氏の亜細亜問題の諸論文を飽かずも読ん」だと西田は回顧している。[15] 満川もボースや日本のアジア主義者と親交があり、同じ仲間を通じて、西田と満川が出会うことは必然的であり時間の問題であった。

こうした交際を通じて、西田は福永、宮本進（?～一九二三）、柴有時（一八九九～一九四〇）（本書簡集に収さめられているのは弟の柴時夫の書簡である）らの幼年学校の同志とともに、大正一〇（一九二一）年に、青年亜細亜同盟を結成した。第一回目の会合は同年の一二月に持たれた。[16] 清水谷公園内の清香園で翌年二月に行われた二回目の会合では満川が、「東亜三国の同志一堂に会す」というテーマで講演をしている。西田はその時、入院中で欠席したため、二人の出会いは実現されなかった。[17]

入院中、西田は見舞いに来た宮本から猶存社のことを聞き、宮本が満川から借りた北一輝の『支那革命外史』を渡された。西田はこの北の名著を読んで感激し、まだ面識のない満川へ最初の書簡を出した。[18] これが二人の文通の始まりであり、交際の始まりであった。その後、西田は四月二三日に退院し、猶存社に出入りするようになった。[19] その頃、西田は初めて満川に会ったと思われ、その後二人は友情を結んだ。西田にとって満川は優しく、信頼できる兄のような存在であった。だからこそ、西田は満川に宛てた書簡で自分の内心を打ち明けることが出来たのである。書簡に見られる西田は逞しい軍人というよりも、感受性の強い、繊細な文学青年である。彼は精神的なものや宗教に強い関心を寄せていた。よく知られているように、西田は特に日蓮主義に惹かれていた[20]。こうした宗教への傾倒は、彼が抱いていた現状に対する不満と無関係ではなかった。

西田の書簡には、大正デモクラシーに対する考えが顕著に表れている。彼は他の青年将校らと同様、アジア主義者としての立場から、大正デモクラシーに激しく反発していた。例えば、当時、流行っていた個人主義は、日本の安全を危うくする利己主義にすぎず、舶来の廃頽的な危険思想であると彼は信じていた。西田は、大正日本が直面する危機と日蓮聖人（一二二二～一二八二）が生きていた鎌倉時代の危機的状況が酷似していると考えていた。「立正安国論を誦しては七百年の古へと大正の今日と符節を合する如き両時の世相に眉を顰め候。ああ他国侵逼の難よ、自界叛逆の難よ」と書いている[21]。そして猶存社が、まさに七百年前の日蓮のように、国家的危機に警鐘を鳴らし、当局の失策を戒めていると見ていた。鎌倉時代と同じように、今日の為政者（天皇の主権を侵害する点において、幕府と変わらない存在である政党政治家や官僚）は、現在の日蓮の化身である猶存社の訴えに聞く耳を持たず、国家の存亡に関わる危機を無視し続けている。彼は、政党政治や政党政治家に対する警戒心や憎しみを隠さなかった。

この時点で加藤友三郎（一八六一～一九二三）内閣は、政党内閣ではなかったものの、原・高橋両政党内閣の外交と変わらないような協調外交政策を行っており、西田はそれを「腰抜外交」と非難している[22]。「シベリア、間島――延いて朝鮮、外交の失敗の影響は頗る大なり、大陸発展の足場として、又アジア連盟盟主の試験問題として与へられたるこの朝鮮――北辺再び漸く擾々たる認むるに」は、そうした考えを端的に表している。西田はシベリアへのさらなる出兵を主張するような強硬論を張り、外交の堕落はまさに政党政治家の悪影響によるものであると嘆き、「腰抜外交に［このような政策］を望むべからざる」としている。(23) 西田ら青年将校らにしてみれば、政党政治や議会政治こそが諸悪の根源であり、この根源を取り除くことができれば、アジア解放という日本の使命が実現出来ると主張していた。

西田の思想は比較的よく知られているが、西田の親友で、満川とも親しくしていた福永憲は今では忘れ去られた存在である。本書簡集に収められている書簡は、福永の思想を理解するための手掛りを与えてくれる。彼も西田と同様、大正デモクラシーに対する強い警戒心や嫌悪を露わにするとともに、アジア主義という理想に燃えていた。また西田と同じように福永にも、秩父宮への期待と共に、宮中の側近への強い反発を感じていた。例えば福永は、次のように秩父宮が置かれていた状況を批判している。「宮中府中共に奸臣に充ち邦家不安定今日より甚だしきはなき時にあたり、殿下の御心痛もさこそと存じ我等も御言葉に依り自重自愛素志の貫徹に邁進すべきものと決心を固く致候」(24)。

福永もアジア主義の理想に燃えていたため、西田と同じように朝鮮を任地として選び、平壌に見習生として駐屯することになった。しかし、福永のアジア主義には、西田のそれにない要素が窺える。福永は、アジア民族の解放と日本の大陸進出との間に潜む矛盾に気付いていないだけでなく、次のような発言をしている。「日本人のゆく所神社如何なる田舎にも建立せられます。白い鳥居の立つ所それは精神的日本の領土です。仮令支那でも印度でも」[25]。こうした福永の言葉には、アジアは結局、日本の所有物であるという含みがあると思われる。

また彼が、朝鮮人を野蛮人と見くびっていたことも明らかである。「平壌は腹チブスで随分多くの悲劇が行はれます。葬式は毎日三つ四つ隊の前を通って行きます。死ぬるのは多く内地人で朝鮮人はチブスの菌は立派に持って居ても犬や猫と同じで病気にはなりません。こうなると文明人が幸福なのか野蛮人が幸福なのかわかりません」[26]。こうした見方は、西田の書簡に見られる朝鮮人への態度とは対照的である。

大正一二（一九二三）年前後の青年将校らの思想は、西田や福永の書簡から窺うことができるが、昭和二（一九二七）年一月に書かれた古賀清志の書簡もこの僅か数年の間に生まれた青年将校の思想的な変化を如実に物語っている。古賀は、五・一五事件に参加したことが知られているが、彼も西田と同様、数か月前に始まった昭和新時代について、「私等道に志す者のなすべき御代ではないでせうか」と期待を込めている[27]。古賀は、この新時代における青年将校等の使命が「建実〔ママ〕なる日本と亜細亜の確立」と「道義の世界」の実現でなければならないと考えていた。古賀が書簡で述べているように「建実なる日本」とは、国家の抜本的な改革を経た日本であり、「亜細亜の確立」は日本によるアジアの解放であり、「道義の世界」の実現とは八紘一宇への期待であった。

西田や福永と同様、古賀の書簡にも日本の資本主義と社会制度に対する反発が窺える。例えば彼は、「有産階級の道義観念の欠乏」を嘆き、「腐敗せる社会」をいかに改革すればよいのかという問題に悩んでいたようである。

興味深いことに、古賀は既にこの時点では、「我等も時と場所とにより悪に対して天誅を加へることもあります」と述べている(28)。つまり日本の改革を実現するためには、テロをも辞さない覚悟があると言う。テロの対象については具体的に言及していないが、道義世界の実現を阻止している「腐敗せる社会」の代表である既成政党の指導者や財閥の幹部が対象となることは容易に想像がつく。

古賀の書簡と同様、菅波三郎の書簡にも革新思想の影響が見られる。菅波は、同志とともにいつでも反乱(革命)を起こす用意があると主張していた。菅波によると、日本は革命が起きる寸前の状況に置かれているという。「東京が早いか、熊本が早いか将た鹿児島が先になるかは今日より予測する能はず。但し革命の渦心なる東都の一新社が蹶起する時、大局を明察して蹶起する段取になるかも知れません。若しその時は先生等の命令下に動きます。即ち統帥の要は茲にあるからであります。勿論軍と革命とは性格が異るし、清末革命時の様な武漢の烽起《ママ》となっても構ひませぬが、何れにせよ速やかに在京同志の組織的統一を万望します。強ち、統務をおくとか執行委員とかいふ問題でありませんが、好機一閃突として一致の行動に出づべき密接なる連繋連絡の謂であります(29)」。これを見ると、昭和六(一九三一)年以降、日本を揺るがした五・一五事件や二・二六事件などのテロ事件が、すでに昭和二年に構想されていたことがわかる。
当時、現役の軍人が政治に介入することが法によって禁じられていたため、政治的な内容の書簡は「犯罪」の証拠でもあった。そのため満川は、これらの書簡を慎重に扱い、一部を廃棄したと思われる。しかし時に、満川はこのような書簡を発信者の名前を変えて『月刊日本』や『鴻雁録』などに載せた。満川文書に残っている菅波書簡は一通のみであるが、『鴻雁録』三号には菅波が書いたと思われる書簡が掲載されている。発信者は鹿児島在住の須賀上一郎となっているが、菅波を知る一新社の同人は誰が書いたものかすぐに分かったはずである。(30)

遥かに南陬の僻地より我曹同志諸卿の御奮闘を相望しつつ、腕を扼しては悲憤し胸を撫しては骨なるの思ひを沈めつつ、昭和第二年も早や弥生三月の春を迎へんとして居ります。東の方米国の軍縮定義西の方南支那の革命争乱、彼を望み之を観て日東帝国の行方に新青年の躍々たる大望は実に堪え難きものが存するので御座います。……既に他事無し。疾く疾く此の一命を献して坦々たる大道の上に祖国日本の進路を置き、絶えざる創造の建国精神に生かしめなければならない。明け暮れ……の教育に赤誠を灑ぎて一朝有事の暁に処するの備を努めつつ実に心胸を焼くの思切々たるものあり、熊本に新日本建設同盟出来ます。井上〔寅雄〕氏の苦闘真に感激に堪えず。……今や統一の時機で御座います。凝って一丸となさざるべからず。分離分属は宜しからず。統一的組織の実行団体の出現を万望します。三月一日
鹿児島にて

文体も内容も本書簡集に収められている菅波書簡と酷似しており、須賀上は菅波三郎であるとほぼ確実に言うことができる。

堀之内吉彦という青年将校については、詳細は不明であるが、昭和三年に士官学校生であったことから逆算すると、明治四一年前後の生まれであると思われる。満川は、鹿児島の菅波の仲間の一人（後輩）である堀之内にも、地方で簡単に入手出来ないような書籍を送っていた。革新思想について知識を増やしたかった堀之内は、「今後も参考をなるべき新刊書等これ有り候折は御教示下されば幸甚に御座候」と満川を頼りにしている。[31] なお堀之内は、張作霖が爆殺される数カ月前、また満洲事変の三年前にすでに満蒙を日本の属国にすべきであると主張している。この時点では、満蒙への進出、日本による満蒙の支配の実現は、革新的思想の影響の下にあった青年将校の間では一種の常識となっていたと思われる。歴史家は、満洲事変が大恐慌への反発であったとしばしば説明してきたが、堀之内の書簡が示すように、満蒙に対する野望は大恐慌の前からすでに形成されていたのである。

堀之内は、蒙古（モンゴル）独立運動を論じる際、満蒙を中国から切り離してよいとしていたが、満蒙の完全な独立には反対していた。その理由として、「将来の日本即ち大和民族発展の地を満蒙に求めたく就中シベリア及蒙古は日本が之を領有すべきもの独立すべきものにはあらざる」と述べている。[32] この書簡に見られるように堀之内は、やはり西田や福永と同様、「黄人新興の黎明」を歓迎するアジア主義者であった。しかし彼は同時に国家主義者であり、ナショナリストでもあったため、日本の大陸への膨張を主張しなければならなかった。

しかし、こうした強硬な考え方にもかかわらず、彼は日本の大陸への膨張に疑問を持っていたようである。満蒙が「日本の参与により独立するも満蒙民族の幸福は得らるまじく又日本が其の参与に依り将来之に利権を要求するとすれば正義に照して如何と思ひ居り候[33]」と彼はこの疑問の解決を満川に求めている。満川の返事はどのようなものであったのかはわからない。

本書簡集に収められている柴時夫の書簡も、たいへん興味深い。柴（陸士三三期）は上述したように西田、福永、宮本進の同志である柴有時（陸士三三期）の弟であり、兄を通じて西田や福永とも親しい間柄にあり、青年亜細亜同盟に参加している[34]。柴は西田に、かなり信用されていたようである。西田が書いた秩父宮宛の建白書を預かり、宮の側近である曽根田に渡すように頼まれたのが柴時夫であったと言われている[35]。西田のような革新派将校と関係があったため、柴は憲兵隊から警戒されていた。昭和四年四月二一日に柴が書簡に書いているように、小川三郎という陸軍少尉が柴を含めたシンパへ革新的な内容の文書を送り、このことが憲兵隊に知れたため、柴は憲兵隊に革新派の要注意人物と見なされるようになった。

書簡の中で柴が触れている事情に関しては、昭和三（一九二八）年一一月五日付の「予備役騎兵少尉西田税発行印刷物『雄叫』購読方勧誘に関する件」という第八師団長真崎甚三郎が陸相白川義則に宛てた資料がある。ここには小川が、具体的にどのような文書を柴に送ったのかが記されている。「一、印刷物接受の状況　小川少尉の発信せる十月十四日付印刷押捺三銭切手二枚貼付親展封書を一〇月一八日頃所属中隊に於て受領し開封したる処内容物は士林荘機関誌『雄叫』一部『日本改造法案大綱の普及及運動に就いて』と題する印刷物一枚及小川少尉自筆の『雄叫』購読勧誘に関する謄写印刷一枚都合三種なりし」とある。(36)

柴の書簡はまた、青年将校の精神的な状況を把握するための貴重な手掛りとなる。柴は、軍部内の雰囲気、青年将校に対する憲兵の監視、憲兵隊の動きに対する青年将校の反発などを細かく描いている。憲兵による警戒に柴は憤慨し、陸軍を辞める覚悟をしたほどであった。しかし、扶養しなければならない家族の存在が、彼を思い留まらせた。彼は、他に仕事が見つからない限り、陸軍を辞める訳にはいかなかった。彼は、「唯一片の魂のみ持つ陸軍の棄るに細くとも生活し得る職の有之べきや。希望を申せば新聞社若くは雑誌社に就職の口ありや。貴殿の御知己又は御関係の其の方に御心当りもあらば枉げて御尽力願ひたく候。尚将来のための識及魂涵養のため最も捷径なる手段、思想及歴史等広汎に亘る学事研究のため大学聴講の手続方法等御教示被下度候」(37)と満川に仕事の紹介を頼んでいる。満川の返事がどのような内容のものであったのか分らないが、おそらく、記者の仕事はそれほど簡単に紹介できるものではなかったと思われる。結局、柴は陸軍にとどまり、昭和七(一九三二)年一一月一七日、満洲で戦死した。(38)

満川文書に収められている青年将校らの書簡は、彼らの思想を明らかにするだけでなく、革新運動における満川の役割も解明している。青年将校らが革新化していく過程において、満川は不可欠な存在であった。彼はアジア主義や国家改造に関する書籍を親交のある将校らにいつも送っていた。大正一一年頃には西田や福永等に、のちには、堀之内や柴、古賀、菅波にも送っていた。このように満川は、革新思想のプロモーターとして、青年将校らの間で広く知られていたのである。国家改造の方法や手段について知識を得たい青年将校や士官学校生が満川に手紙を出し、こうした書籍を貸してくれるよう依頼している。例えば、志岐孝人という青年将校が昭和六年一一月一〇日に出した書簡の中で、発禁扱いとなっていた北一輝の『国体論及純正社会主義』を他の士官学校生の同志と共に、「知識見識の啓発の上より一日も早く繙き度との希望に燃え居り候」ので、借りたいと依頼している。志岐はのちに二・二六事件の関連で逮捕され、禁固一年半の刑を受けた。

2　民間右翼に関連する書簡

次に、田川大吉郎（一八六九〜一九四七）、木島完之（一八八七〜?）、下中彌三郎（一八七八〜一九六一）、中谷武世（一八九八〜一九九〇）、佐々井一晁（一八八三〜一九七三）、中原謹司（一八八九〜一九五一）を取り上げ、書簡を理解するために必要と思われる事柄について述べていきたい。

満川は大正一五（一九二六）年夏に行地社を脱退した後、同年一一月に一新社という組織を作り、機関誌『鴻雁録』を発行していたが、わずか三号で休刊となった。一新社も、この短命の機関誌や満川の本を一冊発行する以外、これといった活動をしていた形跡はない。しかし満川は様々な形で革新運動にかかわり続けた。その活動の一例として、昭和五（一九三〇）年九月三〇日に設立された興亜学塾が挙げられる。この塾は国内の革新やアジア主義について、若い世代に知識や情報を与え、理解を深める目的で設立されたものであり、満川は興亜学塾の塾頭に就任した。

興亜学塾は、教育以外に出版活動も行っていた形跡がある。昭和六（一九三一）年六月に発行された、満川と親しく塾の学監でもあった福原武（一八九八～?）の『日本社会文化史概論』がそれである。しかし、人間関係がうまく行かなかったため、満川は興亜学塾に居づらくなり、昭和七（一九三二）年九月三〇日に塾頭を辞任した[39]。辞任の理由は経営上の問題及び教育方針をめぐる対立であったようである。満川の辞任は興亜学塾に致命的な打撃を与えたと思われる。代議士で明治学院の総理でもあった田川大吉郎は、満川の辞任の通知を受けて、満川に宛てた書簡に次のように書いている。「塾頭の位地を去り給ひたる趣御通知に接し呆然なることやや久しく幾分不審の感に打たれました。小生は貴台の在るる故、学塾の噂を承ることを楽み、貴台と学塾とは一体のものと思ってゐたのです。貴台の去られた後の学塾はどうするのでせう[40]」。

キリスト教徒で平和主義者として有名な田川とアジア主義を標榜する満川の関係は大正期に設立されたと思われる太平洋協会に遡るが、詳細は不明である。だが、この書簡も満川の影響力を雄弁に物語っている。満川は、田川のような知識人から興亜学塾と「一体のもの」と見なされており、満川が塾を去った後の興亜学塾は存在そのものが無意味になったとされている。

満川の所に出入りしていた木島完之の書簡は、血盟団事件で有名な井上日召（一八八六～一九六七）と満川の関係を考える上で重要な書簡であると言える。木島は、京都市長選への立候補を勧めるほど満川を崇拝していた。[41] また、彼は満川と井上日召のパイプ役を務めていた。木島と日召の友情は明治四三（一九一〇）年前後、即ち、日召と前田虎雄（一八九二～一九五三）が満鉄に入ったところに遡る。[42] 木島には修正塾塾長という肩書があったが、その生い立ちや、経歴、活動については不明な点が多く、修正塾という結社についても情報らしい情報がない。木島は大本教との繋がりがあったと言われており、[43] 出口王仁三郎（一八七一～一九四八）のところに出入りしていた形跡がある。

木島の書簡が示しているように、彼は本間憲一郎（一八八九～一九五九）が指導する紫山塾とも密接な関係があった。また木島は、赤尾敏（一八九九～一九九〇）の建国会にも出入りしていた。[44] 昭和八（一九三三）年七月のいわゆる神兵隊事件（クーデター未遂）では親友であった前田が逮捕され、裁判で四年の懲役が言い渡された。そこに木島が直接に関わっていたかどうか定かではなく、木島が逮捕された形跡もない。ただ昭和一一（一九三六）年の二・二六事件の取り締まりで、木島の名が出たことは事実である。[45] 日召によれば、昭和四年頃、「本間〔憲一郎〕の指導する紫山塾で、本間、木島、前田〔寅雄〕及び私の四人が会合して国家革新に関する秘密会議を開いた」[46] という。

ただ井上は、「木島は病弱で、実行力の点では物足りなかったので、彼には『後に残って、真の日本の歴史を書け』と言って、蹶起のためには呼びかけなかった」と回顧している。[47] このような事情により直接行動に加わらなかった木島は、血盟団事件の裁判の際、日召と小沼正の特別弁護人として活躍し、その回想を新日本国民同盟の機関誌『錦旗』に掲載した。[48]さらに、彼は昭和一〇（一九三五）年に同盟の教育部長に就任し、その後も数回、主に日召や事件との関連で『錦旗』に記事を投稿している。

木島書簡に出てくる護国堂はいうまでもなく寺院であると同時に、日召が昭和二（一九二七）年三月に起こした結社の名称でもあった。ここで、日召は血盟団事件の計画を編み、日召と親しい満川もここに泊まった。[49]護国堂の運営資金は、水濱電車株式会社が出していたと言われている。[50]木島の書簡に出てくる常陽明治記念館は、宮内大臣などを歴任した田中光顕伯爵（一八四三～一九三九）によって昭和四年四月に設立された。明治記念館も単なる記念館ではなく、木島が言うように一種の結社であったと見てよい。会長は田中で、外交官の室田義文（一八四七～一九三八）、実業家の井坂孝（一八七〇～一九四九）、銀行家の深尾隆太郎男爵（一八七七～一九四八）が副会長を務め、顧問に水戸徳川家一三代当主、公爵徳川圀順（一八八六～一九六九）の名がある。外務省調査部が昭和一〇年に作成した『主要国家主義団体要覧』は、会員五〇名を有するこの記念館を、国家主義組織として位置付けている。[51]

佐々井一晁の書簡は、昭和七年五月に結成された新日本国民同盟に関するものである。[52]同盟の同人には佐々井のほか、満川や平凡社社長の下中彌三郎らの名があった。しかし創立後間もなく、同盟の有力なスポンサーであった下中が突然脱会し、愛国勤労党も同盟から離脱した。[53]下中は平凡社の重役会で「党費を流用したのを」詰問されたため、脱会したと述べているが[54]、本当の原因は佐々井と下中の間に生じた確執であったと思われる。二・二六事件直後の菅波三郎の証言によれば、佐々井が下中を追い出し、同盟の指導権を握ったという[55]。下中が自分の意思で辞めたのか、平凡社の重役会の圧力を受けて辞めたのか、あるいは追い出されたのかはともかくとして、下中の脱会により、佐々井の同盟での指導権は絶対的なものになった。

満川はこのような佐々井の動きに対して、「同盟の認識にも運動方針にも客観的に幾多の誤謬があり、時勢の進転に即せぬ部分もあった」と不満を感じ、脱会届を出すことにした。しかし、本書簡集に収められている書簡が示しているように、佐々井はそれを受け入れず、満川が脱退すると同盟全体も壊滅の危険があると必死に満川を説得し、思いとどまらせた。その後、満川は『錦旗』の連載を続け、同盟のために講演活動を行ったが、二年ほど経った昭和一〇年秋に同盟を辞めた。その理由は、佐々井の強引な同盟の運営にあったが、直接のきっかけは佐々井による野本義松という幹部の同盟からの追放であった[56]。

新日本国民同盟にかつて参加していた下中は、老壮会に出入りしていた満川の古い仲間であった。二人の間には思想的な共通点が多く、とりわけアジア主義や国家改造に関心があり、勤労党や大亜細亜協会などの団体でともに活動した。下中の伝記とも言うべき『下中彌三郎事典』にも満川は何度も登場しており、二人の密接な関係を示唆している[57]。

しかし本書簡集に収められている書簡には、二人の政治的な関係よりも、出版社の経営者としての下中の姿が映し出されている。下中が社長である平凡社は、満川の代表的な著書である『ユダヤ禍の迷妄』と『三国干渉以後』を出版している。さらに満川が、その他の平凡社の出版事業にも貢献していることが、この書簡から窺える。書簡で言及されている『世界の今明日』は平凡社から一九三三年に出版された一六巻に及ぶ国際関係や時事問題に関する叢書であり、満川は『太平洋及豪州』と題した第二巻を執筆している。他の執筆者としては、満川との交際があった野波静雄（『ソヴエトロシアの実相を語る』）、中谷武世（『印度と其の國民運動』）、大竹博吉（『東南亜細亜諸国』）らがいた。満川は、書簡二に言及されている大百科事典以外にも、平凡社の企画である西郷隆盛の伝記編纂に関わっていた。

下中と密接な関係にあった中谷武世は、満川とも親しかった。中谷と満川の関係は、猶存社時代に始まった。その後、中谷は満川とともに行地社に入り、満川と同様、一九二六年の夏に行地社を脱会した。中谷は八高を経て東大法学部時代に上杉慎吉（一八七九〜一九二九）と平沼騏一郎（一八六七〜一九五二）が創った学生団体である「興国同志会」に参加しており、同志会が分裂したあと、また満川と同じように国本社とも密接な関係を持ち、国本社の機関誌『国本』に頻繁に投稿していた。中谷は、右翼活動家であると同時に、法政大学講師の肩書を持ち、民族主義を専門にしていた。国本社は一般的に復古右翼の団体と見なされ、その会長やスポンサーであった平沼騏一郎は司法官僚出身の保守主義者であったとされている。しかしここで注目しておきたいことは、保守的な国本社との関係にもかかわらず、書簡からわかるように、中谷はかなり革新的な思想の持ち主であったという点である。彼はすでに一九二十年代後半から、議会政治を否定し、ファッショ運動が唯一日本を救う手段であると主張していた[58]。

長野出身で早大卒の中原謹司は、一九二八年から『信濃時事新聞』の主筆となり、長野県会議員を経て、一九三六年二月に衆議院議員に当選した。一九三九年の平沼内閣では海軍参与官、一九四〇年には大政翼賛会協力会の総務部副部長を歴任した。書簡が示しているように、この国政に関わりのある革新陣営の政治家である中原にも、満川の影響が見られる。中原と満川の関係は一九二〇年代から続き、満川日記に中原の名前を散見することができる。その『太平洋及び豪州』のはしがきに満川は、「昭和二年紀元節に信州赤穂へ出向し」た際、中原謹司に会ったと記しているが、これは満川の記憶違いであり、満川が赤穂に出講したのは、大正一五年二月であった[59]。その翌年の二月九日に満川は、日本興国団体連盟準備会で中原に会い、翌日には中原が満川の自宅を訪れている[60]。

書簡で中原が用いている「太平洋は植安の池」という言葉は、『太平洋及び豪州』に、「満洲は日本の生命線であると言はれる。同時に太平洋も亦日本の生命線でなければならぬ」という文脈で出て来る言葉である[61]。

3　ユダヤ禍問題

満川の関心事の一つはいわゆる「ユダヤ禍問題」であり、本書簡集にもユダヤ禍関連の書簡が何通も含まれている（川上秀四郎書簡、木下雅雄書簡、平沼騏一郎書簡、松居甚一郎書簡）。

満川は一貫して「ユダヤ国家建設運動」やそれを支えるイデオロギーであるシオニズムに好意的であり、第一次大戦終戦以降、流布された「ユダヤ禍」論、すなわちユダヤ陰謀史観を徹底して批判し続けた。陰謀史観に対する満川の考えは、次のような発言から窺うことができる。「ロシア革命以来宣伝されたる『ユダヤ禍』の恐怖がある。ユダヤ禍論者の中には，普通運動や難波大助〔一八九九〜一九二四〕までも、ユダヤの陰謀が操つてゐるものの如く信じてゐる人がある。国家に国是を欠き国民に信念無き時、いろいろな幽霊が取り憑くものと思はねばならぬ[62]」と。つまり、「ユダヤ禍」は革命や社会的な変化に対する恐怖の表れであるとともに、未知に対する恐怖の表れでもあり、実態として存在しない一種のキメラであると主張した。こうした陰謀史観に対する満川の批判は、思想的には正反対の立場にある民本主義を唱導していた吉野作造と酷似していた。

ユダヤ禍に関する書簡は、満川の考えを批判する人からのものもあれば、その考え方に共感する人からのものもある。木下雅雄からの書簡は後者に属している。

木下は青山学院を卒業後、約五年間、欧米に留学し、ユダヤ迫害に関する研究を重ねた。一九三二年に帰国した後は、研究の成果を雑誌に連載し、それを『ユダヤ民族迫害史』というタイトルで一九三三年に日独書院から出版した。帰国直後の昭和七（一九三二）年の春に満川の家を尋ねて以来、木下は満川と親しく交際していた[63]。満川は「木下君ほど徹底したる研究と、公正なる見解とを有する人物を到底他に発見することが出来ない。（略）これを読めば、ユダヤ人が何故に迫害さるるかの理由を知ると共に、一面所謂『ユダヤ禍』なるものの如何に迷妄極まるものなるかを解することが出来る」[64]とし、木下の著作を高く評価していた。

満川は「ユダヤ禍」の嘘を暴く目的で、多数の論文や著書を発表したが、一九二九年に平凡社より出版された『ユダヤ禍の迷妄』がその代表的なものである。[65]『ユダヤ禍の迷妄』の出版の直接のきかっけとなったのは、一九二八年一一月七日に行われた平凡社主宰の座談会であった。この座談会は月刊『平凡』に掲載された。座談会の参加者は満川の他、信夫淳平（一八七一～一九六二）、大竹博吉（一八九〇～一九五八）、酒井勝軍（一八七四～一九四〇）、樋口艶之助（一八七〇～一九三二）、大石隆基（生没年不詳）、下中彌三郎、志垣寛（一八八九～一九六五）であった。満川、信夫や大竹はユダヤ禍の否定論者を代表していたのに対して、『シオン長老の議定書』の和訳『猶太禍』を北上梅石のペンネームで出した樋口や大石はユダヤ陰謀史観の標榜者であった。

この座談会では、満川はユダヤ陰謀史観論者のバイブルとも言うべき『シオン長老の議定書』を取り上げ、それを偽作と断定し、次のように述べた。「私は大正八年或るところで謄写刷りになってゐた議定書の梗概を初めて見たとき、ハアンこれは「朕が作戦」のやうな偽作だと直感したのです。「朕が作戦」といふのは欧州戦争の始まった時、何とかいふ人がカイゼルの原著を訳したといふ触れ出しで出版したのだが、つまりこれはカイゼルが軍国主義を以て世界を征服する計画書であるといふので、当時松方侯や上村海軍大将などが盛に他人にも購読を勧めたものである。ところが参謀本部の或る将校が疑惑を抱き、訳者に原書を見せて呉れと申入れたが、訳者はどうしても言を左右に托して見せなかったといひます。然かしこの議定書の方は勿論日本人によって偽作されたものでなく、偽作のままシベリヤ土産として輸入されたものを和訳したまでです[66]」。満川は自分の発言の根拠を明らかにしていないが、当初、『議定書』は本物と見なされていたが、一九二一年にロンドンタイムズ紙の特派員フィリップ・グレーヴス（一八七六〜一九五三、イギリス詩人ロバート・グレーヴスの兄）の調査によって偽造であると証明されたのである。

　ここで注目しておきたいのは、この座談会で、満川がユダヤ禍論者の一人である四王天延孝少将（一八七九〜一九六二）や司法省を批判したことである。「司法省主催の思想検事講習会が開かれた際、四王天少将の「猶太人の世界赤化運動に就て」といふ講義があったことである。それが科外講義として参考に聴講させるといふのなら兎に角、正科の科目として催されたので〔マヽ〕から、つまり司法省自身が猶太人の世界赤化といふことを認めた形になってゐる。これは猶太禍論者から言へば我意を得たり、これで思想の善導も出来ると喜ぶかも知れないが、猶太禍を日本人の妄想なりと断定してゐる私から見れば、実に容易ならぬ問題と考へます[67]」。

　ここで名指しされた四王天は、現役陸軍少将でありながら、大正一二（一九二三）年以降、時に藤原信孝というペンネームで、あるいは時には本名でユダヤ陰謀史観論を主張し、執筆活動を続けていた。ちなみに中将への昇進と共に予備役に回された一九二九（昭和四）年以降、身を隠す必要がなくなったためか、四王天はペンネームを使わなくなった。

では、なぜ司法省は四王天の講義を正科の科目として認めたのか。ここで、検事総長や司法大臣という経歴を持つ平沼騏一郎と四王天との関係を無視することはできない。四王天と平沼の接点は国本社であった。国本社は観念右翼団体として、陰で検事総長の平沼の支持を得て、大正九（一九二〇）年の秋に結成された。平沼は一九二四年に在野に下ると、公然とその会長の地位に就いた。その頃から、四王天は国本社との関係を持つようになり、理事になった。彼は、それをきっかけに平沼騏一郎と親しく交際し始め、機関誌である月刊『国本』にしばしばユダヤ禍論を投稿するようになった。『国本』は四王天の原稿だけでなく、それ以外の執筆者の手によるユダヤ過の記事を頻繁に掲載しており、ユダヤ禍は国本社のイデオロギーの不可欠な部分を成していたと言っても過言ではない。

平沼はユダヤ陰謀史観論者であり、太平洋戦争中、口述した『回顧録』に次のように述べている。「ユダヤ人の考は英米で成功してゐる。独逸はヒットラーが排斥したので、失敗したことにならう。伊太利もムッソリーニが居る間は自由にさすまい。ムッソリーニが出る前はユダヤに潰されてゐた。資本主義、自由主義、でその国を支配しゃうとしても、日本のやうな国では成功しないことは明らかである。然し彼等には判らなかった。それは日本の皇室を知らなかったからである。彼等は欧洲の皇室と同様に考へてゐた。欧洲の皇室は資本主義、自由主義の前にはバタバタ倒されたのである。ユダヤ人は両刀を使ふ。（略）自由主義がいかぬ処には共産主義を使ふ。ロシアを之でやったのである」(68)。この言葉が示しているように、平沼はユダヤ人の陰謀が日本の国体（皇室）を脅かしていると信じていたようである。

これを見ると満川と四王天や平沼、それから平沼が率いる国本社との間に対立が生じていてもおかしくない。四王天は満川に手厳しく、次のように感情的に『国本』で反論している。「『平凡』は廃刊となり又発頭人たる満川君と何等かの関係ありと目され居りたる政界の惑星、猶太人の弁護論の本尊後藤新平氏も此の世を去りたる今日、事新しく愚にもつかざる猶太禍迷忘論に対して反駁を加ふるも大人気なしと考へ自然の推移に委し来たりしが帝国在郷軍人の思想善導に多大の努力をなすべき一支部（略）軽々にも満川、大竹君等と共に吉野作造博士一派に共鳴して猶太禍迷忘論を唱導し新思想撲滅に反対する論文を其の支部報に掲載せしめて数万の在郷軍人に誤れる考へを伝へんとするに至りては捨て置き難き情況と云はねばならぬ[69]」。

このような四王天の反撃は、満川と国本社との関係に影響を及ぼしたと思われる。この頃から、満川は大正期に密接な関係を保ち続けていた国本社から段々と離れ、『国本』から満川の名前が消えてしまった[70]。その原因は、四王天や『国本』の陰謀史観論に関する議論にあったと思われる。満川は自分が正しいと確信し、司法省を批判した。また彼は、間接的に平沼を批判する座談会の速記録が転載されていた『ユダヤ禍の迷妄』を平沼に贈った。平沼は、この著作を見て不愉快に思ったに違いないが、いかなる反応も示さず、満川に丁寧な礼状を送った。これは、形式を重んじる、物静かな政治家であった平沼らしい行動である。

満川のユダヤ禍への批判は、大きな反響を呼んだ。本書簡集の木下書簡や川上書簡が示しているように、満川を支持する者も少なくなかった。また、四王天以外のユダヤ陰謀史観論者の反発を招いたことも不思議ではない。その反発のよい例が、松居甚一郎（一八八一〜一九三七）の書簡であった。一八八一年生まれの松居は京都大学卒の実業家であり、古くから、国民に道徳観念を植え付け、理想的なモデルを与えるため「偉人」の伝記を発表したりしたが[71]、大正期に入って、「ユダヤ問題」に関心を持ち始めた。彼は原理主義者のように、どんな議論においても、自説を否定する者を無視し、自分の考え方を絶対に曲げない頑固な心の持ち主であった。一例を挙げると、彼はムッソリーニの崇拝者として知られている下位春吉（一八八三〜一九五四）のフリーメーソン結社に関する「研究」に感激し、その話を聞きに行ったが[72]、下位にユダヤ人とフリーメーソンは関係がないと指摘されたにも関わらず、下位の意見を無視し、フリーメーソンがユダヤ人の別動隊だと主張し続けた[73]。つまり、彼はユダヤ禍に取りつかれた一種の偏執者であった。

松居はユダヤ人に関する書物を読みあさり、同調者と連絡を取った。その中には、平凡社の座談会に出席した酒井勝軍や[74]『猶太禍』の北上梅石がいた[75]。また修養団の主幹であった蓮沼門三（一八八二〜一九八〇）にも、この件に関して何回も書簡を送っている。蓮沼もユダヤ過に関心を持っており、修養団の機関誌である『向上』に「ユダヤ民族の大陰謀」についての記事を数回掲載した。松居がコメントしたように、『向上』の記事の「熱血の文字が溢れるのを見ても、（蓮沼）主幹が如何に猶太禍について憂慮せられてゐるかが窺はれる[76]」。修養団の理事長が平沼騏一郎であったことを考えると、ユダヤ陰謀史観論者の相互関係が浮き彫りにされる。

満川は、松居の『猶太民族の大陰謀とは何ぞや』を格好の例として『ユダヤ禍の迷妄』で取り上げ、批判した。[77]本書簡集に収められている松居書簡は満川への反論の試みである。

松居がユダヤ陰謀の根拠として挙げたのは、ロデリヒ・シュトルトハイム（F. Roderich Stoltheim）の *The Riddle of the Jew's Success* の日本語版『ユダヤ人成功の謎』という書物であった。シュトルトハイムは、反ユダヤ論者でドイツ民族至上主義者のテオドル・フリッチ（一八五二～一九三三）のペンネームであり、ドイツ語の原作は一九一三年に出版された。[78]フリッチは近代化がもたらした民主主義、自由主義、平等のような諸現象を嘆き、近代化はユダヤ人の陰謀の結果であると主張した。この余りにも単純な発想を、松居は真に受けたようである。結果として、ユダヤ禍論者とそれを批判する議論は、松居も指摘したように、「水掛論に終わる怖れ」があったため、満川は昭和四年五月一〇日に次のように書いている。「私はこれで断然ユダヤ禍論者との論争を打ち切ります。[79]」それに対する松居からの書簡は、見当たらない。松居は、満川を説得するのを諦めたようである。

注

（1）西田税「戦雲を麾く」『日本人の自伝一一』平凡社、一九八二年、三一七頁。

（2）九二〇年の秋に初めて鹿子木に会った。芦澤紀之『秩父宮と二・二六』原書房、一九七三年、一八頁。

(3) 満川宛大川書簡12、一九頁参照。
(4) 東京同文館、一九一五年。
(5) 東京同文館、一九一七年。
(6) 「戦雲を麾く」三〇一頁、なお鹿子木の影響については、堀真清『西田税と日本ファシズム運動』岩波書店、二〇〇七年、一四九～一五三頁。
(7) 「戦雲を麾く」三二〇頁
(8) 同右、三一九頁。
(9) 同右、三二五頁。
(10) 『月刊日本』一九二五年一一月号、三七～三九頁。
(11) 例えば、芦澤、三六～三七頁。
(12) 保坂正康『秩父宮――昭和天皇弟宮の生涯』中公文庫、二〇〇〇年、二四〇頁。
(13) 西田税書簡7、一六九頁。
(14) 保阪正康、一五九頁。
(15) 「戦雲を麾く」三一七頁。
(16) 堀真清、一五八頁。
(17) 「戦雲を麾く」三二一頁。
(18) 同右、三二三頁。

(19)　堀真清、一七二頁。
(20)　例えば、西田書簡4、一五六頁～一五七、西田書簡10、一七二頁。
(21)　西田書簡4、一五六頁。
(22)　同右、一五八頁。
(23)　同右、一五八頁。
(24)　福永書簡2、二二八頁。
(25)(26)　福永書簡1、二二六頁。
(27)　古賀書簡1、一〇二頁参照。
(28)　同右、一〇三頁。
(29)　菅波書簡1、一二九頁。
(30)　「鴈信集」『鴻鴈録』三号、『拓殖大学百年史研究』二〇〇二年一二月号、一八〇～一八一頁。なお、『鴻鴈録』一号に「須賀上」の短い書簡が掲載されているが、割愛した。同右、一五五頁参照。
(31)　堀之内書簡6、二四三頁。
(32)(33)　堀之内書簡4、二四一頁。
(34)　須山幸雄『西田税　二・二六への軌跡』芙蓉書房、一九七九年、七七頁。
(35)　芦澤、三四頁。
(36)　「昭和三年「密大日記」第二冊」、防衛省防衛研究所、アジア歴史資料センターＨＰ、ref.

C01003795200。
（37）柴書簡2、一二二頁。
（38）「情00012100」、国立公文書館、アジア歴史資料センターHP、ref. A03023848400
（39）『満川亀太郎日記――大正八年～昭和一一年』論創社、二〇一一年、昭和七年九月三〇日条参照（以降、『満川日記』）。
（40）田川書簡1、一三一～一三二頁。なお田川と満川の関係については、満川『三国干渉以後』論創社、二〇〇四年、一〇二頁を参照。
（41）木島「随想録」『錦旗』一九三五年四月号、五二～五三頁。
（42）木島「序」、井上日召（奥山八郎編）『日本精神に生きる』改造社、一九三四年、四頁。
（43）堀真清、一七一～一七二頁。
（44）井上日召、前田虎雄、鈴木善一も同様。津久井龍雄『右翼』昭和書房、一九五二年、一三七頁。
（45）「帝都の神兵隊関係者検挙―中心人物二十七名を留置」『大阪毎日新聞』一九三六年九月二三日（新聞記事文庫 犯罪、刑務所および免囚保護（七―〇七三））。
（46）井上日召『一人一殺』日本週報社、一九五三年、二七六頁参照。ちなみに、『錦旗』誌上で木島は次のように回顧している。一九二八年頃「井上日召、本間憲一郎、前田虎雄等の盟友と、骨ケ原に勤王志士の墓を弔ふた事があったが、其の井上は血盟団事件の捨石となり、本間は五・一五事件の人柱となり、前田は神兵隊事件の犠牲となって、各刑務所生活をして居る。私だけが残されて」いる。

(47)「随想片々」『錦旗』一九三五年二月号、九四頁。
(48)同右、二七七頁。
(49)「血盟団事件の特別弁護を終りて」『錦旗』一九三五年一月号、三五～四一頁。
(50)『満川日記』昭和四年八月一〇日条参照。
(51)外務省調査部編『国内情勢調査資料第六輯―主要国家主義団体要覧』『本邦に於ける右翼運動及び同団体関係雑件』アジア歴史資料センターHP、ref. B04012995200.
(52)創立日付は同右の要覧による。下中彌三郎伝刊行会編『下中彌三郎事典』平凡社、一九七一年、一七八頁、は同年の暮れとしている。
(53)「解題」『満川日記』二七七頁。
(54)例えば、堀幸雄著『最新右翼辞典』柏書房、二〇〇六年、三〇一頁。
(55)菅波三郎尋問調書、原秀男、澤地久枝、匂坂哲郎編『検察秘録二・二六事件三―匂坂資料第七巻』角川書店、一九九〇年、二八〇頁。
(56)満川と新日本国民同盟との関係については「解題」『満川日記』二七七～二七八頁参照。
(57)注(52)を参照。
(58)中谷書簡1、一四一～一四二頁。中谷ついては、中谷武世『昭和動乱期の回想―中谷武世回顧録』泰流社、一九八九年参照。
(59)『満川日記』七二頁参照。

(60) 同右、九三頁参照。
(61) 『太平洋及び豪州』平凡社、一九三三年、二二二～二二三頁。
(62) 満川「『赤旗』と『普選』と『ユダヤ』の恐怖」『月刊日本』一九二五年一〇月、七～八頁参照。
(63) 満川「こころの日記」『錦旗』一九三三年一〇月、六七頁。
(64) 同右、六七頁。
(65) 満川亀太郎著『ユダヤ禍の迷妄』平凡社、一九二九年。
(66) 「世界顛覆の陰謀」『平凡』一九二九年三月号、四六五～四七七頁、この座談会は『猶太禍の迷妄』にも転載されている(二二一～二三六頁)。
(67) 「世界顛覆の陰謀」、四六五頁。
(68) 平沼騏一郎回顧録編纂委員会(編)『平沼騏一郎回顧録』平沼騏一郎回顧録編纂委員会、一九五五年、一三〇頁。
(69) 四王天信孝「猶太人弁護論者に与ふ」『国本』一九二九年七月号、四六頁。
(70) 大正一〇年より一四年にかけて、『国本』の編集会議にも参加していた満川は、二七編の論文を『国本』に掲載している。昭和期に入ると、合計三編、四王天の反論が出てから一編のみを掲載している。
(71) 松居甚一郎『偉人の幼年時代に於ける共通の感激』互敬舎、一九二五年。
(72) 『猶太民族の大陰謀とは何ぞや』大日本文化建設社、一九二八年、九一～九二頁

(73) 同右、九七頁。

(74) 同右、八八頁。

(75) 同右、八七頁などを参照。

(76) 同右、七五頁。

(77) 『ユダヤ禍の迷妄』平凡社、一九二九年、改訂版、慧文社、二〇〇八年、一〇六〜一〇九頁。

(78) *Die Juden im Handel und das Geheimnis ihres Erfolges. Zugleich ein Antwort und Ergänzung zu Sombarts Buch:* "*Die Juden und das Wirtschaftsleben,*" Hobbing, Steglitz、一九一三年。

(79) 『ユダヤ禍の迷妄』慧文社、二〇〇八年、二四〇頁。

能勢丑三と満川との関係

今津敏晃

はじめに

満川亀太郎関係文書に収められた書簡には満川の交友関係を反映して、運動家、政治家の書簡が数多く収められるが、その中でやや毛色の異なる経歴を持つのが能勢丑三である。彼は建築史の研究者として知られ、石塔の調査研究を手がけ、「鏡山鳥影宝篋印塔」（『史迹と美術』第八巻第七四・七五号）を発表するなどした人物であった。また、敗戦後には京都師範学校や大阪市立大学文学部で講師として日本考古学を担当するなど教育にも携わっているが、アジア主義との関連については全く知られていなかった。そして、能勢と満川との直接のつながりは小学校時代以来の友人であるということにすぎない。

しかし、満川亀太郎文書に収められた満川宛能勢書簡をみると、彼が満川の関わった雑誌の購読者獲得に動いていることがわかる。その成果は僅かではあるが、大々的な運動や思想上の連携ではないという点で特異なケースである。しかも、満川とも相通ずるコスモポリタン的アジア主義の思想を持ち、両者の間で共鳴が見られたのだ。

そこで、本稿ではこの能勢丑三書簡を手がかりに、能勢にとっての満川と満川にとっての能勢の活動という点について取り上げてみたい。それは、この考察を通じて、アジア主義の思想的影響の最も周縁の部分が明らかになるとともに、運動上の周縁境界部分で何が起きていたのかということが明らかになると考えるからである。

1　能勢丑三の略歴

まず、『古代文化』三九巻六号（一九八七年）所収の角田文衞「能勢丑三略伝」、杉山信三「能勢丑三さんの思い出」、安井良三「故能勢丑三先生を偲んで」を手がかりに、能勢の経歴を追ってみたい(1)。

能勢は明治二二（一八八九）年八月一七日に京都市上京区において、父規十郎、母カメの間の三男として生まれた。規十郎は三井の番頭を務めた人物で、益田孝の知己でもあったようである(2)。最後には三井銀行神戸支店長を勤めて莫大な資産を残したという。そして、長男が廃嫡され、二男が夭逝したため、丑三が家督を継ぐことになったようである。

さて、明治二九年四月、京都師範学校附属小学校に入学した能勢は、明治三七年、同小学校高等科を卒業し、京都府立中学校に入学する。しかし、図案の勉強をするために翌年には中学校を退学し、京都市立美術工芸学校図案科に入学している。明治四三年に同校を卒業し、京都高等工芸学校図案科に入学、大正二（一九一三）年七月に卒業した。

高等工芸学校卒業後直ちに、辰野金吾・片岡安建築事務所に勤務するが、大正六年三月に同事務所を退職した。その後、大正一二年一二月京都帝国大学助手（工学部建築学教室）任官までの活動については角田「能勢丑三略伝」に付された略年譜にも掲載されていない。

任官後の能勢は朝鮮での調査活動をもとに研究を深めていった。大正一五年から昭和六年にかけて計一〇回にわたる調査活動の成果は「遠願寺の塔と十二支神像について」（『朝鮮』第一九七号、一九三一年）や「朝鮮に於ける獣首人身像にて表せる十二支方位神の資料蒐集の概要」（『京大建築会々報』第三号、一九三一年）、「朝鮮古蹟調査概要」（『京大建築会々報』第四号、一九三二年）として発表されている。

昭和七年に文学部考古学教室に転勤するが、昭和一〇（一九三五年）年に依願退官し、京都帝国大学文学部教務嘱託となる。昭和一三年まで同職を勤めたのちは、昭和二二年に京都師範学校講師となるまで職にはつかなかったようである。昭和二三年に体調を崩し、以後、昭和二八年に大阪市立大学文学部講師を委嘱されたほか、目立った活動をしていない。そして、昭和二九年には胃癌でこの世を去っている。

2　満川宛書簡に見える能勢丑三

満川文書に残されている能勢の書簡でもっとも古いものは明治四三（一九一〇）年一月一五日付のものであり、能勢が京都市立美術工芸学校図案科四年生時代のものである[3]。この書簡の内容は「兄よ僕は忘れては居りませぬよ　乞伏当将来の御高教並ニ後々の御交誼」というもので、奇異な感じを受けるが、これは前年一二月の満川からの来状に対して今まで連絡をとっていなかったことを詫びる意味合いがあったためである[4]。

その後、手紙のやりとりを再開し、大正二年ごろまで続いた。この間の書簡は能勢の近況報告が多く、学生生活についての悩みなどを打ち明けるなど、満川と能勢との親しさが窺われるものが多い。ただ、中には、満川の活動を窺わせる内容もあり、明治四三年八月一八日付書簡では満川から「一封の雑誌」が能勢宛に届いていることがわかる[5]。

ところが、この後、大正九年五月七日付書簡まで間が空くことになる。この時期は前述の略歴で辰野金吾・片岡安建築事務所を退職し、京都帝国大学に任官するまでの期間にあたるが、この間の事情について能勢は満川に当てて次のように語っている[6]。

辰野・片岡事務所に美術主任として迎えられた能勢であったが、自分の能力と周囲の期待、要求とのギャップの結果、「神身倶にめちゃめちゃと」なり、大正六年秋辞表を出して「暫く孤島に転じて神身の恢復を計り候」となったという。一年程して能勢自身は回復をみたものの、後継者として父親の介護および親族の身の振り方を付けるために奔走したほか、家政整理なども能勢の肩にかかってきた。その間三年は「部屋住みの身にして朝夕病床にある老父の枕辺に四六時中繞して薪水の労を採り居候」という暮らしぶりであり、「嘗つて畢生の業たりし美術の研究は中断せらるるの止むを得ざるに至」ったという。この間、恩賜武田五一京都帝国大学教授からの委嘱で、大阪毎日新聞社が国際オリンピック大会に寄贈した「三貴牌」の「大賞牌三面」を製作したという。

満川との関係でいえば、大正四年以前に満川が中村春吉なる人物からの絵画作成依頼を能勢に仲介しており、その作成に行き詰まっていたことも書中で述べている。[7]この行き詰まりが能勢にとってネックとなったようで、「御約束の絵の出来る迄はと爾来今日迄申訳無き御無音に打過申候」と書中で吐露している。

余談だが、満川との関係を断った背景に父親からの言いつけが作用した可能性もある。大正九年七月一一日付書簡[8]によると「往年尊契よりの年頭状に国難第一年とありし事を数日の後ある場合に老父に話しせしに、老父は面を正して言下に『左様な友達と以後交を絶つ可し』と申し」たという。能勢は父の発言の理由を「鼠の様な不肖児の丑三、遂に志士を誤る無きかを案じ過ごした結果だろうと信ずる」と忖度している。

このように、自身の隠遁生活中は満川とも連絡を取っていなかった能勢であるが、大正九年にやりとりを再開して以降はそれまでは見せなかった動きを見せ始める。

その一つは満川の発刊した雑誌の購読勧誘活動である。大正九年五月七日付書簡[9]、同年七月八日付書簡[10]、同年七月一一日付書簡[11]には能勢の近辺の人物を購読者として連ね、購読料金をとった控えが添付されており、能勢が京都において満川を支援する活動を行っていたことがわかる。また、能勢の書簡中には次のような勧誘活動報告も記されている。[12]

本日午後小生宅出入の呉服商番頭通称貞助君弐拾五才位極めて忠実なる質也に会ひ読書欲の有者を相尋候処、大にある由に付『雄叫び』の宣言并に老壮会の記を通覧致させ候処、非常に尊契を重もに感じ直に愛読者たらんとて一ヶ年分の購読料金三円五拾銭也を受け申候。早速郵便局に参り候も時間後なれば明日早速御送金申上候。

このように戸別に購読者を獲得する活動をする一方、満川の依頼を受けてであろう、『雄叫び』などのデザインに関わっていることが書簡から窺える。

大正九年六月二九日付能勢書簡[13]では、「次に二十一日付御帰書正に拝見仕候。カット是非共小生の手に成ったものとの事。近頃閑る仕候小生の目下の境遇として家事の為めに追はれ勝にて画等を画く時間なく為其ライブラリーも書庫に収めて紙魚の食むに任せて在る有様なれど、小生是非共筆が取って見度く二十四日以来書庫に入っていろいろ調べ申候処、扨て画く段になって又大変。腕が固まって思ふ通り動かず漸く本日朝来インキングして出来上りました。」（傍線原文）として、続けて扉絵の解説を述べている。

こうしたカットの依頼は二、三号続いたようで、大正九年七月一六日付能勢書簡[14]に、「寸閑に新らたに扉画を御目に懸けませう。然し昨今は一寸制作致し兼ねます。それはも少し東洋趣味

（支那大陸）の濃いものにしたいと考へています。三号には間に合ひませうが二号にはだめです。」と述べられている。

大正九（一九二〇）年以降の書簡の残存状況は大正一一（一九二二）年、一四年、昭和六（一九三一）年と期間を空けたかたちとなっているため、その後の関係は断片的にしか窺えない。ただ、大正一四年五月四日付能勢書簡で[15]、「御依頼の継続購読者は準次（ママ）御報告可申候。只だ継続購読の望み無き人々は如何所置仕べきや。勿論継続購読者には必ず先生の意志を伝へて配本可仕候。」とあるように、『雄叫』から『日本』への購読継続のために活動を続けているほか、大正一四年一二月二六日付能勢書簡では、「予而御送付被下候雑誌日本に就ては是非共旧読者を直接歴訪して貴下の御誠意を伝へ度しと存居候処、何分今秋来多端の為め荏苒今日に及び、僅に弐三五の旧購読者に伝へし外、新購読を薦めたる人も数人あり。」と勧誘活動継続を報告している。ただし、成果は今ひとつだったらしい[16]。

もっとも、この時期は能勢自身が京都帝国大学に職を得た時期に重なり、書簡中に「今秋来多端」や、「小生来春より弥々造形美術の上に現はれたる獣面人身混体像の文化史的考察の題目に力を注ぎたく決意罷在候。」と見えるように、調査研究活動に傾注し始めたため、購読勧誘活動に力を割くことができなくなってきた可能性もある。

こうして見てきたとき、小学校時代の友人関係が契機だったとはいえ、満川の活動に理解を示し、さらにはその活動の一端を担うに至った能勢丑三という人物の存在は、満川の持つ思想的影響力や満川自身の人的魅力の一証左とは言えないだろうか。また、能勢は、微力ではあるものの、満川にとって心開ける数少ない存在であったのかもしれない。

3 能勢丑三の思想的契機

以上、能勢の略歴と、彼と満川の活動の関係について述べてきたが、次に能勢自身についてアジア主義や国粋主義との関係について述べてみたい。思想家や運動家でもない人物についてその思想的契機を問うことの価値がどれほどあるかは不明だが、能勢が活動に積極的に関わったことに単なる親友への支援を越えるものがあると考えるからである。

能勢自身の最初の契機がいつかは判然としないが、学生時代にその端緒を見ることも可能かも知れない。京都市立美術工芸学校時代に「日本各時代ヲ代表ス可キ模様ヲ集メヨ」という課題が出された際、能勢は「石器使用時代ト天孫時代古墳時代及ビ推古時代天平時代光仁時代及藤原期の初期」を調査し、提出後も調査を続け藤原期を終えている。その理由は「蓋し藤原期は我国模様のゴールデン、エージなればなり」だからであった[17]。また、同校での卒業制作は「天平式即チ正倉院式回転式書斎飾り書架」だった。このように能勢は天平文化、国風文化を高く評価しており、それが製作活動に反映された可能性がある。

ただ、こうした漠然としたものではなく、能勢が明確に古代日本の意匠に開眼するのは隠遁時代に九州の遺跡調査にいったことであったという。この点について能勢は大阪毎日新聞社寄贈のメダル作製と関連づけて次のように言う(18)。

> 小生も嘗つて浜田博士と親しく九州に上代の遺蹟遺物を研究して既に其の当時より一牴の我国古代史に対する概念に革命を起し初め、何時かは具体化して世に問はんと思ひ居り候。先きなれば好機逸す可らずと存じ茲に独創的見地よりして日本賞に対しては伝統に依らざる日本の神様を表現仕候。

「浜田博士」（考古学者で京都帝国大学教授の浜田耕作か）との遺跡調査を通じて研究の進展によって新たになる古代史像に大きな影響を受けたことがこの書簡から窺われる。

この日本古代史への開眼は一方でコスモポリタニズムへもつながったようだ。大正九年七月八日付書簡で(19)、「カット」の意匠について述べた次の箇所にそれは窺われる。

> 此の大鵬は即ち〔カルラ鳥〕を指す也。金翅鳥品（漢訳）には文学守護神たる（文殊菩薩）の化身と称しています。（中略）勿論之の面は大陸より齎らした面です。而して我国皇家の式事に用せられます。如何に我国が過去に於てコスモポリタンなりしかを知る事が出来ます。国粋と称せらるるものの（ねた）は大概コーナものです。小生は我国力の過去に於て大陸迄て伸びて交渉があった事を単に芸術の上から帰納しても我国民性の最も特長は之のコスモポリタンな処だろうと存じます。（傍線、括弧とも原文）

この書簡に見られる能勢の考え方は天平文化の国際色の豊かさを踏まえてのものであるが、そのために日本文化称揚という国粋主義的な側面と国際性を両立させる視角を能勢に与えることになった。この点についてアジア主義的ながらもコスモポリタニズムへも開かれた満川の思想とのつながりを指摘できるだろう。コスモポリタニズムに立脚したアジア主義と天平文化に対する知見の共鳴をそこに見ることができるのである。

この大正九年ごろの能勢の転換を踏まえた時、大正一二年以降に能勢が建築史や新羅時代の朝鮮の仏教遺跡に強く惹かれたのは当然のなりゆきと考えられる。これらの書簡を通じて、彼の建築史上、考古学上の業績の出発点を見ることができるのである。

おわりに

以上、満川文書所収の満川亀太郎宛能勢丑三書簡の検討を通じて満川と能勢との関係を考察してきた。ここから明らかとなったのは幼少期の交友を契機として、思想家の思想伝播の一経路を生み出したほか、考古学上の新知見とコスモポリタン的アジア主義が共鳴関係を起こしていたことである。特に後者は、歴史学・考古学的関心といった普遍的契機によって媒介されたものであり、同時期のアジア主義が普遍的性格を帯びていたことを示している。

注

(1) 以下、特に断りのない限り、能勢の経歴はこの三論文によった。
(2) 能勢丑三書簡2。

(3) 明治四三年一月一五日付、満川亀太郎宛能勢丑三書簡(国立国会図書館憲政資料室所蔵「満川亀太郎文書」〈以下、「満川文書」と略す〉一〇四―一)。
(4) 明治四三年三月一〇日付、満川亀太郎宛能勢書簡(「満川文書」一〇四―二)。
(5) 明治四三年八月一八日付、満川亀太郎宛能勢書簡(「満川文書」一〇四―四)。
(6)(7) 能勢書簡1。
(8) 能勢書簡4。
(9) 能勢書簡1。
(10) 能勢書簡3。
(11)(12) 能勢書簡4。
(13) 能勢書簡2。
(14) 能勢書簡5。
(15)(16) 能勢書簡8。
(17) 明治四三年三月一〇日付、満川亀太郎宛能勢書簡。(「満川文書」一〇四―二)。
(18) 能勢書簡1。
(19) 能勢書簡3。

編纂を終えて

本書は「満川亀太郎関係文書」（現在国会図書館憲政資料室蔵）に収められている書簡類を適宜選択して編纂したものである。そもそも筆者とクリストファー・スピルマン教授が東京阿佐ヶ谷の満川の旧宅において膨大な日記、書類、原稿などと共にこれらの書簡類に接したのは、平成一四（二〇〇二）年三月のことであった。

それ以来我々は、この満川が残した史料の中から『北一輝自筆修正版　国体論及び純正社会主義』（ミネルヴァ書房、二〇〇七年）、『満川亀太郎日記』（論創社、二〇一一年）という具合に遅々としながらも少しずつ史料の出版化を進めて来た。この間満川のご遺族と相談の上、これらの満川史料は国会図書館憲政資料室、拓殖大学図書館、早稲田大学図書館等に寄贈され、一般の閲覧に供されることとなった。

今回刊行する本書簡集も先の史料刊行に続くものである。本書簡集では大正中期以降、老壮会、猶存社、行地社で満川亀太郎と関わりを持った同志、友人、知人などの書簡を集めている。中でも長年にわたり満川の良き理解者であった上泉徳弥は勿論のこと、猶存社の同志北一輝、大川周明、西田税らの書簡は数の上で群を抜いている。

また後に五・一五事件、二・二六事件に関係する青年将校らの書簡も興味を引くところである。

先に刊行した史料もそうだが、今回のこの書簡集の刊行が今後の近代日本のアジア主義の解明や国家主義運動の研究に寄与することを願って已まない。

なお今回の書簡集の刊行に際しては前史料集『満川亀太郎日記』と同様、巻末に〈発信者録〉〈主要登場人物・組織団体・機関誌録〉等を付したが、いつものように畏友スピルマン氏が獅子奮迅の活躍をした。また書簡集本文の解読には多くの方のご協力を得た。いちいちお名前は挙げないが、これらの方々に感謝の意を表したいと思う。さらに論創社の森下紀夫氏にはいつもながらご無理をお願いして出版して頂いた。改めて感謝申し上げたい。

二〇一二年五月二七日

長谷川 雄一

(82) 福原武著『日本社会文化史概論』興亜学塾、1931年。

(83)『日蓮主義』1927年10月～1944年2月までの間、日蓮宗宗務院により発刊された雑誌。

(84)『建設』創刊号、1925年10月。東京の建設社により発刊された月刊誌。

(85) 平凡社が発刊した雑誌『平凡』。

(86) 注(78)を参照。

(87)『日本時代』新東方協会(のちに日本時代社)が1928年以降発刊した月刊誌。

(88)『偕行社記事』陸軍の組織であった偕行社の機関誌。

(89) 包荒子[安江 仙弘]著『世界革命之裏面』二酉社、1923年。

(90)『日本読書協会々報』は1921年に発刊。

(91) 満川亀太郎著『世界現勢と大日本』行地社出版部、1926年。

Japan : a Political Study of Japan and of Her Relations with Russia, Great Britain, China、広文館、1919年。原著はオランダアムステルダムのC. L. van Langenhuysenという出版社から1918年に刊行された。

(63) 楠木正成（1294-1336） 鎌倉時代末期から南北朝時代にかけての武将。後醍醐天皇に応じて挙兵、千早城に籠って鎌倉幕府方に抗した。張巡（709-757）は唐代の武将、忠臣。睢陽城を守ろうとしたが、結局失敗して反乱軍によって殺された。洋画家小杉放庵（国太郎、1881-1964）は張巡を「楠公の千早城と比べて誉められる功績」と指摘した。西田も同様の意見であったようである。

(64) 月刊誌『解放』 創刊号は1919年6月、1923年9月に廃刊。

(65) 第二猶存社小冊は安岡正篤著『復興亜細亜の思想的根拠』猶存社、1922年。

(66) 満川亀太郎著『奪はれたる亜細亜』廣文堂書店、1921年。

(67) 大川周明著『復興亜細亜の諸問題』大鐙閣、1922年。

(68) 曽根田泰司。

(69) 高村光次か。

(70) 世界維新と日本→満川亀太郎著『世界維新に面せる日本』一新社、1927年。

(71) 北一輝著『支那革命外史』平凡社、1931年。

(72) 上泉徳弥著『大日本主義』廣文堂書店、1918年。

(73) 橋本左内（1834-1859）

(74) エスペラント語。

(75) 行地社機関誌『月刊日本』1925年4月発刊。

(76) ポール・リーシャール著（大川周明訳）『告日本国』青年書房、1917年。

(77) 満川亀太郎著『東西人種闘争史観』東洋研究会、1924年。

(78) 満川亀太郎著『ユダヤ禍の迷妄』平凡社、1929年。

(79) 大川周明著『復興亜細亜の諸問題』大鐙閣、1922年。

(80) 1922年11月から亜細亜文化協会研究所が発刊した雑誌。出版元は、東洋思想研究所を経て、1924年1月に社会教育研究所に変わった。発行者は安岡正篤。

(81) 恐らく1914年、上海で設立された日系会社東方通信社のことである。1920年に本社を東京に（新東方通信社）、1926年に国際通信社と東方通信社が合併、日本新聞連合社が発足。

(36) 英生　譚人鳳の孫、北一輝の養子、北大輝こと譚瀛生のこと。
(37) 故宋、故范　→宋教仁と范鴻仙のこと。
(38) 中国の革命家孫文（1866-1925）と黄興（1874-1916）のこと。
(39)「　」内は見せ消ち。
(40) 満川亀太郎著『黒人問題』二酉名著刊行會、1925 年。
(41) 新日本国民同盟。
(42) 新日本国民同盟機関誌『錦旗』。
(43) 日本愛国勤労党。
(44) 神田兵三か。
(45) 北一輝著『支那革命外史』大鐙閣、1921 年。
(46) 北一輝著『国体論及び純正社会主義』有斐閣、1906 年。
(47) 大正 14 ～ 15 年に発生した安田共済保険会社事件、十五銀行事件、宮内省怪文書事件、及び朴烈・金子文子〔怪写真〕事件をさす。
(48) この書簡で、一貫して、嶋野は「島野」と表記している。
(49) 平凡社発行『世界の今明日』叢書（全 17 巻、1933 年)、その 1 巻は満川著『太平洋及び濠洲』。
(50) 満川亀太郎著『世界維新に面せる日本』一新社、1927 年。
(51)『大道』は 1925 年 7 月から 1931 年まで発行されていた。
(52)『南国史話』→　注（20）参照。
(53) 満川亀太郎著『激変渦中の世界と日本』先進社、1932 年。
(54) 愛郷塾頭→橘孝三郎、紫山塾主→本間憲一郎。
(55) 1927 年 4 月 20 日に若槻礼次郎内閣総辞職。
(56) 全日本興国同志会。
(57) 満川亀太郎著『太平洋及び豪州』平凡社、1933 年。
(58) 北一輝著『国家改造案原理大綱』(1919 年)。
(59) 秩父宮のこと。
(60) 平野勣（後、砲兵大尉として、上海派遣軍)、片山茂生（陸軍中央幼年学校在籍、士官候補生、西田と同期)。
(61) 白井新太郎著『社会極致論』博文館、1921 年。
(62)『列強間の日本問題』 Sidney Osborne 著（小寺謙吉訳）*The Problem of*

（7）大正10年3月9日付けの書簡（12）に同封。
（8）拓殖大学の職員会議、『流水日記』大正10年4月六日条（『満川亀太郎日記』、10頁参照）。
（9）嶋野三郎。
（10）笠木良明のこと。
（11）満川亀太郎著『黒人問題』二酉名著刊行会、1925年。
（12）満川亀太郎著『三国干渉以後』平凡社、1935年。
（13）宮中某大事件のこと。
（14）満川亀太郎著『世界維新に面する日本』一新社、1927年。
（15）上泉徳弥の長男。
（16）『鴻雁録』の巻末のことか。
（17）満川亀太郎著『黒人問題大観』中央融和事業協会、1928年。
（18）月刊『東洋』東洋協会の機関誌。
（19）満川亀太郎著『日露戦争の世界史的意義』国民戦線社、1930年。
（20）川島元次郎［満川の兄］著『南国史話』平凡社、1926年。
（21）満川亀太郎著『満蒙特殊性の解剖』興亜閣、1931年。
（22）満川亀太郎著『世界の新形勢と亜細亜』社会教育協会、1932年。
（23）此処に地図書入あり。
（24）満川亀太郎著『三国干渉以後』平凡社、1935年。
（25）満川亀太郎著『ユダヤ禍の迷妄』平凡社、1929年。
（26）満川の著書と思われるが、不明。
（27）福原武著『日本社会文化史概論』興亜学塾、1931年。
（28）北一輝著『国家改造案原理大綱』1919年。
（29）原文頭注　大川周明氏。
（30）原文頭注　嶋野三郎氏。
（31）幸徳秋水。
（32）北書簡前便8と同日便。
（33）角田清彦のこと（北書簡11参照）。
（34）1920年11月30日、満川の長男靖誕生。
（35）北一輝著『国家改造案原理大綱』（1919年）。

論』などに執筆した。日ソ協会理事。

【ら行】

リカルテ（Artemio Ricarte、1866-1945）　フィリピン革命期と米比戦争期のフィリピンの将軍、1923年に日本に亡命。

李鴻章（Lǐ Hóngzhāng、1823-1901）　清の政治家。

李烈均（Lǐ Liejun、1882-1946）　中国国民党党員、革命家。

リーシャール、ポール（Paul Richard、1874-1967）　仏人、リール大学卒、法学博士、哲学者。

リシャール、ミーラ（Mirra Elfassa Richard、1878-1973）　リシャールの妻。

黎元洪（Lí Yuánhóng、1864-1928）　清の軍人、辛亥革命時に反乱軍の大将。

老壮会　1918年に満川らが結成した時局研究団体。

【わ行】

渡辺巳之次郎（1869-1924）　新聞記者、大阪毎日新聞、東京日日新聞主幹を兼務、著書に「孤立的日本の光栄」、『猶太民族の世界的活動』など。

和知鷹二（1893-1978）　陸士（22）、関東軍参謀、広東駐在武官、中将。

〈脚注〉

（1）井上寅雄書簡の一部は『鴻雁録』第1号、1926年11月にも転載。『拓殖大学百年史研究』11号（2002年12月）、156頁参照。内大臣は大官と書き換えられ、「大川先生」は「`` 先生」となっている。なお、東光会、益田なども割愛されている。

（2）牧野伸顕（1861-1949）、しかし、この時点では牧野伸顕は宮内大臣から内大臣に転じ（1925年3月）、一木喜徳郎（1872-1954）が宮内大臣であった。

（3）1929年のいわゆる床次竹二郎暗殺未遂事件との関係か（『満川亀太郎日記』論創社、2011年、解説参照）。

（4）『列強の領土的并経済的発展』廣文堂、1918年。

（5）満川亀太郎作成檄文「何故に『過激派』を敵とする乎」、1919年3月31日（満川亀太郎『三国干渉以後』（復刻版）論創社、2004年、297～303頁）。

（6）満川亀太郎著『今日の南米及び渡航移住案内』廣文堂、1919年。

中に墜落死。

閔元植（ミンウォンシク、1887-1921） 閔妃の甥、朝鮮時報社社長、朝鮮総督府中枢院副参議、1921年2月16日に東京市麹町区で朝鮮独立運動家で日本大学の学生の梁槿煥に暗殺された。梁槿煥は無期懲役。

茂木久平（1898-1970） 東京都出身、早大中退、老壮会同人、大化会の中心人物の一人。


【や行】


八代六郎（1860-1930） 海兵（8）、海軍大将、海軍大臣、男爵、枢密顧問官。

安江仙弘（1888-1950） 陸士（21）、陸軍大佐、ユダヤ陰謀史観論者。

安広伴一郎（1859-1951） 福岡県出身、慶大卒、ケンブリッジ大学卒、貴族院議員、法制局長官、枢密顧問官、満鉄総裁、山縣派四天王の1人。

矢田鶴之助（1872-1950） 島根県出身、長野県更級郡立乙種学校（現更級農高）の初代校長、1922年農村教育研究会、1926年信濃農村自由大学を創立した。

山鹿泰治（1892-1970） 社会運動家、アナキスト、エスペラントの普及につとめた。

山田丑太郎（不忘、1877?-?） 老壮会同人、実業家、樺太日々新聞社長、著書に『北門之宝庫富之樺太論』、『天下一丸壺常陸帯茶入之眞相』。

山本重太郎（生没年不詳） 東興連盟盟主、日協前衛隊盟主。

山本条太郎（1867-1936） 福井県出身、実業家、衆議院議員、南満洲鉄道株式会社総裁（1927-1929）など。

猶興社　1930年に長野県で中原謹司や森本州平によって結成された国家主義団体、それを土台に翌1931年に愛国勤労党南信支部が結成された。

猶存社　1919年8月に満川亀太郎、大川周明らによって結成された革新団体。

吉木久吉（1882-1926） 福岡県出身、建築家、辰野片山建築事務所勤務など。

吉田三郎（生没年不詳） 福岡県出身、玄洋社学校を経て、杉浦重剛の称好塾出身、大化会同人、大統社副社長。

吉田庄七（生没年不詳） 森岡中学校教諭、著作に『天啓と天佑』など。

吉田清子（せい、1891-1971） 長野県出身、日本女子大卒、「国民新聞」記者、雑誌『女性日本人』同人、大竹博吉の妻、夫とともにソ連に7年間滞在、帰国後婦選獲得同盟、新日本婦人同盟、日本婦人記者クラブなどで活躍、『社会評

独立国策協会会長、雑誌『人の噂』、『人と国策」主宰。

細川護立（1883-1970） 肥後熊本旧藩主細川家第一六代当主、侯爵、貴族院議員。

保々隆矣（1883-1960） 満鉄地方部学務課長。

ホルワット（Dmitri Horvath、1858-1937） ロシアの将軍、反革命臨時政府の指導者。

本間憲一郎（1889-1959） 茨城県出身、東洋協会専門学校中退、陸軍通訳、陸軍の諜報活動を経て、1928年紫山塾設立、1939年まことむすび社を組織、5・15事件に連座して禁固4年、戦後、新生日本同盟を結成。

【ま行】

益田孝（1848-1938） 三井財閥を支えた実業家、総合商社三井物産の設立者、中外物価新報を創刊、茶人、男爵。

松岡洋右（1880-1946） 米国オレゴン大学卒、外交官、衆議院議員、のち満鉄総裁、第二次近衛内閣外相。

抹殺社　　1921年1月に加藤昇、久保田順、平野小剣、角田清彦らによって結成された国家社会主義団体。皇太子外遊反対運動に参加、西園寺八郎邸襲撃事件を起こした。本部は巣鴨庚申塚にあった。

三木恵照（生没年不詳） 立命館大学双刃会会員、京都行地学生連盟副委員長、著書に『ここに阿弥陀さまがいらっしゃる―ある三名の絵日記より』。

皆川富之丞（?-1945） 熱河省警察庁長。

南一雄　クォン・デの日本名、クォン・デを参照。

南弘（1869-1946） 富山県出身、東大卒、第一次西園寺内閣書記官長、貴族院議、第一五代台湾総督、斎藤実内閣逓信大臣。

三宅花圃（竜子、1868-1943） 東京都出身、東京高女卒、歌人、小説家、雪嶺の妻、小説で文名があがる。著書に『藪の鶯』、『みだれ咲』、『花の趣味』など。政教社発行の雑誌『女性日本人』編集長。

三宅雪嶺（雄二郎、1860-1945） 東大卒、評論家、哲学者、中野正剛の義父。

宮崎滔天（寅蔵、1871-1922） 熊本県出身、アジア主義者、革命評論社の同人。

宮島大八（詠士、1867-1943） 興亜会付属中国語学校卒、書家、善隣書院創立者。父は宮島誠一郎。

宮本進（?-1923） 陸士（34）、西田税、福永の同志、1923年8月2日、飛行訓練

日本新聞　政友会の代議士小川平吉が1925年に創刊した新聞。綾川武治、中谷武世のような行地社脱退組も深く関わっており、大川に批判的であったと思われる。

野崎広太（1859-1941）　出版人、実業家、茶人、三越呉服店社長。

【は行】

白狼会　1923年に大陸浪人の辰川静夫（龍之介）が結成した団体、のち自然消滅（1925年4月か）。

橋本綱常（1845-1909）　医学博士、子爵、陸軍軍医総監、陸軍省医務局長、初代日本赤十字病院院長など、兄に橋本左内。

畑中光輝（生没年不詳）　老壮会同人、純労会会員。

パプシャプ（巴布扎布、パブチャブ、1875-1916）　内モンゴルトウメト出身、満蒙独立運動の立役者の一人川島浪速らの満蒙独立運動と連携し、内外モンゴルの統一を目指したが、1916年10月8日中国軍に敗れて戦死。

パヴロワ、アンナ・パヴロヴナ（Anna Pavlovna Pavlova、1881-1931）　ロシアのバレリーナ。1922年に来日。

浜尾新（1849-1925）　子爵。文部大臣、東大総長、内大臣、貴族院議員、東宮御学問所・東宮大夫副総裁、枢密院議長。

范鴻仙（Fan Hongxian、1882-1914）　中国の革命家。

『ひさかたぶり』　満川が発行したニューズ・レター、第1号は1929年6月20日に発刊。

平賀磯次郎（?-1929?）　福岡県出身、三五会、老壮会、猶存社同人。

フォード（Henry Ford、1863-1947）　米国出身、自動車会社フォード・モーターの創設者。

福原武（1898-?）　興亜学塾学監、日本社会文化研究所長、著書に『水戸學と農本經濟』、『日本哲学』、『勤王論の社會史觀的研究』など。

プラタプ（Raja Mahendra Pratap、1886-1979）　インド独立運動家。

ヘディン（Sven Hedin、1865-1952）　スウェーデンの地理学者、中央アジア探険家。著書に『さまよえる湖』など。

細井肇（1886-1934）　東京朝日新聞記者、評論家、朝鮮問題研究家、時局懇談会幹事、老壮会同人、国民外交協会を結成、1930年に創設された月旦社主宰、

導者。

陳古城（1898?-?）　安南独立党の首領。

土倉庄三郎（1840-1917）　奈良の実業家。

出口王仁三郎（1871-1948）　宗教家、大本教聖師。

寺田稲次郎（1896-?）　佐賀県出身、福岡修猷館中学校卒、江田島海軍兵学校教官を経て、大化会の道場の柔道師範、日本国民党中央執行委員長、秋水会代表。

天剣党　　西田税が1927年7月に作った結社。同志には藤井斎海軍少尉、末松太平見習士官、大岸頼好中尉、渋川善助（陸士中退）、村中孝次少尉、菅波三郎少尉など。

土井晩翠（林吉、元は「つちい」、1871-1952）　仙台市出身、東大卒、二高教授、詩人、英文学者、詩集に『天地有情』、『星落秋風五丈原』、『荒城の月』、『アジアに叫ぶ』など。

東亜同文書院　　1901年に東亜同文会（近衛篤麿会長）により上海に設立された日本人のための学院。

東海連盟　　1924年に侠客大杉精市によって結成された団体。

唐継尭（Táng Jìyáo、1883-1927）　清末民初の軍人、政治家、滇軍（雲南軍、雲南派）の創始者、中華民国の初代貴州都督、民国初期の10数年にわたり雲南省を統治した。

東光会　　熊本の五高の学生が1923年4月24日に結成した行地社の傘下学生団体、幹事は江藤夏雄。

同光会　　1921年2月に黒龍会の内田良平を中心に不安定化する朝鮮統治に直面して「内鮮融和」を目的に結成された団体。

東郷安（1882-1946）　福井県出身、男爵、貴族院議員。日本無線社長、横河電機社長。

【な行】

中平亮（1894-1981）　高知県県立第一中学校卒、大阪朝日新聞社、のち満鉄勤務。

中村春吉（1871-1945）　探険家、東京市四谷の中村霊道治療所所長。

那須太三郎（1874-?）　陸士（9）、陸軍少将、朝鮮憲兵隊司令官。

日本愛国勤労党　　1930年2月に成立した政治結社。幹部に天野辰夫、中谷武世、下中弥三郎、鹿子木員信（顧問）など。

サックの統領（アタマン）、反革命勢力の軍事指揮官。

宋教仁（Sòng Jiàorén、1882-1913）　中国の革命家、政治家、北一輝の友人。袁世凱の刺客に上海駅頭で暗殺される。

曾根田泰治（生没年不詳）　西田の友人、秩父宮付判任官。


【た行】


大同学院　　満洲国に1932年1月に設立された中堅官吏の養成機関、校舎は新京に置かれた。

『大日本』大日本社発行、創刊号は1914年10月、1922年に廃刊、社長は川島清治郎、満川は創刊号から編集者で1920年に退社。

高橋忠作（1895-?）　行地社同人、下中弥三郎、満川、杉田省吾らと共に経済問題研究会を設立、書記長となる、新日本国民同盟常任幹事。

高村光次（1891-?）　茨城出身、行地社同人、東興連盟幹部。

武田五一（1872-1938）　広島県出身、東大卒、京大教授、建築家。

竹林熊彦（1888-1960）　京大卒、ハワイの新聞記者、同志社大学予科教授などを経て、1924年より九州帝国大学司書官。

武樋平作（生没年不詳）　履歴不詳、数回老壮会の会合に出席。

建部遯吾（1871-1945）　新潟県出身、東大教授、社会学者、衆議院議員、貴族院議員。

橘孝三郎（1893-1974）　茨城県出身、一高中退、農本主義思想家、1931年4月に勤労学校愛郷塾を設立、5・15事件で無期懲役、1940年恩赦により出獄。

辰川静夫（龍之助）（1892?-?）　広島県出身、大陸浪人、大化会同人、白狼会総裁。

辰野金吾（1854-1919）　建築家、工学博士、帝国大学工科大学学長、建築学会会長。

田中義一（1864-1929）　陸軍大将、内閣総理大臣、男爵。

田辺治通（1877-1950）　山梨県出身、東大卒、満鉄理事、後逓信大臣など。

譚人鳳（Tán Rénfèng、1860-1920）　中国の革命家、北大輝の祖父。

秩父宮雍仁（1902-1953）　大正天皇第2皇子。陸軍少将。

張陰恒（生没年不詳）　清の政治家。

ヂトリックス（Mikhail Dieterichs、1874-1937）　中将、ロシア内戦時の白軍の指

栄の遺骨を奪ったと言われている。

『消息』　『雄叫』廃刊後、1924年に満川が出した不定期刊行物。

白井新太郎（1862-1932）　福島県出身、大陸浪人、東邦協会の設立者の一人、富士水力電気役員などを経て、衆議院議員。

白川義則（1868-1932）　陸士（1）、陸軍大将、田中義一内閣の陸軍大臣。

自由労働組合　1919年に結成された労働者団体。

士林荘　1927年2月に西田税により設立された結社、天剣党規約などを配布。

新日本建設同盟　井上寅雄が中心となり、1925に熊本で結成された団体。

新日本国民同盟　前身の日本国民社会党準備会が1931年4月頃に下中弥三郎を党首として開催された。

振武学校　1903年に陸軍士官学校または陸軍戸山学校の入学を目指す清朝からの留学生の準備教育のために設けられた。著名な卒業生に蔣介石。

新見吉治（1874-1974）　歴史学者、広島高等師範学校（1929年以降広島文理科大学）教授。著書に『猶太人問題』や『すめらみくに』など。

社会教育研究所　小尾晴敏により甲府で松柏塾として設立され、1921年3月から社会教育研究所に改名し、皇居内の旧本丸に移転した教育機関。のちにその一部は大学寮になる、同人等に安岡正篤、大川周明や満川亀太郎。

純労会　1919年に結成された労働者団体。一部の会員（たとえば角田清彦）は老壮会の会合にも参加。

章太炎（Zhāng Tàiyán、章炳麟、1869-1936）　辛亥革命の運動家。

ストルトハイム（F. Roderich Stoltheim）　テオドル・フリッチュ（Theodor Fritsch、1852-1933）のペン・ネーム、ドイツの著述家、反ユダヤ論者、原著 Die Juden im Handel und das Geheimnis ihres Erfolges は1913年に出版された。

ストレー（Moorfield Storey、1845-1929）　米国ハーバード大卒、弁護士、ジャーナリスト、黒人差別撤廃運動の指導者、全米黒人地位向上協会初代会長。

角田《すみだ》清彦（1899-?）　老壮会同人、抹殺社の設立者の一人、時局労働者同盟幹部、『革新時報』を発行。

赤化防止団　ロシア革命の影響阻止を目的に1922年に結成された団体。

関屋貞三郎（1875-1950）　東大卒、内務官僚、宮内次官、貴族院議員。

セミョノフ（Gregori Semenov、1890-1946）　ロシア革命当時、ザバイカル・コ

公正会　貴族院の院内会派（1919-1947）。

行地社　1925年に大川・満川を中心に設立された結社、『月刊日本』を発行、満川は1926年8月に脱退。

幸徳秋水（1871-1911）　アナキスト、大逆事件で処刑される。

国風会　1920年11月1日に江藤哲二を会長、山本峰吉を理事長として設立、大日本主義を掲げた団体、1921年に上泉徳弥を会長とし、会員4800人と言われた。

黒龍会　1901年に内田良平により結成されたアジア主義団体。

小日山直登（1886-1949）　福島県出身、東大卒、満鉄入社、満鉄理事（1927-1930）、のち、満洲の昭和製鋼所社長を経て、満鉄総裁、貴族院議、運輸大臣（鈴木貫太郎内閣、東久邇内閣）、公職追放。

【さ行】

西園寺八郎（1881-1946）　山口県出身、西園寺公望の婿養子、公爵、貴族院議員、官僚。

酒井勝軍《かつとき》（1874-1940）　独自のキリスト教伝道者、日猶同祖論者、オカルティスト、著書に『猶太人の世界征略運動』、『猶太民族の大陰謀』、『世界の正体と猶太人』など。

阪本則義（生没年不詳）　1906年6月に設立された京都合資会社社長。

桜井轍三（1873-1934）　茨城県出身、東京法学院（現中央大）卒、時事新報政治部長、時事新報社理事を経て、大阪毎日新聞客員。

佐々弘雄（1897-1948）　佐々友房の三男、熊本県出身、東大法学部卒、新人会周明会員、政治学者。

四王天延孝（1879-1962）　陸士（11）、陸軍中将（予備役）、ユダヤ禍論者、国本社理事。

紫山塾　1928年に本間憲一郎によって設立された団体。

支那協会　1928年11月に結成された会、幹部には満川の他に永田秀次郎（委員長）、大西斉、大竹博吉、長野朗、松井等、丸山鶴吉、水野梅暁など。

清水行之助（1895-1980）　福岡県出身、大陸浪人、辛亥革命に参加、猶存社同人、大化会の設立者、行地社同人、大行社会長。

下鳥繁造（生没年不詳）　大陸浪人、1932年の時点ですでに死去している。大杉

川島清治郎（1876-1929）　東京専門学校卒、二六新報勤務、『大日本』社社長、著書に『国防海軍論』、『貨幣廃止論』など。

川島元次郎（1877-1922）　京大卒、満川の兄、長崎高商教授、著書に『朱印船貿易史』や遺稿集『南国史話』など。

閑院宮春仁（1902-1988）　閑院宮載仁親王の第 2 王子、1945 年父載仁親王薨去に伴い閑院宮を継承、陸士（36）卒、陸軍少将、戦後は皇籍を離脱。

神田兵三（1899-1967）　高等小学校卒、地方無産政党の指導者、市会議員、新日本国民同盟幹部。

惟神顕修会　　1935 年に結成された神道団体、会人に満川の他に葦津正行（幹事）、鹿子木員信（理事）、沢田五郎（理事）、田尻隼人、千家尊建（理事）、松永材など。

菅野スガ（1881-1911）　婦人運動家・社会主義運動家、大逆事件で処刑される。

喜多川平八（1864-1940）　染織工芸家、生家の京都西陣の織物の老舗俵屋を継ぎ、唐織金襴を織り、西陣織物模範工場の設立に参加、作品に「飛竜宝相華文繻珍地柱隠」「繻子地菊花文様柱掛」など。

金玉均（1851-1894）　李氏朝鮮後期の政治家、開明派の一人、亡命先の上海で暗殺された。

九鬼隆一（1850-1931）　官僚、政治家、男爵、号は成海。

クォン・デ（Cường Để、彊柢、1882-1951）　ベトナム（阮朝）の王族、革命家ファン・ボイ・チャウの抗仏組織ベトナム維新会（Việt Nam Duy Tân Hội, Vietnam Modernization Association）の党首、1906 年以降、日本に滞在。

葛生東介（1862-1926）　黒龍会幹部、大日本国防義会の創立者の一人。

久邇宮邦彦（1873-1929）　皇族、軍事参議官、元帥陸軍大将、良子女王の父。

ケマル・アタテュルク（Mustafa Kemal Atatürk、1881-1938）　トルコ革命の指導者、トルコ共和国の初代大統領。

興亜学塾　　1930 年、満川が創立した塾（満川は 1932 年 9 月 18 日に脱退）。

『鴻雁録』　　1926 年末より 1927 年春にかけて、満川が一新社を設立して、その機関誌として発行した雑誌。3 号で廃刊。

興国同志会　　正式名称は全日本興国同志会、満川、中谷武世、綾川武治、渥美勝らによって 1927 年 11 月に結成された団体。

小笠原長生（1867-1958）　子爵、海兵（14）、海軍中将、東郷平八郎の私設秘書。

『雄叫び』（第3号は『雄叫』）　猶存社の機関誌、1921年7月に1号発刊、同年10月に3号で廃刊。

面家荘佶（1880-?）　大鐙閣代表、『學校事故實話實例對策集』の編者。

小谷部全一郎（1868-1941）　米国エール大卒、牧師、教師、アイヌ研究家、日猶同祖論者、著書に『成吉思汗ハ源義經也』、『日本及日本国民之起源』、『ジャパニーズ・ロビンソン・クルーソー』など。

【か行】

ガーベイ（Marcus Mosiah Garvey、1887-1940）　黒人民族主義の指導者、ジャーナリスト、企業家、世界黒人開発協会アフリカ会連合（UNIA-ACL）の創設者。

笠木良明（1892-1955）　東大卒、老壮会、猶存社、行地社同人、満鉄勤務、大雄峰会設立者、のち大亜細亜建設社総務部長。

柏原文太郎（1869-1936）　千葉県出身、東京専門学校卒、教育家、社会事業家、衆議院議員。

片岡安（1876-1946）　東大卒、建築家、大阪商工会議所会頭。

金内良輔（1895-1966）　山形県鶴岡出身、二高中退、猶存社・行地社同人、日本国体研究所総理、大政翼賛会東亜局企画部副部長。

兼子尚積（練造、生没年不詳）　著書に『人間本質の研究』、*Über das Wesen und den Ursprung des Menschen*（人間の本質及び根源）。

鹿子木員信（1884-1949）　米国コロンビア大学、ドイツのイエーナ大学大学院卒、哲学博士、哲学者、慶大教授を経て、東大講師、老壮会・猶存社同人、のち、九大教授。

神近市子（1888-1981）　元東京日日新聞記者、日影茶屋事件で愛人大杉栄を刺して服役2年。

亀川哲也（1891-1975）　早大卒、会計検査院に入り、森恪の私設経済顧問、1933年山崎延吉らと大日本農道会を組織。1936年2・26事件の謀議に参加、無期禁固。戦後、大赦で釈放される。

川島甚兵衛（1853-1910）　京都西陣の織物業者、伝統技術に洋風の新技術を加え、唐錦、綴錦を改良、壁掛や衝立などの大作も発表した。

綾川武治（1891-1966）　東大卒、東亜経済調査局勤務を経て、弁護士、日の会、興国同志会、行地社同人。

荒木貞夫（1877-1966）　陸士（9）、陸軍大将、陸軍大臣、文部大臣を歴任。皇道派（1924年1月に少将に昇任）。

荒畑寒村（1887-1981）　日本の社会主義者・労働運動家。

板垣退助（1837-1919）　土佐出身、立志社を設立し自由民権運動の先駆となる。のちに第1次大隈内閣の内相。

一新社　　行地社を脱退した満川が作った政治結社。『鴻雁録』はその機関誌。1927年に3号で廃刊。

犬養毅（1855-1932）　岡山県出身、慶應義塾卒、立憲国民党・革新倶楽部総裁、文部大臣を経て、政友会総裁、総理大臣。

今村貞治（1887-1961）　陸士（22）、陸軍少将。

岩田富美雄（富美夫、1891-1943）　日大中退、老壮会・猶存社同人、大化会代表、やまと新聞社長。

于右任（Yú Yòurèn、1879-1974）　政治家、軍人、書家、文化人、教育家、ジャーナリスト、中国同盟会会員、のちに国民政府の監察院院長、国防最高委員会常務委員など。

内田益生（生没年不詳）　東光会同人。

エジアン・レヴユー（Asian Review）　黒龍会が発行していた英字月刊誌。創刊は1920年2月、1921年11月に廃刊。

江藤哲二（生没年不詳）　国風会の幹部、著書に『五個庄村選擧粛正劇 三幕』。

大石隆基（生没年不詳）　著書に『素朴生活』、『陸軍人事剖判—陸軍士官が將軍になるまで』、『日本主義の基調』など。平凡社主催のユダヤ禍座談会（1928年11月7日）に参加。

大杉栄（1885-1923）　無政府主義者、関東大震災時の戒厳令下で甘粕正彦らによって殺害される。

大竹博吉（1890-1958）　ウラジオストク東洋学院卒、東京日々新聞記者、東方通信社を経て、ロシア問題研究所創設者、ナウカ社の創立者。

岡崎茂助（生没年不詳）　福岡県出身、早稲田柔道部出身？、大陸浪人、老壮会同人、大化会の幹部（『雄叫』に岡崎繁助の名前があり、同一人物と思われる）。

長、男爵、枢密院副議長、枢密院議長を経て、総理大臣。

福永憲（1899-1991）　滋賀県出身、陸士（34）、陸軍中佐、西田税らの同志。

ラス・ビハリ・ボース（Rash Behari Bose）（1886-1945）　ベンガル出身、1914年に日本に亡命したインド独立運動家。新宿中村屋の相馬愛蔵・良（黒光）の三女俊子と結婚し、1923年に日本に帰化。

堀之内吉彦（生没年不詳）　陸軍士官候補生。

【ま行】

松居甚一郎（甚市郎、1881-1937）　福岡県出身、号は錬石、京大卒、鉱業中野家の支配人。著書に『猶太民族の大陰謀とは何ぞ』、『一人一研究の人々』、『偉人の幼年時代に於ける共通の感激』など。

松井俊清（生没年不詳）　熊本の五高学生。

松村介石（1859-1939）　播磨国明石藩出身、牧師、日本のプロテスタント系新宗教の指導者、牧師、植村正久、内村鑑三、田村直臣と共にキリスト教界の「四村」と呼ばれた。修養団体「道会」の指導者。

満永正義（生没年不詳）　不詳。

宮井誠三郎（生没年不詳）　不詳。

【や行】

安岡正篤（1898-1983）　大阪市出身、東大卒、猶存社・行地社同人、金鶏学院や国維会の創立者。

柳瀬正観（生没年不詳）　早大卒、潮の会会員、のち講談社出版部。

山田敬徳（生没年不詳）　財界人、原敬首相の秘書官。

〈主要登場人物・組織団体・機関誌録〉

【あ行】

愛郷塾　　橘孝三郎によって1931年に茨城県常磐村に設立された私塾。5・15事件に参加したという廉で橘塾長が無期懲役となり、1933年1月には事実上解散。

渥美勝（1877-1928）　京大中退、「桃太郎主義」を街頭で説く、老壮会同人、聖日本学会や錦旗会の創立に関わる、全日本興国同志会総代。

武田維幸（1881-1973）　愛媛県出身、海兵（32）、海軍少将、呉工廠総務部長。

田崎仁義（1880-?）　東京高商卒、経済学博士、長崎高等商業学校教授、大阪商科大学教授。著書に『支那古代經濟思想及制度』、『建国の大精神――皇道国体の先天絶対性』など。

田中武（生没年不詳）　山口県在住。

筒井捨次郎（1888?-?）　東京高等師範卒、山口県立萩高等女学校長。

床次竹二郎（1867-1935）　鹿児島県出身、東大卒、内務次官、鉄道院総裁などを経て、1914年に政友会から衆議院議員、内相（原内閣、高橋是清内閣）、鉄道大臣（犬養毅内閣）、逓信大臣（岡田啓介内閣）。

【な行】

永井柳太郎（1881-1944）　石川県出身、早大卒、早大教授を経て、衆議院議員、民政党幹事長、拓務大臣（齋藤内閣、阿部内閣）、逓信大臣（第1次近衛内閣）、鉄道大臣（阿部内閣）、聖戦貫徹議員連盟に参加、大政翼賛会常任総務、東亜局長、大日本育英会会長、著書に『アジア再建の義戦』、『植民原論』など。

中谷武世（1898-1990）　和歌山県出身、東大卒、日の会、行地社、大学寮に参加、全日本興国同志会、愛国勤労党、新日本国民同盟、大亜細亜協会の幹部、法大教授、衆議院議員、戦後、日本アラブ協会会長、著書に『大亜細亜連合への道』、『印度と其の国民運動』など。

中野正剛（1886-1943）　福岡県出身、早大卒、朝日新聞記者を経て、東方時論社社長兼主筆、衆議院議員、東方会総裁、大政翼賛会総務。東條英機総理と対立し逮捕される。釈放後、割腹自決、著書に『講和会議を目撃して』など。

中原謹司（1889-1951）　長野県出身、早大卒、『信濃時事新聞』主筆、信州郷軍同志会幹事長、週刊『信州郷軍新聞』を発刊、1930年に猶興社を創立、長野県会議員を経て、1936年より衆議院議員、平沼内閣海軍参与官。

西田税（1901-1937）　陸士（34）、陸軍少尉（予備役）、猶存社同人、大学寮寮監、北一輝の側近、2・26事件で処刑。

能勢丑三（1889-1954）　京都高等工業学校図案科卒、辰野金吾・片岡安建築事務所を経て、京大工学部建築学教室助手。

【は行】

平沼騏一郎（1867-1952）　岡山県出身、東大卒、検事総長、司法大臣、国本社会誌『大日本』の支持者、国風会会長。

川上秀四郎（生没年不詳）　東北大卒、宮城県電気局勤務。

川村竹治（1871-1955）　秋田県出身、東大法学部卒、内務官僚、満鉄社長、司法大臣などを歴任。

木島完之（1887-?）　右翼活動家、井上日召と親交を持つ（在満当時からの井上の「盟友」)。建国会会員、修正塾塾長、日本国民同盟教育部長。

北一輝（輝次郎）（1883-1937）　新潟県出身、猶存社の思想的指導者。

木下雅雄（哲太郎、生没年不詳）　青山学院卒、『振興基督教』の編集者、著書に『ユダヤ民族迫害史』など。

古賀清志（1908-1997）　佐賀県出身、海兵（56)、青年将校の一人、5・15事件に参加、禁固15年。

【さ行】

斎藤実（1858-1936）　陸奥国水沢出身、海兵（6)、子爵、海軍大将、朝鮮総督、総理大臣、内大臣、2・26事件で暗殺。

佐々井一晁（晁次郎）（1883-1973）　兵庫県出身、神戸パルモア英学院高等科卒、社会運動家、内務省社会局嘱託、1932年に新日本国民同盟書記長、衆議院議員。

佐藤鉄太郎（1866-1942）　山形県出身、海軍中将軍人、貴族院議員、学習院教授。

志岐孝人（生没年不詳）　陸士（41)、陸軍中尉、2・26事件で禁固1年6ヵ月。

柴時夫（1903?-1932）　陸士（36)、陸軍大尉（兄有時、陸士（33)、2・26事件で無罪判決)。

嶋野三郎（1893-1982）　石川県出身、金沢第一中学校卒、猶存社同人、ロシア留学、東亜経済調査局勤務、著書に『哲学概論』、『この目で見たロシア革命上・下』など。

下中弥三郎（1878-1961）　平凡社社長、老壮会同人、日本愛国勤労党、大亜細亜協会幹部。

菅波三郎（1904-1985）　宮崎県出身、陸士（37)、陸軍大尉、2・26事件で禁固5年、著書に『昭和風雲私記』。

【た行】

田川大吉郎（1869-1947）　長崎県出身、東京専門学校卒、ジャーナリスト、東京市助役、衆議院議員、太平洋協会の指導者。

〈発信者録〉〈主要登場人物・組織団体・機関誌録〉〈脚注〉

＊発信者録等の注釈では原則として、登場人物に関する最低限の情報を挙げた。
＊生没年はカッコの中に記した。ただし不明な場合は「？」と表示した。
＊一部の教育機関の名称を適宜、省略した（例えば、東京帝国大学を東大、京都帝国大学を京大、早稲田大学を早大、拓殖大学を拓大など）。同様に陸軍士官学校を陸士、海軍兵学校を海兵と省略し、直後のカッコの中に期を記した。
＊原則として軍人の場合、最高階級を記した。官僚や民間人については最低限、重要だと思われる経歴を記した。
＊著作がある場合は、代表的なもののみを挙げた場合もある。
＊西郷隆盛のような歴史的に著名な人物の紹介は割愛した。

〈発信者録〉

【あ行】

伊東六十次郎（1905-1994）　青森県出身、東大卒、行地社同人、満洲国協和会理事、東亜連盟同人、大同学院教授、亜細亜大学講師、著書に『満洲問題の歴史』など。津軽藩の儒学者伊東梅軒（1815-1877）の孫、父は医師の伊東重。

井上準之助（1869-1932）　大分県出身、東大卒、日銀総裁、浜口・第2次若槻両内閣の大蔵大臣、1932年2月9日に血盟団員の小沼正に暗殺された。

井上寅雄（生没年不詳）　熊本の五高の学生、東光会会員、神風学寮（熊本市）や新日本建設同盟（本部熊本市）の設立者。

上原勇作（1856-1933）　薩摩藩出身、陸士旧（3）、「日本工兵の父」と称される。1912年、第2次西園寺内閣の陸相、子爵、陸軍大将、元帥。

大川周明（1886-1957）　山形県出身、東大卒、法学博士、老壮会同人、猶存社・行地社の指導者。

【か行】

門野重九郎（1867-1958）　三重県出身、東大工学部卒、実業家。

上泉徳弥（1865-1946）　米沢藩出身、海兵（12）、海軍中将、国防義会幹部、雑

山鹿泰治　73-74
山縣有朋　193, 262
山際　125
山崎闇斎　222
山崎五郎　186, 193
山下呉服店　221
山下兵衛　209
山田丑太郎　11
山田勝太郎　71
山田敬徳　274
山中伊三郎　91
山本重太郎　91
山本条太郎　124
猶興社　147
猶存社　18-19, 31, 52, 81-86, 89, 91, 110, 157, 162, 166-167, 169, 176, 228, 261, 265, 274
横江万次郎　215
吉木久吉　214
吉田　81-82
吉田三郎　91
吉田庄七　106
吉田清子（せい）　81

【ら行】

ランシング（Robert Lansing）　97
リカルテ（Artemio Ricarte）　143
李鴻章　97
李根元　100
梨氏→リシャール参照
陸軍大学校　119
リシャール（Paul Richard）　5-10, 218
李烈均　100
黎元洪　99
レニン（レーニン、Vladimir I. Lenin）　157, 164- 165, 249, 264
老壮会　8, 52, 205, 260-261
ロスチャイルド（Rothschild）　56
ロマノフ（Romanov）　164-165, 262

【わ行】

ワシントン（George Washington）　262
渡辺巳之次郎　253
和知鷹二　142-143

ボース（Rash Behari Bose）　26, 143, 234-238
細井肇　272
細川護立　16
保々隆矣　124-125
堀之内吉彦　238-244
ホルワット（Dmitri Horvath）　55
本庄学　187
本間憲一郎　61-63, 136

【ま行】

益田信世　193
益田孝　193
松居甚一郎　244-255
松井俊清　256-257
松井遊見（松居遊見）　198
松岡洋右　124
抹殺社　19, 93
松村介石　16, 257-258
マルクス（Karl Marx）　75-76, 246, 249
満鉄　9, 14-16, 20, 22-23, 124-125, 266
ミカ子（山鹿ミカ）　79-80
三木恵照　128
水沢安次郎　186-187
三井（財閥）　206
三井銀行　215
三井秀之助　206
満川靖　54
満永正義　267-268
皆川富之丞　273
南一雄→クォン・デ参照
南弘　71
三原　91
宮井誠三郎　268-269
三宅花圃（竜子）　81
三宅雪嶺（雄二郎）　81
宮崎滔天（寅蔵）　71
宮島大八　67, 210, 263
宮殿下→秩父宮雍仁親王参照
宮本進　172, 230
宮本正記　245
閔元植（ミンウォンシク）　264
民政党　124
武藤　135
ムハメッド　232
村上永三　186-187, 196, 203
明治天皇　90
茂木久平　16
桃井伊織→橋本左内参照
文部省　24-25, 198

【や行】

八代六郎　16
安江仙弘　101, 252
安岡正篤　27, 153, 174-175, 230, 245, 251, 270-271
安田（財閥）　49
安広伴一郎　124
矢田鶴之助　270
柳瀬正観　272-273

徳川幕府　96
床次竹二郎　87-88, 139, 262-263
豊臣秀吉　96
トルストイ（Lev Tolstoy）　78

【な行】

永井柳太郎　140-141
中江兆民　79
中谷武世　141-143, 229
中野正剛　95, 144-145
中原謹司　146-147
中平亮　143
中村静学　209
中村貞一　220
中村諦亮　174
中村春吉　184, 192, 200
中村屋　143
那須太三郎　171
楠子→楠正成参照
南洲→西郷隆盛参照
西田税　95-96, 113-116, 122, 130, 148-180, 227-228
日蓮　92, 156, 172
日本愛国勤労党→愛勤党参照
日本銀行　2
日本読書協会　254
農商務省　9
野崎広太　193
能勢丑三　181-223
能勢秀四朗　193

【は行】

バーンス（Burns）　197
白狼会　91
橋本左内（桃井伊織、敬岳）　188-189, 195, 207
橋本綱常　207
畑中光輝　93
パプシャプ（巴布扎布、パブチャブ）　48
パヴロワ（Anna Pavlovna Pavlova）　160
浜尾新　94
濱谷隆　170
原敬　262, 274
范鴻仙　99, 178
東久邇宮稔彦　264
樋口艶之助　250
平賀磯次郎　13, 85
平田東助　262
平沼騏一郎　224
平野勣　152, 167, 231
広岡光哲　206
フォード（Henry Ford）249
福永憲　117, 155, 175, 225-234
福原武　64
藤木林次郎　203
プラタプ（Raja Mahendra Pratap）　64
平氏　151
平凡社　126-127, 178, 246
ヘディン（Sven Hedin）　200
ペルリ　（Matthew C. Perry）　40
包荒子→安江仙弘参照

曾根田泰治　174, 227-228
蘇武　176
孫文　99

【た行】

大正天皇　88-89, 263
大同学院　1, 2, 273
大東文化学院　173
大日本社　3, 52, 68, 181
高田利市　186-187, 196, 203
高橋忠作　66
高村光次　175, 177
田川大吉郎　131-132
武田五一　182
武田維幸　132-134
竹中　125
竹林熊彦　254
武樋平作　8
建部遯吾　7
田崎仁義　134-135
橘孝三郎　136
辰川静夫（龍之助）　91-92
辰野金吾　181, 213
田中義一　128
田中武　135-137
田中正隆　273
田辺治通　124-125
谷民蔵　215
譚人鳳　99
ヂスレーリ（ディズレーリ、Benjamin Disraeli）　56
秩父宮雍仁　117, 120, 149, 160-161, 169, 227-228, 231
ヂトリックス（ディトリックス、Mikhail Dieterichs）　157
千葉智堂　269
チャールス一世（Charles I）　264
張陰恒　97
陳古城　152
津田三蔵　264
土倉庄三郎　206
筒井捨次郎　137-139
貞明皇后　264
出口王仁三郎　87
寺田稲次郎　40
天剣党　114-118
土井（どい）晩翠（元は土井（つちい）林吉）　154
東亜印刷　26
東亜同文書院　152
東海連盟　91
東宮（摂政宮、皇太子裕仁）　17, 87,89-90, 94, 149, 169, 263-265
唐継尭　99
東光会　3
同光会　158
東郷安　11
東拓（東洋拓殖株式会社）　154
東方電報通信社　230
東北帝国大学　58

国風会　31, 44-45, 49-52
国防戦会　10
黒龍会　19, 21
小日山直登　125
コロンバス　96

【さ行】
西園寺八郎　71
西郷隆盛　33, 149, 189, 232, 262
斎藤実　104-105, 259, 261, 266-267
酒井勝軍（かつとき）　246, 248, 250, 252
相模太郎　69
阪本則義　206
桜井轍三　53
佐々井一晁　106-110
佐々　86
佐藤　257
佐藤銕太郎　110
佐藤安五郎　200
四王天延孝　252
志岐孝人　111-112
紫山塾　62-63, 136
支那協会　37
柴時夫　112-123
渋川　69
渋沢栄一　197
島津斉彬　149
嶋野三郎　16, 23, 81, 124-125
清水行之助　91
下鳥繁造　91
下中弥三郎　107-108, 126-127, 143, 271
社会教育研究所　24-26
自由労働組合　19
純労会　19
章太炎（Zhāng Tàiyán）　99-100
白井新太郎　154
白川義則　128
士林荘　176-177
新日本建設同盟　129
新日本国民同盟　66, 109
振武学校　5
新見（しんみ）吉治　253
神武天皇　183
親鸞　156-157
菅波三郎　128-131, 243
鈴木　269
ストルトハイム（F. Roderich Stoltheim）　253
ストレー（Moorfield Storey）　236
角田（すみだ）清彦　83
相撲協会　44
政友会（立憲政友会）　99, 124, 262
関屋貞三郎　25
赤化防止団　174
摂政宮→東宮参照
セミョノフ（Gregori Semenov）　55
宋教仁　96, 178
荘子　200
副島種臣　98
曾氏→曾根田泰治参照

片山茂生　152, 231
門野重九郎　29-30
金内良輔　91
兼子尚積（練造）　137
鹿子木員信　16, 19
上泉徳正　32, 36
上泉徳弥　30-55, 184
神近市子　79
神光幾吉　186-187
亀川哲也　66
川上秀四郎　54-57
川島信三郎　196, 201
川島甚兵衛　196, 201
川島清治郎　6
川島元次郎　135, 165
川村竹治　60-61
閑院宮（春仁王）　161
神田兵三（K君）　108
ガンディー（ガンヂー、Mohandas Gandhi）　56-57
惟神顕修会　65
菅野スガ　78-79
木島完之　61-66
北一輝　16, 18-23, 31, 67-98, 110-111, 124-125, 130-131, 140, 149, 153-155, 161, 166-167, 169, 171, 175, 178, 228, 232, 274
喜多川平八　196, 202, 204
北英生（瀛生、大輝）　92
北村虎之助　197-198
木下雅雄　100-102
貴船源次郎　196, 202, 204, 209
京都商業会議所　206
京都殖民協会　206
金玉均　152
金渓春 151
クォン・デ（Cường Để、彊柢）143
九鬼隆一　206
葛生東介　19
楠木正成（楠子）　157
久邇宮邦彦　90
久邇宮良子　88, 90
窪田会計課長　34
クロポトキン（Pyotr Kropotkin）　75-76, 78
クロムエル（クロムウェル、Oliver Cromwell）　264
桑野　250
敬岳→橋本左内参照
ケマル・パシャ（Mustafa Kemal Atatürk）　232
憲政会　207
興亜学塾　48, 58, 64, 111, 131-132, 179-180, 244
興国同志会（全日本興国同志会）　142
黄興　99
公正会　11
講談社　272-273
行地社　3, 27, 113, 176, 218, 220-221
幸徳秋水　78
古賀清志　102-103

索引

【あ行】

愛郷塾　136
愛勤党（日本愛国勤労党）　107-108
足利尊氏　88
渥美勝　88-89
阿野　255
阿部房雄　207
綾川武治　18, 141-142, 245, 251
荒木章　269
荒木貞夫　24
荒畑寒村　78
安重根　264
安南独立党　152
井伊直弼　189, 198
石井菊次郎　97
板垣退助　75
一木喜徳郎　3
一新社　32-33, 129-130, 177, 238
伊藤博文　173, 264
伊東六十次郎　1-2
稲田秀蔵　185-187, 196, 203
犬養毅　80
井上準之助　2-3
井上寅雄　3-4
井上英夫　131
今村貞治　128, 130
入江　125
岩田富美雄（富美夫）　67-69, 92
于右任　99-100
上原勇作　4-5
内田益生　3
江藤哲二　31, 36, 42, 52
大石隆基　252
大川周明　3, 5-29, 68-71, 81-84, 91, 166-167, 174-175
大阪毎日新聞社　182
大杉栄　79
大竹博吉　39, 101, 262
大橋理一郎　203
大橋理之助　186-187, 195-196, 201
大平　124
岡崎茂助　80
小笠原長生　17
小川三郎　116
尾崎三郎　202
面家荘佶　26
小谷部全一郎　100

【か行】

ガーベイ（Marcus Mosiah Garvey）　236
笠木良明　24, 130
柏原文太郎　152
片岡安　181, 213, 215

編者紹介

長谷川雄一（はせがわ　ゆういち）
1948年、宮城県仙台市に生まれる。慶応義塾大学大学院法学研究科博士課程修了。現在、東北福祉大学総合マネジメント学部教授。日本政治外交史、国際関係論専攻。
著書 『大正期日本のアメリカ認識』（編著、慶応義塾大学出版会、2001年）、『満川亀太郎・三国干渉以後』（編・解説、論創社、2004年）、『北一輝自筆修正版・国体論及び純正社会主義』（共編著、ミネルヴァ書房、2007年）、『満川亀太郎日記―大正八年～十一年』（共編著、論創社、2011年）

クリストファー. W. A. スピルマン（Christopher. W. A. Szpilman）
1951年、ポーランド生まれ。エール大学大学院歴史学研究科博士課程修了。歴史学博士（PhD）、現在、九州産業大学国際文化学部教授。日本近代政治思想史専攻。
著書 『満川亀太郎―地域・地球事情の啓蒙者』（共編著、拓殖大学出版会、2001年）Pan-Asianism in Modern Japanese History（共著、Routledge、2007年）、『北一輝自筆修正版・国体論及び純正社会主義』（共編著、ミネルヴァ書房、2007年）、『満川亀太郎日記―大正八年～十一年』（共編著、論創社、2011年）、Pan-Asianism: A Documentary History, 2 vols.,（共編著、Rowman & Littlefield, 2011年）

今津敏晃（いまづ　としあき）
1974年東京都生まれ。東京大学人文社会系研究科博士課程単位取得満期退学。現在亜細亜大学法学部専任講師。
著作・論文
「第一次若槻内閣下の研究会」（『史学雑誌』第112篇10号、2003年）
「満川亀太郎関係文書」（『国立国会図書館月報』557号〈2007年〉）
『華族令嬢たちの大正・昭和』（吉川弘文館、2011年）（共著）

満川亀太郎書簡集——北一輝・大川周明・西田税らの書簡

2012 年 7 月 20 日　初版第 1 刷印刷
2012 年 7 月 25 日　初版第 1 刷発行

編　者　長谷川雄一／C. W. A. スピルマン／今津敏晃
発行者　森下紀夫
発行所　論 創 社
東京都千代田区神田神保町 2-23　北井ビル
tel.03（3264）5254　fax.03（3264）5232　web.http://www.ronso.co.jp/
振替口座　00160-1-155266
装幀／宗利淳一＋田中奈緒子
印刷・製本／中央精版印刷　組版／フレックスアート
ISBN978-4-8460-1151-2　